Städte-Ordnung

der

Provinz Schleswig-Holstein

vom 14. April 1869

mit den

aus späteren Gesetzen, insbesondere den §§ 7—23 des Zuständigkeitsgesetzes vom 1. August 1883 sich ergebenden Aenderungen und Zusätzen.

Zusammengestellt

von

H. Steffenhagen,

Rechtsanwalt und Verwaltungsbeamter a. D.

Berlin.

J. J. Heines Verlag.

1888.

Vorwort.

Die bereits durch die neuere Gesetzgebung vielfach modificirte Städte-Ordnung der Provinz Schleswig-Holstein wird nach Einführung der neuen Kreis- und Provinzial-Ordnung und in Folge des dadurch am 1 Juli 1889 in Kraft tretenden Zuständigkeitsgesetzes vom 1. August 1883 noch erheblichere Abänderungen erfahren und viele in die Kommunalverwaltung tiefeingreifende Zusätze erhalten. Es werden dadurch nicht weniger als 44 Paragraphen der Städte-Ordnung in sehr wesentlichen Bestimmungen berührt. Der handliche Gebrauch der Städte-Ordnung wird demzufolge nicht unerheblich erschwert, namentlich für diejenigen Mitglieder der städtischen Behörden und diejenigen an der Kommunalverwaltung betheiligten Bürger, welchen es in Folge ihres bürgerlichen Berufs an Zeit fehlt, sich zum Zwecke ihrer Orientirung über die bevorstehenden Verwaltungsreformen mit dem Studium der neuen Verwaltungsgesetze, und insbesondere des vorberegten Zuständigkeitsgesetzes an sich und in dem Verhältnisse zur Städte-Ordnung zu befassen. Es wird deshalb voraussichtlich in der Provinz Schleswig-Holstein, ebenso wie in den übrigen Landestheilen der Preußischen Monarchie, in welchen jenes Zuständigkeitsgesetz bereits Geltung erlangt hat, das Bedürfniß nach einer solchen Textausgabe der Städte-Ordnung hervortreten, in welcher alle jene Abänderungen und Zusätze zum Ausdrucke gelangen. Daß eine derartige Textausgabe einem wirklich praktischen Bedürfnisse entspricht, hat dem Verfasser die wohlwollende Aufnahme seiner für die sechs östlichen Provinzen, für Hannover, Westphalen und die Rheinprovinz bereits in gleicher Weise bearbeiteten und zum Theil schon in vielen Auflagen erschienenen und verbreiteten Städte-Ordnungen in den Kreisen der dortigen städtischen Behörden zur Genüge bewiesen.

Es sind nun in der vorliegenden Ausgabe die aufgehobenen, bezw. abgeänderten Bestimmungen des Originaltextes durch Klammer [ ] und den darin befindlichen feineren Druck markirt, während die desfallsigen Abänderungen und Zusätze selbst durch gesperrten Druck, welchem in jedem einzelnen Falle die abändernde Bestimmung der betreffenden Gesetze, namentlich des Zuständigkeitsgesetzes (abgekürzt in Zust.-G.) zum Zwecke des Nachschlagens und der Controle beigefügt worden, in anschaulicher Weise hervorgehoben sind

Ich schließe mit dem Wunsche, daß diese Ausgabe auch in der Provinz Schleswig-Holstein der an der Selbstverwaltung der Städte betheiligten Bürgerschaft, insbesondere auch denjenigen Gemeindebeamten, welche fast täglich die Bestimmungen der Städte-Ordnung praktisch zu verwerthen die Gelegenheit haben, zum Nachschlagen eine nicht unwillkommene sein möge.

Der Verfasser.

Inhalts-Verzeichniß.

Tit. I.

Von der Stadtgemeinde, dem Bürgerrechte und dem Ortsstatute.

Tit. II.

Von dem Stadtvermögen, den Gemeindenutzungen und Gemeindeleistungen.

Tit. III.

Von dem Magistrate.

Tit. IV.

Von der Stadtverordneten-Versammlung.

Tit. V.

Von den Versammlungen und Beschlüssen der städtischen Kollegien.

Tit. VI.

Von den Obliegenheiten, der Zuständigkeit und den Organen des Magistrats und des Stadtverordneten-Kollegiums.

Tit. VII.

Von den Gehältern und Pensionen.

Tit. VIII.

Besondere Bestimmungen hinsichts des städtischen Haushalts.

Tit. IX.

Verwaltung der kirchlichen, Schul- und Armen-Angelegenheiten der Polizei, und besonders aufgetragener staatlicher Geschäfte.

Tit. X.

Von der Oberaufsicht über die Stadtverwaltung.

Tit. XI.

Von der Einrichtung der Gemeindeverfassung ohne kollegialischen Gemeindevorstand für kleinere Städte und für Flecken.

Tit. XII.

Transitorische Bestimmungen.

Städte-Ordnung
der
Provinz Schleswig-Holstein
vom 14. April 1869.

Titel I.

Von der Stadt-Gemeinde, dem Bürgerrechte und dem Ortsstatute.

§ 1.

Jede Stadtgemeinde bildet eine Korporation, welcher die Selbstverwaltung ihrer Angelegenheiten nach näherer Vorschrift dieses Gesetzes zusteht.

Die Stadtgemeinde wird durch einen Magistrat — kollegialischen Gemeindevorstand — und eine Stadtverordneten-Versammlung nach den Bestimmungen dieses Gesetzes, beziehentlich mit den aus Titel XI sich ergebenden Maaßgaben vertreten.

§ 2. Stadtbezirk.

Den städtischen Gemeindebezirk — Stadtbezirk — bilden alle diejenigen Grundstücke, welche demselben bisher angehört haben.

Die Bezeichnung der einzelnen Bestandtheile des Stadtbezirks und der Hinsichts ihrer Zugehörigkeit zu dem letzteren etwa bestehenden besonderen Verhältnisse bleibt dem Ortsstatute vorbehalten.

§ 3.

Auf die Vereinigung solcher Grundstücke und Bezirke mit dem Stadtbezirke, welche demselben bisher nicht angehört haben, sowie auf die Abtrennung einzelner Grundstücke von dem Stadtbezirke finden die für gleichartige Veränderungen in Landgemeinde-Bezirken getroffenen Bestimmungen des § 1 der Verordnung vom 22. September 1867, betreffend die Landgemeinde-Verfassungen in den Herzogthümern Schleswig und Holstein — Gesetz-Sammlung 1867, S. 1603 — Anwendung.

Der Bezirks-Ausschuß beschließt über die in Folge einer Veränderung der Grenzen der Stadtbezirke nothwendig werdende Auseinandersetzung zwischen den betheiligten Gemeinden, vorbehaltlich der den letzteren gegen einander zustehenden Klage im Verwaltungsstreitverfahren. (Zust. G. § 8, Abs. 2.)

Streitigkeiten über die bestehenden Grenzen der Stadtbezirke unterliegen der Entscheidung im Verwaltungsstreitverfahren. (Zust.-G. § 8, Abs. 1.)

Ueber die Festsetzung streitiger Grenzen beschließt vorläufig, sofern es das öffentliche Interesse erheischt, der Bezirksausschuß. Bei dem Beschlusse behält es bis zur rechtskräftigen Entscheidung im Verwaltungsstreitverfahren sein Bewenden. (Zust.-G. § 9, Abs. 2.)

§ 4. Stadtgemeinde.

Alle Einwohner des Stadtbezirks, mit Ausnahme der servisberechtigten Militairpersonen des aktiven Dienststandes, gehören zur Stadtgemeinde.

Als Einwohner werden diejenigen betrachtet, welche in dem Stadtbezirke nach den Bestimmungen der Gesetze ihren Wohnsitz haben.

§ 5. Rechte und Pflichten der Gemeinde-Angehörigen.

Alle Gemeinde-Angehörigen — § 4 — sind, unbeschadet der durch Stiftungen und sonstige privatrechtliche Titel begründeten besonderen

Verhältnisse, einerseits zur Mitbenutzung derjenigen öffentlichen Anstalten, welche der Stadtgemeinde als solcher gehören, und zum Mitgenusse der Erträge des Stadtvermögens — §§ 19 bis 21 — berechtigt, andererseits zur Theilnahme an den städtischen Gemeindelasten nach Vorschrift dieses Gesetzes verpflichtet.

§ 6. **Bürgerrecht.**

Das Bürgerrecht besteht in dem Rechte zur Theilnahme an den Gemeindewahlen, sowie in der Befähigung zur Uebernahme unbesoldeter Aemter und Funktionen in der Gemeindeverwaltung und Gemeindevertretung.

§ 7. **Erwerb desselben.**

Jeder im Vollbesitze der bürgerlichen Ehrenrechte befindliche männliche Angehörige des [Norddeutschen Bundes] Deutschen Reiches erwirbt das Bürgerrecht, wenn er seit einem Jahre

1) zur Stadtgemeinde gehört — § 4 —
2) selbstständig ist; als selbstständig im Sinne dieses Gesetzes werden Personen, welche minderjährig sind, oder unter einer die Dispositionsbefugniß beschränkenden Kuratel, oder im Hause und Brode Anderer stehen, oder eine nach ihrem 18. Lebensjahre empfangene öffentliche Armenunterstützung nicht zurückerstattet haben, nicht angesehen,

3) die ihm obliegenden Gemeindeabgaben bezahlt hat, und außerdem

4) entweder

a) im Gemeindebezirke ein Wohnhaus von einem im Ortsstatute näher zu bestimmenden Minimalsteuerwerth besitzt, oder

b) [ein stehendes Gewerbe — über dessen Art und Umfang das Ortsstatut Näheres bestimmen kann — selbstständig betreibt,] (Reichsgewerbe-Ordnung vom 21. Juni 1869 § 13), oder

c) ein Einkommen bezieht, welches, nach den Grundsätzen der Klassensteuerveranlagung geschätzt, einen bestimmten, im Lokalstatute näher festzusetzenden Betrag erreicht, dessen Minimalsatz nicht unter 200 Thaler und nicht über 500 Thaler jährlich normirt werden darf.

Das Ortsstatut kann, anstatt eines solchen Minimal-Einkommens, auch die Entrichtung eines entsprechenden Klassensteuersatzes für genügend erklären.

Nach dem begonnenen Gewerbebetriebe ist der Gewerbetreibende auf Verlangen der Gemeindebehörde nach Ablauf von drei Jahren verpflichtet, das Bürgerrecht zu erwerben. Es darf jedoch in diesem Falle von ihm das sonst vorgeschriebene oder übliche Bürgerrechtsgeld nicht gefordert und ebenso nicht verlangt werden, daß er sein anderweit erworbenes Bürgerrecht aufgebe. (Reichsgewerbe-Ordnung vom 21. Juni 1869 — 1. Juli 1883 § 13).

§ 8.

In Bezug auf den Erwerb und die Ausübung des Bürgerrechts werden Grundeigenthum, Einkommen und Steuerzahlungen der Ehefrau und der in väterlicher Gewalt befindlichen Kinder dem Ehemanne, beziehentlich dem Vater angerechnet.

Von dem Vorhandensein einer einjährigen Dauer der im § 7 Nr. 1 bis 4 aufgeführten Erfordernisse kann durch Beschluß der städtischen Kollegien in einzelnen Fällen dispensirt werden.

Geht ein Haus durch Vererbung auf einen Anderen über, so kommt den Erben bei Berechnung der Dauer des einjährigen Wohnhausbesitzes die Besitzzeit des Erblassers zu Gute.

§ 9. **Uebernahme städtischer Stellen.**

Jeder Bürger ist verpflichtet, nicht nur einzelne Aufträge in städtischen Verwaltungsangelegenheiten, sondern auch eine unbesoldete Stelle — Amt — in der Gemeindeverwaltung und Gemeindevertretung zu übernehmen und mindestens sechs Jahre lang zu versehen.

§ 10.

Zur Ablehnung oder früheren Niederlegung einer solchen unbesoldeten Stelle im Magistrats- oder in dem Stadtverordneten-Kollegium berechtigen nur folgende Gründe:

1) anhaltende Krankheit,
2) Geschäfte, die eine häufige oder lange andauernde Abwesenheit mit sich bringen,
3) ein Alter von über 60 Jahren,
4) die bereits erfolgte sechsjährige Wahrnehmung der betreffenden oder einer anderen unbesoldeten Stelle für die nächsten sechs Jahre;
5) die Verwaltung eines anderen öffentlichen Amtes, sowie ärztliche oder wundärztliche Praxis,
6) sonstige besondere Verhältnisse, welche nach dem Ermessen der [städtischen Kollegien] Stadtverordneten-Versammlung (Zust.-G. § 10) eine gültige Entschuldigung begründen.

Jede solche Ablehnung oder Niederlegung ist mit den dafür geltend zu machenden Gründen dem Magistrate schriftlich vorzutragen und über die Genehmigung [von beiden städtischen Kollegien alsbald gemeinschaftlicher] von der Stadtverordneten-Versammlung Beschluß zu fassen. (Zust.-G. § 10). [Im Falle sich beide Kollegien darüber nicht einigen können, entscheidet die Regierung endgültig, ebenso wenn der Ablehnende über einen die Ablehnung verwerfenden Beschluß beider

Kollegien an die Regierung rekurrirt, was spätestens binnen zehn Tagen nach erhaltener Mittheilung desselben geschehen muß.] Der Beschluß der Stadtverordneten-Versammlung bedarf keiner Bestätigung von Seiten des Magistrats oder der Aufsichtsbehörde. Gegen den Beschluß findet die Klage im Verwaltungsstreitverfahren bei dem Bezirksausschusse binnen zwei Wochen statt. Die Klage steht auch dem Magistrate zu. Die Stadtverordneten-Versammlung, beziehungsweise der Magistrat können zur Wahrnehmung ihrer Rechte im Verwaltungsstreitverfahren einen besonderen Vertreter bestellen (Zust.-G. §§ 11 und 21).

In gleicher Weise ist, im Falle der Ablehnung anderer Stellen oder Aufträge in der städtischen Verwaltung, über die Triftigkeit der Ablehnungsgründe zu befinden, auch kann das Ortsstatut hierüber und über die Folgen unbegründeter Ablehnung besondere Bestimmungen treffen.

Weigert sich ein Bürger, ohne gültig befundene Entschuldigungsgründe eine ihm durch Wahl angetragene unbesoldete Stelle im Magistrats- oder Stadtverordneten-Kollegium anzunehmen, oder die noch nicht sechs Jahre lang versehene Stelle ferner zu versehen, oder entzieht er sich thatsächlich der Verwaltung derselben, so kann er durch [gemeinschaftlichen Beschluß beider städtischen Kollegien] Beschluß der Stadtverordneten (Zust.-G. § 10) auf drei bis sechs Jahre des Bürgerrechts verlustig erklärt und um ein Achtel bis ein Viertel stärker zu den Gemeindeabgaben herangezogen werden. Dieser Beschluß bedarf [der Bestätigung der Regierung] keiner Genehmigung oder Bestätigung von Seiten des Magistrats oder der Aufsichtsbehörde. Gegen denselben findet die Klage im Verwaltungsstreitverfahren statt. Die Klage steht auch dem Magistrate zu. (Zust.-G. § 11). Zuständig in erster Instanz ist der Bezirksausschuß. Die Frist zur Anstellung der Klage beträgt zwei Wochen. Die Stadtverordneten-Versammlung, beziehungsweise der Magistrat können zur Wahrnehmung ihrer Rechte im Verwaltungsstreitverfahren einen besonderen Vertreter bestellen. (Zust.-G. § 21).

§ 11. Ehrenbürgerrecht.

Das Ehrenbürgerrecht kann der Magistrat nach gemeinschaftlichem Beschlusse beider Stadtkollegien solchen Männern, die sich um die Stadt besonders verdient gemacht haben, auch ohne Zutreffen der im § 7 Nr. 1. 3. 4. erwähnten

Erforderniſſe ertheilen. Dadurch werden ſtädtiſche Verpflichtungen nicht begründet.

§ 12. Verluſt und Ruhen des Bürgerrechts.

Das Bürgerrecht geht verloren:

1) durch Wegfall eines derjenigen Erforderniſſe, welche das Bürgerrecht bedingen — § 7 —, ſofern nicht nach § 13 ein bloßes Ruhen in der Ausübung des Bürgerrechts eintritt;

2) durch Konkurs [doch kann dem Gemeinſchuldner nach voller oder akkordmäßiger Befriedigung ſeiner Gläubiger das Bürgerrecht durch Beſchluß beider ſtädtiſchen Kollegien wieder verliehen werden], und zwar auf ſolange, bis das Konkursverfahren beendigt iſt. (Ausführungsgeſetz zur Deutſchen Konkursordnung vom 6. März 1879 § 52).

§ 13.

[Wem durch rechtskräftiges Erkenntniß die Ausübung der bürgerlichen Ehrenrechte unterſagt iſt, der iſt während der im Erkenntniſſe feſtgeſetzten Zeit von der Ausübung des Bürgerrechts ausgeſchloſſen.] Die Aberkennung der bürgerlichen Ehrenrechte bewirkt den dauernden Verluſt der aus öffentlichen Wahlen für den Verurtheilten hervorgegangenen Rechte, ingleichen den dauernden Verluſt der öffentlichen Aemter, ſowie die Unfähigkeit, während der im Urtheile bestimmten Zeit öffentliche Aemter zu erlangen und das Bürgerrecht zu erwerben. (Strafgesetzbuch für das Deutsche Reich §§ 33 und 34).

Die Aberkennung der Fähigkeit zur Bekleidung öffentlicher Aemter hat den dauernden Verlust der bekleideten Aemter von Rechtswegen und die Unfähigkeit zur Bekleidung öffentlicher Aemter vom Eintritt der Rechtskraft des Urtheils an während der darin bestimmten Zeit zur Folge. (Strafgesetzbuch für das Deutsche Reich §§ 35 und 36).

Ist gegen einen Bürger wegen eines Verbrechens [die Versetzung in den Anklagestand] oder wegen Vergehens, welches [die Untersagung der Ausübung] die Aberkennung der bürgerlichen Ehrenrechte nach sich ziehen muß oder kann, [die Verweisung an das Strafgericht] das Hauptverfahren eröffnet oder die Anklage erhoben, oder ist derselbe zur gerichtlichen Haft gebracht, so ruht die Ausübung des Bürgerrechts, bis [die gerichtliche Untersuchung] das Strafverfahren, beziehungsweise die Haft beendigt ist. (Deutsche Strafprozeß-Ordnung vom 1. Februar 1877 § 196 ff).

§ 14.

Der Verlust des Bürgerrechts zieht den definitiven Verlust der das Bürgerrecht voraussetzenden Stellen und Aemter, das Ruhen des Bürgerrechts aber die Suspension von denselben nach sich.

Die Stadtverordneten-Versammlung beschließt auf Beschwerden und Einsprüche, betreffend

1) den Besitz oder den Verlust des Bürgerrechts,
2) den Besitz oder Verlust des Rechts zur Bekleidung einer den Besitz des Bürgerrechts voraussetzenden Stelle,
3) die Verpflichtung zum Erwerbe oder zur Verleihung des Bürgerrechts,
4) die Zugehörigkeit zu einer bestimmten Bürgerklasse (Zust.-G. § 10).

Der Beschluß der Stadtverordneten-Versammlung bedarf keiner Genehmigung oder Bestätigung von Seiten des Magistrats oder der Aufsichtsbehörde. Gegen den Beschluß findet die Klage im Verwaltungsstreitverfahren beim Bezirksausschusse binnen einer Frist von zwei Wochen statt. Die Klage steht auch dem Magistrate zu. Sie hat keine aufschiebende Wirkung. (Zust.-G. § 11). Die Stadtverordneten-Versammlung, beziehungsweise der Magistrat können zur Wahrnehmung ihrer

Rechte im Verwaltungsstreitverfahren einen besonderen Vertreter bestellen (Zust.=G. § 21).

§ 15. Bürgerbrief.

Ob über die Erwerbung des Bürgerrechts von dem Magistrate eine Urkunde (Bürgerbrief) zu ertheilen ist, bestimmt das Lokalstatut.

Für die Ausstellung des Bürgerbriefs kann eine angemessene Ausfertigungsgebühr erhoben werden.

Die Erhebung einer besonderen Abgabe für den Erwerb des Bürgerrechts oder aus Anlaß dieses Erwerbs — Bürgerrechtsgeld und dergl. — ist dagegen unzulässig.

§ 16. Bürgerrolle.

Ueber alle vorhandenen Bürger hat der Magistrat ein Verzeichniß — Bürgerrolle — zu führen.

§ 17. Ortsstatut.

Nach Maaßgabe der in diesem Gesetz enthaltenen allgemeinen Vorschriften ist für jede einzelne Stadt ein besonderes Ortsstatut abzufassen. Dasselbe muß die nöthigen Festsetzungen über alle Punkte enthalten, für welche nach diesem Gesetze nähere statutarische Bestimmungen erforderlich sind.

Ueber andere die städtische Verfassung und Verwaltung betreffende Punkte, hinsichtlich deren das gegenwärtige Gesetz Verschiedenheiten gestattet oder keine ausdrücklichen Bestimmungen enthält, kann das Statut Festsetzungen treffen, welche den bestehenden Gesetzen nicht widersprechen.

§ 18.

Das Ortsstatut ist durch gemeinschaftlichen Beschluß beider städtischen Kollegien festzustellen und bedarf der Bestätigung [der Regierung] des Bezirksausschusses (Zust.-G. § 16, Abs. 3).

Das Nämliche gilt für spätere Abänderungen einzelner Statutsbestimmungen.

Titel II.

Von dem Stadtvermögen, den Gemeindenutzungen und Gemeindeleistungen.

§ 19. **Stadtvermögen.**

Das zu gemeinsamen städtischen Zwecken bestimmte Vermögen, welches der Stadtgemeinde als solcher gehört, heißt das Stadtvermögen.

Ueber die zum Stadtvermögen gehörigen Immobilien hat der Magistrat ein besonderes Verzeichniß — Lagerbuch — zu führen, welches jedesmal mit dem Gemeindehaushalts-Entwurf und der Jahresrechnung den Stadtverordneten vorzulegen ist.

§ 20.

Ueber die Art der Benutzung des Stadtvermögens haben die städtischen Kollegien gemeinschaftlich zu beschließen.

In Betreff der besonderen Verwaltung einzelner kommunaler — oder auch nur genossenschaftlicher, jedoch der kommunalen Verwaltung unterstellter — Vermögensobjekte, Kassen, Stiftungen und Anstalten kann das Ortsstatut Näheres bestimmen.

§ 21. **Theilnahme an den Gemeindenutzungen.**

Die den Gemeindemitgliedern zustehende Theilnahme an den Gemeindenutzungen — §§ 5. 20 — kann, soweit der Anspruch auf dieselbe nicht auf besonderen Rechtstiteln beruht, nach Maaßgabe des Ortsstatuts von der Entrichtung einer jährlichen Abgabe, und anstatt oder neben derselben von der Entrichtung eines Einkaufsgeldes abhängig gemacht werden, durch deren Entrichtung aber die Ausübung des Bürgerrechts niemals bedingt wird.

§ 22. **Gemeindeleistungen.**

Die Stadtgemeinde ist zu allen Leistungen verbunden, welche das städtische Bedürfniß erfordert, oder welche ihr durch besondere Gesetze auferlegt sind.

Insoweit zu denselben die Einkünfte aus dem Stadtvermögen nicht ausreichen, haben sämmtliche Mitglieder der Stadtgemeinde Geldbeiträge und persönliche Dienste auf die Art und in dem Umfange zu leisten, wie solches in dem Ortsstatute oder durch besondere Gemeindebeschlüsse — §§ 72, 73 — näher bestimmt wird.

Die Behufs der Niederlassung oder Aufenthaltsnahme in dem Stadtbezirk neuanziehenden Personen können gleich den der Gemeinde bereits angehörigen Einwohnern zu den Gemeindelasten herangezogen werden, wenn die Dauer ihres Aufenthaltes den Zeitraum von drei Monaten übersteigt.

§ 23.

[Wer, ohne in dem Stadtbezirke zu wohnen, daselbst Grundbesitz hat oder ein stehendes Gewerbe betreibt, ist verpflichtet, an denjenigen Lasten Theil zu nehmen, welche auf den Grundbesitz oder das Gewerbe, oder das aus jenen Quellen fließende Einkommen gelegt sind.]

Dieselbe Verpflichtung betrifft juristische Personen, welche in dem Stadtbezirke Grundeigenthum besitzen oder ein stehendes Gewerbe betreiben].

Aktiengesellschaften, Kommanditgesellschaften auf Aktien, Berggewerkschaften, eingetragene Genossenschaften, deren Geschäftsbetrieb über den Kreis ihrer Mitglieder hinausgeht, und juristische Personen, insbesondere auch Gemeinden und weitere Kommunalverbände, unterliegen in Gemeinden, in welchen sie Grundbesitz, gewerbliche Anlagen, Eisenbahnen oder Bergwerke haben, Pachtungen, stehende Gewerbe, Eisenbahnen oder Bergbau betreiben, hinsichtlich des ihnen aus diesen Quellen in der Gemeinde zufließenden Einkommens den auf das Einkommen gelegten Gemeindeabgaben. Als Besitzer von Eisenbahnen gelten diejenigen Eisenbahnaktiengesellschaften nicht, die ihr Unternehmen dem Staate gegen eine unmittelbar an die Aktionäre zu zahlende Rente übertragen haben.

Bis zur anderweitigen Regelung der Heranziehung des Staatsfiskus zu den auf das Einkommen gelegten Gemeindeabgaben in Verbindung mit der Ueberweisung von Grund- und Gebäudesteuer an die Kommunalverbände unterliegt der Staatsfiskus diesen Abgaben bezüglich des Einkommens aus dem von ihm betriebenen Gewerbe-, Eisenbahn- und Bergbauunternehmungen, sowie aus den Domänen und Forsten.

Der im vorletzten Absatze gedachten Abgabepflicht unterliegen auch physische Personen, welche in Gemeinden, ohne daselbst einen Wohnsitz zu haben, oder sich länger als drei Monate aufzuhalten, Grundbesitz, gewerbliche Anlagen, Eisenbahnen oder Bergwerke haben, Pachtungen, stehende Gewerbe, Eisenbahnen oder außerhalb einer Gewerkschaft Bergbau betreiben — Forensen. —

Wegen der Besteuerung solchen Einkommens der Aktiengesellschaften, Kommanditgesellschaften auf Aktien, Berggewerkschaften, eingetragenen Genossenschaften, deren Geschäftsbetrieb über den Kreis ihrer Mitglieder hinausgeht, juristischen Personen, insbesondere Gemeinden und weiteren Kommunalverbände, des Staatsfiskus und der Forensen sind die Vorschriften des Gesetzes, betreffend Ergänzung und Abänderung einiger Bestimmungen über Erhebung der auf das Einkommen gelegten direkten Kommunalabgaben, vom 27. Juli 1885 anzuwenden. (Gesetz vom 27. Juli 1885).

Die im Offiziersrange stehenden Militärpersonen des Friedensstandes, welche der Heranziehung zur Klassen- oder klassifizirten Einkommensteuer unterliegen, haben neben den nach den bestehenden Bestimmungen — § 1 Ziffer 1 der Verordnung vom 23. September 1867, Ges.-Samml. S. 1648 — bereits zu entrichtenden Kommunalabgaben vom Grundbesitz und Gewerbebetrieb von dem aus sonstigen Quellen fließenden außerdienstlichen Einkommen nach Maaßgabe der Bestimmungen des Gesetzes vom 29. Juni 1886 eine Abgabe zu Gemeindezwecken zu entrichten. (Gesetz vom 29. Juni 1886 § 1).

§ 24. Befreiungen.

a. persönliche.

Ueber die Verpflichtung der Staatsdiener und der Hinterbliebenen derselben zu persönlichen Abgaben und Leistungen an die Gemeinde entscheidet die Verordnung, betreffend die Heranziehung der Staatsdiener zu den Kommunal-Auflagen in den neu erworbenen Landestheilen, vom 23. September 1867 — Gesetz-Sammlung S. 1648 — und der § 12 des Gesetzes vom 27. Juli 1885 über das Steuerdomizil der Beamten. Das nothwendige Domizil der Beamten findet bei der Kommunalbesteuerung keine Anwendung. (Gesetz vom 27. Juli 1885 § 12).

Alle übrigen persönlichen Befreiungen, mit Einschluß der in § 12 der Verordnung vom 23. September 1867 noch aufrecht erhaltenen, bestehen nur noch für die Dauer der Genußberechtigung der gegenwärtig im wohlerworbenen Besitze der Immunität befindlichen Personen und erlöschen alsdann ohne Entschädigung.

b. dingliche.

Von allen Gemeindelasten befreit sind:

1) die Dienstgrundstücke der Geistlichen, Kirchendiener und Elementarlehrer,
2) die zu einem öffentlichen Dienste oder Gebrauche bestimmten Grundstücke.

Diese Befreiungen gelten jedoch nur so lange, als die die Befreiung begründende Eigenschaft der gedachten Immobilien fortdauert.

§ 25.

Alle sonstigen, nicht persönlichen Befreiungen können von der Stadtgemeinde abgelöst werden, und hören auf, wenn die Entschädigung festgestellt und gezahlt ist; bis dahin bestehen dieselben in ihrem bisherigen Umfange fort, erstrecken sich jedoch nur auf den gewöhnlichen Zustand, nicht auf außerordentliche Leistungen.

Die Befreiung und der Anspruch auf Entschädigung erlöschen, wenn sie nicht binnen

Jahresfrist nach Einführung dieser Städte-Ordnung bei dem Magistrate angemeldet oder in den zur Zeit geltenden Ortsstatuten bereits festgestellt worden sind. Die Entschädigung wird zum zwanzigfachen Betrage des Jahreswerthes der Befreiung nach dem Durchschnitte der letzten zehn Jahre vor dem 1. Januar desjenigen Jahres, in welchem die Ablösung von den städtischen Kollegien beschlossen wird, geleistet.

Steht ein anderer Entschädigungsmaaßstab durch speciellen Rechtstitel fest, so hat es hierbei sein Bewenden.

Der Entschädigungsbetrag wird durch Schiedsrichter mit Ausschluß der ordentlichen Rechtsmittel festgestellt, von diesen wird der eine von dem Besitzer des bisher befreiten Grundstücks, der andere von den städtischen Kollegien ernannt. Der Obmann ist, wenn sich die Schiedsrichter über dessen Ernennung nicht verständigen können, von der Aufsichtsbehörde zu ernennen.

§ 26.

In Betreff der temporären Befreiungen von Gemeindeleistungen, welche einzelnen Grundbesitzern wegen Bauten bewilligt werden dürfen, ist im Ortsstatute das Nähere zu bestimmen.

Diejenigen Hausbesitzer, welchen bis zur Einführung dieses Gesetzes Baufreiheiten in einer größeren Ausdehnung bewilligt sind, haben die ihnen zugestandenen Befreiungen im vollen Umfange geschmälert zu genießen.

Außerdem können durch Kommunalbeschluß temporäre Befreiungen oder Ermäßigungen von Gemeindelasten auch im Falle einer Erweiterung des Stadtbezirks — § 3 — für die zugeschlagenen Grundstücke und deren Bewohner bewilligt werden.

§ 27.

Abgesehen von den in den §§ 24 und 26 erwähnten Ausnahmen können persönliche oder dingliche Befreiungen von allgemeinen Gemeindeleistungen fernerhin nicht erworben werden, insbesondere auch nicht durch Verjährung.

Titel III.

Von dem Magistrate.

§ 28.

Der Magistrat bildet ein Kollegium und besteht aus dem Bürgermeister (oder Oberbürgermeister), einem Beigeordneten (oder zweiten Bürgermeister), als dessen regelmäßigen Stellvertreter, und aus mehreren Rathsverwandten (Stadträthen, Rathsherren, Senatoren), über deren Zahl, Titel und etwanige besondere Funktionen (Syndikus, Kämmerer ꝛc.) für jede

Stadt in dem Ortsstatute das Nähere bestimmt wird. Das Amt des Beigeordneten kann von einem Rathsverwandten mit versehen werden. Ein Theil der Stellen der Rathsverwandten, ebenso die Stelle des Beigeordneten, kann nach Festsetzung des Statuts besoldet sein, auch können für unbesoldete Magistratsämter festbestimmte Entschädigungen für Dienstunkosten im Statute ausgesetzt werden.

§ 29.

Mitglieder des Magistrats können nicht sein:

1) diejenigen Beamten und die Mitglieder derjenigen Behörden, durch welche die Aufsicht des Staates über die Stadt ausgeübt wird,
2) die Stadtverordneten und die Gemeinde-Unterbeamten,
3) Geistliche, Kirchendiener und Lehrer an öffentlichen Schulen,
4) die richterlichen Beamten, zu denen jedoch die technischen Mitglieder der Handels-, Gewerbe-, und ähnlicher Gerichte nicht zu zählen sind,
5) die Beamten der Staatsanwaltschaft,
6) die Polizeibeamten,

zu 5 und 6 jedoch unbeschadet der nach §§ 89. 90. von Magistratspersonen zu versehenden Funktionen.

Vater und Sohn, Schwiegervater und Schwiegersohn, Brüder und Schwäger, sowie offene Handelsgesellschafter dürfen nicht zugleich Mitglieder des Magistrats sein.

Entsteht die Schwägerschaft oder Geschäftsassoziation im Laufe der Wahlperiode, so scheidet im ersten Falle dasjenige Mitglied, durch welches das Hinderniß herbeigeführt worden ist, im anderen Falle das den Lebensjahren nach ältere Mitglied aus.

§ 30.

Der erste Bürgermeister und die besoldeten Magistratsmitglieder werden auf zwölf Jahre gewählt; jedoch kann, in Folge Beschlusses der städtischen Kollegien, zu diesen Stellen die Wahl auch auf Lebenszeit erfolgen. Die unbesoldeten Magistratsmitglieder werden auf sechs Jahre gewählt.

In bestimmten Zeiträumen scheidet je ein Theil der unbesoldeten Rathsverwandten aus und wird durch neue Wahlen ersetzt, worüber im Ortsstatute das Geeignete festzusetzen ist.

Die Ausscheidenden können wieder gewählt werden.

Außergewöhnliche Wahlen zum Ersatze innerhalb der sechsjährigen Wahlperiode ausgeschiedener Mitglieder müssen angeordnet werden, wenn der Magistrat oder die Stadtverordneten-

Versammlung oder [die Regierung] der Bezirksausschuß (Zust.-G. § 12) es für erforderlich erachten. Der Ersatzmann bleibt nur bis zum Ende derjenigen sechs Jahre in Thätigkeit, auf welche der Ausgeschiedene gewählt war.

§ 31.

Sämmtliche Mitglieder des Magistrats werden von der wahlberechtigten Bürgerschaft — § 37 — in gleichem Verfahren, wie solches für die Wahl der Stadtverordneten vorgeschrieben ist — §§ 42 bis 45 —, gewählt. Die Wahl erfolgt für jede einzelne Stelle aus je drei Kandidaten, welche zu diesem Behufe von einer gemeinschaftlichen Kommission der beiden städtischen Kollegien präsentirt werden. Diese Kommission wird aus sämmtlichen vorhandenen Mitgliedern des Magistrats und aus einer gleichen Zahl durch die Stadtverordneten-Versammlung zu bestimmender Mitglieder der letzteren gebildet.

Die Wahl der drei Kandidaten durch die gemeinschaftliche Kommission geschieht mittelst Stimmzettel nach absoluter Stimmenmehrheit. Wird eine solche bei der ersten Abstimmung nicht erreicht, so ist mit der Abstimmung über diejenigen Personen, welche die meisten Stimmen gehabt haben, unter jedesmaliger Ausscheidung eines Kandidaten so lange fortzufahren, bis die absolute Stimmenmehrheit erzielt ist. Im Falle der Stimmengleichheit entscheidet das Loos.

Bei gleichzeitiger Erledigung mehrerer Stellen ist für jede Stelle eine besondere Präsentation und Wahl vorzunehmen.

Ob mit Rücksicht auf besondere örtliche Verhältnisse einzelne Mitglieder des Magistrats von einem bestimmten Wahlbezirke zu wählen sind, kann Gegenstand besonderer ortsstatutarischer Bestimmung sein.

§ 32.

Der Bürgermeister und der Beigeordnete bedürfen der Bestätigung. In Städten von mehr als 10,000 Einwohnern steht diese dem Könige, in kleineren Städten [der Regierung] dem Regierungspräsidenten zu. (Zust.-G. § 13 Absatz 1).

Die Bestätigung kann von dem Regierungs-Präsidenten nur unter Zustimmung des Bezirksausschusses versagt werden. Lehnt der Bezirksausschuß die Zustimmung ab, so kann dieselbe auf den Antrag des Regierungs-Präsidenten durch den Minister des Innern ergänzt werden. (Zust.-G. § 13, Abs. 2).

Wird die Bestätigung vom Regierungs-Präsidenten unter Zustimmung des Bezirksausschusses versagt, so kann dieselbe auf Antrag des Magistrats oder der Stadtverordneten-Versammlung von dem Minister des Innern ertheilt werden. (Zust.-G. § 13, Abs. 3).

§ 33.

Wird die Bestätigung versagt, so wird zu einer neuen Wahl geschritten. Wird auch diese nicht bestätigt, oder die Vornahme der Wahl verweigert, so ist [die Regierung] der Regierungs-Präsident (Zust.-G. § 7) berechtigt, die Stelle einstweilen auf Kosten der Stadt kommissarisch verwalten zu lassen, bis eine zur Bestätigung geeignete Wahl getroffen ist.

§ 34.

Die Mitglieder des Magistrats werden vor ihrem Amtsantritte durch den Bürgermeister in öffentlicher Sitzung der Stadtkollegien in Eid und Pflicht genommen.

Der Bürgermeister wird von einem Kommissarius [der Regierung] des Regierungs-Präsidenten (Zust.-G. § 7) in eben solcher Sitzung vereidet.

Titel IV.

Von der Stadtverordneten-Versammlung.

§ 35. **Zusammensetzung der Versammlung.**

Die Stadtverordneten, deren Anzahl für jede Stadt nach Verhältniß ihrer Größe und nach dem Umfange der städtischen Verwaltung in dem Ortsstatute näher zu bestimmen ist, aber niemals weniger als sechs, noch mehr als dreißig betragen darf, werden von den Bürgern der Stadt durch direkte Wahl gewählt.

Sie müssen zur Hälfte aus Besitzern eines zum Stadtbezirke gehörigen Hauses (Eigenthümern, Nießbrauchern und solchen, die erbliches Besitzrecht haben) bestehen. Der Magistrat hat jederzeit für die Ergänzung dieser Zahl durch die geeigneten Anordnungen zu sorgen.

§ 36.

Die Stadtverordneten werden auf sechs Jahre gewählt. Alljährlich scheidet ein Sechstheil derselben aus und wird durch neue Wahlen ersetzt. Bis das Alter im Mandat entscheiden kann, entscheidet das Loos über den Austritt.

Ist die Anzahl der Stadtverordneten durch die Zahl sechs nicht theilbar, so ist über die Ordnung des Ausscheidens in dem Ortsstatute das Nähere zu bestimmen, jedoch dergestalt, daß die ganze Anzahl im Laufe von sechs Jahren ausscheidet.

§ 37. **Wahlbefähigung.**

Wahlberechtigt zur Wahl der Stadtverordneten ist jeder Bürger, welcher nicht nach Maaßgabe dieses Gesetzes von der Ausübung des Bürgerrechts ausgeschlossen ist.

§ 38.

Ein jeder Bürger, welcher nach § 37 zur Ausübung des Wahlrechts befugt ist, ist zum Stadtverordneten, unter der aus § 35, Abs. 2 sich ergebenden Beschränkung, wählbar.

Jedoch können Stadtverordnete nicht sein:

1) diejenigen Beamten und die Mitglieder derjenigen Behörden, durch welche die Aufsicht des Staates über die Stadt ausgeübt wird;
2) die Mitglieder des Magistrats und alle besoldeten Gemeindebeamten;
3) Geistliche, Kirchendiener und Elementarlehrer;
4) die richterlichen Beamten, zu denen jedoch die technischen Mitglieder der Handels-, Gewerbe- und ähnlicher Gerichte nicht zu zählen sind;
5) die Beamten der Staatsanwaltschaft;
6) die Polizeibeamten.

Für Rechtsanwälte und Notarien ist zur Annahme der Wahl als Stadtverordneter die

Genehmigung der vorgesetzten Dienstbehörde nicht erforderlich.

Vater und Sohn, sowie Brüder, dürfen nicht zugleich Mitglieder der Stadtverordneten-Versammlung sein. Sind dergleichen Verwandte gleichzeitig gewählt, so wird der Aeltere allein zugelassen.

Vater und Sohn, sowie Brüder, dürfen auch nicht zugleich der eine Magistratsmitglied, der andere Stadtverordneter sein.

Jeder abgehende Stadtverordnete ist sogleich wieder wählbar, insofern die hierzu erforderlichen Eigenschaften fortdauern.

Sollten besondere örtliche Verhältnisse es erfordern, daß die Wählbarkeit durch die Wohnung in einem bestimmten Theile der Stadt bedingt werde, so können die diesfälligen näheren Bestimmungen im Ortsstatute getroffen werden.

§ 39. Wahlbezirke.

In denjenigen Städten, für welche solches nach der Größe derselben oder wegen anderer örtlicher Verhältnisse zweckmäßig befunden werden sollte, kann die Wahl der Stadtverordneten in gesonderten Wahlbezirken, in welche die ganze Stadt einzutheilen ist, vorgenommen werden, und zwar entweder so, daß jeder Bezirk eine bestimmte Anzahl Stadtverordneter selbstständig zu wählen hat, oder so, daß nur die Abstimmung bezirksweise vorgenommen wird, jeder Stadtverordnete aber von der gesammten Bürgerschaft zu wählen bleibt. Die Bestimmung hierüber, sowie die näheren Festsetzungen über die Abgrenzung der Wahlbezirke, beziehentlich über die Zahl der in einem jeden derselben zu wählenden Stadtverordneten, sind auf ortsstatutarischem Wege zu treffen.

§ 40. **Wahlverfahren.**

Behufs der von der Bürgerschaft vorzunehmenden Wahlen wird die Bürgerrolle — § 16 — alljährlich vom Magistrate in der Zeit vom 1. bis 15. Juli einer generellen Berichtigung unterworfen, und vom 15. bis 30. Juli in einem oder mehreren, zur öffentlichen Kenntniß gebrachten Lokalen in der Stadtgemeinde ausgelegt. Während [dieser Zeit] der Dauer der Auslegung kann jeder Betheiligte gegen die Richtigkeit der Liste bei dem Magistrate Einspruch erheben. (Zust.=G. § 10, Abs. 2).

Die [städtischen Kollegien haben] Stadtverordneten=Versammlung hat darüber bis zum 15. August [mittelst gemeinschaftlichen Beschlusses] die Entscheidung zu treffen, welche dem Reklamanten schriftlich mitzutheilen ist. [Der Letztere kann innerhalb zehn Tagen nach Zustellung des Bescheides dagegen Rekurs an die Regierung ergreifen. Können die städtischen Kollegien zu einem gemeinschaftlichen Beschlusse auch bei wiederholter Berathung sich nicht einigen, so ist vom Magistrate sofort die Entscheidung der Regierung einzuholen. In jedem der vorbezeichneten Fälle ist die Entscheidung der Regierung, welche binnen längstens vier Wochen ertheilt werden muß, endgültig bis zur nächstjährigen generellen Berichtigung der Bürgerrolle.] Der Beschluß der Stadtverordneten-Versammlung bedarf keiner Genehmigung oder Bestätigung von Seiten des Magistrats oder der Aufsichtsbehörde. Gegen den Beschluß findet die Klage im Verwaltungsstreitverfahren statt. Die Klage steht auch dem Magistrate zu. Sie hat keine aufschiebende Wirkung; jedoch dürfen Ersatzwahlen vor ergangener rechtskräftiger Entscheidung nicht vorgenommen werden. Zuständig in erster Instanz ist der Bezirksausschuß. Die Frist zur Anstellung der Klage beträgt zwei Wochen. Die Stadtverordneten-Versammlung, beziehungsweise der Magistrat können zur Wahrnehmung ihrer Rechte im Verwaltungsstreitverfahren einen besonderen Vertreter bestellen. (Zust.-G. §§ 11 und 21).

Auch nach der jährlichen Feststellung der Bürgerrolle kann der Name eines Einwohners wegen neuer, den Nichtbesitz des Bürgerrechts oder den Verlust der Ausübung desselben darthuender Thatsachen gestrichen oder auf Antrag des Betheiligten wegen später erfolgten Erwerbs des Bürgerrechts eingetragen werden. Die beabsichtigte Streichung des Namens, sowie die Ablehnung des Antrages auf Eintragung ist dem Betheiligten unter Angabe der Gründe vom Magistrate mitzutheilen.

Der Betheiligte kann hiergegen binnen zehn Tagen Einspruch erheben, über welchen nach Maaßgabe der vorhergehenden Bestimmungen zu entscheiden ist. Die Stadtverordneten-Versammlung beschließt über die Richtigkeit der Gemeindewählerliste. (Zust.-G. § 10 sub 1.)

§ 41.

Die Wahlen zur regelmäßigen Ergänzung des Stadtverordneten-Kollegiums finden alljährlich im November statt.

Das Ortsstatut kann jedoch über diesen, sowie über die im § 40 angeordneten alljährlichen Termine abändernde Bestimmungen treffen.

Außergewöhnliche Wahlen zum Ersatze der innerhalb der Wahlperiode ausgeschiedenen Mitglieder müssen angeordnet werden, wenn die Stadtverordneten-Versammlung oder der Magistrat oder [die Regierung] der Bezirksausschuß (Zust.-G. § 12 sub 2) es für erforderlich erachten.

Der Ersatzmann bleibt nur bis zum Ende derjenigen Wahlperiode in Thätigkeit, auf welche der Ausgeschiedene gewählt war. Alle Ergänzungs- und Ersatzwahlen werden, wenn der zu ersetzende Stadtverordnete von einem besonderen Wahlbezirke selbstständig gewählt war — § 39 —, von demselben Wahlbezirke vorgenommen.

§ 42.

Das Wahlgeschäft wird von einer Wahlkommission geleitet, welche durch zwei vom Bürgermeister bestimmte Mitglieder des Magistrats, von denen das ältere den Vorsitz und die bei Stimmengleichheit entscheidende Stimme führt, und zwei von der Stadtverordneten-Versammlung gewählte Mitglieder derselben gebildet wird. In gleicher Weise ist je ein Stellvertreter aus dem Magistrate und aus dem Stadtverordneten-Kollegium zu bestellen.

Mit der Protokollführung betraut die Wahlkommission eine geeignete Person.

Erfolgt die Wahl in Wahlbezirken § 39 —, so ist außerdem zur Leitung der Wahlhandlung in jedem Bezirke ein besonderer Wahlvorstand in der statutarisch zu regelnden Weise zu bilden.

§ 43.

Die vorzunehmende Wahlhandlung ist jedesmal spätestens 14 Tage vor dem Wahltage in der für amtliche Bekanntmachungen ortsüblichen Weise von dem Magistrate zur öffentlichen Kunde zu bringen, wobei Ort, Tag und Stunde des Wahlaktes genau zu bezeichnen sind und zugleich anzugeben ist, ob die Wahl resp. welche Wahlen auf Hausbesitzer — § 35 — zu richten sind.

Die Wahlkommission läßt, auf Grund der Bürgerrolle und der dagegen angebrachten und bereits erledigten Einsprüche — § 40 —, Verzeichnisse der Wahlberechtigten anfertigen und nöthigenfalls bezirksweise — § 39 — ordnen.

Diese von den Mitgliedern der Wahlkommission zu unterschreibenden Wahllisten werden 14 Tage vor der Wahl zu Jedermanns Einsicht auf dem Rathhause ausgelegt und demnächst dem Wahlprotokolle beigefügt.

Etwaige Erinnerungen gegen die Wahllisten, welche aber nur darin bestehen können, daß Jemand gegen den Inhalt der Bürgerrolle oder der Entscheidung eines dagegen erhobenen Einspruchs zuwider in dieselben aufgenommen oder darin übergangen sei, müssen spätestens drei Tage vor dem Wahltermine bei dem Vorsitzenden der Wahlkommission eingereicht werden.

[Dieser stellt hierüber die etwa erforderliche Untersuchung an und giebt baldmöglichst eine Entscheidung ab, welche dem Einsprechenden mitgetheilt und, insofern dadurch eine Abänderung nöthig werden sollte, den ausgelegten Verzeichnissen noch vor dem Wahltermine in beglaubigter Form einverleibt wird.] Die Stadtverordneten=Versammlung beschließt auf Einsprüche, betreffend die Richtigkeit der Gemeindewählerliste. (Zust.=G. § 10 sub 1.)

§ 44.

Mehr als drei Stadtverordnete dürfen nicht in Einer Wahlhandlung gewählt werden.

Jeder Wähler muß der Wahlkommission, beziehentlich dem Wahlvorstande — § 42 —, persönlich und mündlich zu Protokoll erklären, wem er seine Stimme geben will. Er hat so viele verschiedene Personen zu bezeichnen, als gleichzeitig zu wählen sind. Nach dem Schlusse der Wahlhandlung werden die Stimmen, welche auf je eine Person gefallen sind, zusammengezählt und nach jeder Zusammenzählung die Zahl der Stimmen in dem Wahlprotokolle notirt, welches demnächst von den Mitgliedern der Wahlkommission resp. des Wahlvorstandes zu unterschreiben ist.

Ist die Abstimmung für eine und dieselbe Wahl bezirksweise erfolgt, so werden die Ergebnisse der sämmtlichen Bezirksabstimmungen demnächst durch die Wahlkommission zusammengestellt und protokollarisch beglaubigt.

Diejenigen, welche hiernach die meisten Stimmen, wenn auch ohne absolute Mehrheit, erhalten haben, sind als gewählt anzusehen.

Sind die relativ meisten Stimmen in gleicher Zahl auf mehr Personen gefallen, als zu wählen waren, so entscheidet unter diesen das Loos.

Der Magistrat hat das Ergebniß der Wahlen sofort in ortsüblicher Weise bekannt zu machen.

§ 45.

Werden gegen eine geschehene Wahl von einem Wahlberechtigten Einwendungeu erhoben, welche innerhalb [der ersten zehn Tage] zwei Wochen nach Bekanntmachung des Wahlergebnisses [dem Bürgermeister] dem Magistrate (Zust.-G. § 10, Abs. 2) angezeigt sein müssen, oder werden binnen gleicher Frist entweder im Magistrate oder in der Stadtverordneten-Versammlung gegen die Rechtmäßigkeit der Wahl Zweifel angeregt, so [haben die beiden Kollegien darüber alsbald einen gemeinschaftlichen Beschluß zu fassen] beschließt die Stadtverordnetenversammmlung über die Gültigkeit der Wahlen. (Zust.-G. § 10 sub 2.)

[Gegen diesen Beschluß kann von den Betheiligten binnen zehn Tagen Präklusivfrist Rekurs an die Regierung ergriffen werden. Ueber die geschehene Absendung der Rekursschrift ist gleichzeitig dem Magistrate eine Bescheinigung einzuliefern. Können die beiden Kollegien über den Beschluß sich nicht vereinigen, so ist die Entscheidung der Regierung einzuholen. Bei der Entscheidung der Regierung bewendet es in allen vorbezeichneten Fällen.] Der Beschluß der Stadtverordneten-Versammlung bedarf keiner Genehmigung oder Bestätigung von Seiten des Magistrats oder der Aufsichtsbehörde. Gegen den Beschluß findet die Klage im Verwaltungsstreitverfahren statt. Die Klage steht auch dem Magistrate zu. Sie hat keine aufschiebende Wirkung, jedoch dürfen Ersatzwahlen vor ergangener rechtskräftiger Entscheidung nicht vorgenommen werden (Zust.-G. § 11). Zuständig in erster Instanz ist der Bezirksausschuß. Die Frist zur Anstellung der Klage beträgt zwei Wochen. Die Stadtverordneten-Versammlung, beziehungsweise der Magistrat können zur Wahrnehmnng ihrer Rechte im Verwaltungsstreitverfahren einen besonderen Vertreter bestellen. (Zust.-G. § 21.)

Nach erfolgter Kassation einer Wahl ist sofort zu einer neuen Wahl zu schreiten, für welche eine abermalige Auslegung der Wahllisten nicht erforderlich ist.

§ 46.

Der Magistrat benachrichtigt die neugewählten Stadtverordneten von der Wahl, sobald deren Gültigkeit feststeht. Dieselben werden, sofern nicht eine begründet befundene Ablehnung erfolgt ist, durch den Vorsitzenden des Magistrats in einer gemeinschaftlichen Sitzung der städtischen Kollegien eingeführt und durch Handschlag an Eidesstatt verpflichtet.

Den Zeitpunkt des Amtsantritts der mittelst der regelmäßigen Ergänzungswahl neu Gewählten bestimmt das Ortsstatut und bleiben bis dahin die ausscheidenden Stadtverordneten in Funktion.

§ 47. **Entlassung oder Suspension eines Stadtverordneten.**

In den Fällen des § 14, ebenso wenn ein Mitglied der Stadtverordneten-Versammlung durch Uebernahme eines Amts — § 38 — die Befähigung zur Mitgliedschaft verliert, ist, sofern das Mandat nicht von dem Betheiligten selbst sogleich niedergelegt wird, die Entlassung beziehentlich Suspension desselben von seinem Posten durch [beide städtische Kollegien] Beschluß der Stadtverordneten (Zust.-G. § 10) auszusprechen.

§ 48. **Vorsteher.**

Die Stadtverordneten-Versammlung wählt jährlich, nach Einführung der neu gewählten Mitglieder, aus ihrer Mitte einen Vorsteher — Bürgerworthalter —, sowie einen Stellvertreter desselben.

Die Wahl erfolgt nach absoluter Stimmenmehrheit der Anwesenden; bei einer ungeachtet zweimaliger Abstimmung sich ergebenden Stimmengleichheit entscheidet das Loos.

Der abgehende Vorsteher und dessen Stellvertreter sind sofort wieder wählbar.

Titel V.

Von den Versammlungen und Beschlüssen der städtischen Kollegien.

§ 49. Beschlußfassung im Magistrate.

Die Beschlüsse des Magistratskollegiums, welches sich nur auf Berufung des Vorsitzenden versammeln darf, auf Antrag der Hälfte der Magistratsmitglieder aber berufen werden muß, werden nach Stimmenmehrheit gefaßt, doch ist zur Gültigkeit eines Beschlusses die Gegenwart mindestens der Hälfte der im Amte befindlichen Mitglieder erforderlich. Bei Stimmengleichheit entscheidet die Stimme des Vorsitzenden.

§ 50. Gemeinschaftliche Versammlungen beider Kollegien.

Das Stadtverordneten-Kollegium versammelt sich in der Regel nur gemeinschaftlich mit dem Magistrate auf die Zusammenberufung des Bürgermeisters. Wenn das Stadtverordneten-Kollegium seinerseits eine Versammlung beider Kollegien wünscht, so ist dieselbe auf die deshalb durch den Stadtverordneten-Vorsteher dem Bürgermeister schriftlich zu machenden Anzeige zu veranstalten.

In der Regel sind zu einer solchen gemeinschaftlichen Versammlung sämmtliche Mitglieder beider Kollegien drei Tage vor derselben in der durch die Geschäftsordnung — § 57 — oder das Ortsstatut näher zu bestimmenden Weise unter spezieller Bezeichnung der zur Verhandlung bestimmten Gegenstände einzuladen und ist zu gleicher Zeit die Einladung nebst Vorlagen zur Einsicht für die Stadtverordneten in deren Versammlungszimmer auszulegen.

Wenn Nothfälle eine schleunigere Zusammenberufung erforderlich machen, so ist hierauf in der Einladung zur Versammlung ausdrücklich aufmerksam zu machen.

§ 51.

In den gemeinsamen Versammlungen beider Kollegien verhandeln und berathen die Mitglieder gemeinschaftlich; der Bürgermeister, beziehentlich dessen Stellvertreter, führt das Direktorium.

Das Protokoll wird von einem Magistratsmitgliede oder einer anderen hiermit betrauten

Persönlichkeit geführt, in ein besonderes dazu bestimmtes Buch eingetragen und nach vorgängiger Verlesung und Genehmigung durch die Unterschrift des Bürgermeisters, des Stadtverordneten-Vorstehers, beziehentlich ihrer Stellvertreter, sowie des Protokollführers beglaubigt. Was nicht vorschriftsmäßig zu Protokoll genommen ist, wird als gültig gefaßter Beschluß nicht betrachtet.

Bei der Abstimmung votirt, soweit nicht für besondere Fälle im Ortsstatute Ausnahmen zugelassen sind, zuerst das Stadtverordneten-Kollegium und dann der Magistrat, nnd zwar jedes Kollegium für sich. Im Falle der Stimmengleichheit giebt in jedem Kollegium die Stimme seines Vorsitzenden den Ausschlag.

Nach jeder Sitzung ist von dem aufgenommenen Protokolle dem Stadtverordneten-Vorsteher eine beglaubte Abschrift für die Stadtverordneten-Versammlung durch den Protokollführer zuzufertigen.

§ 52.

Zur Gültigkeit eines gemeinschaftlichen Beschlusses beider Kollegien — Gemeindebeschluß — ist erforderlich, daß

1) die beschlußfähige Zahl der Mitglieder in jedem der beiden Kollegien — §§ 49, 55 — gegenwärtig ist, und zugleich

2) die Mehrheit in dem einen mit der Mehrheit in dem andern Kollegium zu einem übereinstimmenden Beschlusse sich vereinigt.

Es kann indessen ein gültiger Gemeindebeschluß auch ohne Anwesenheit der nach 1 nöthigen Mitgliederzahl erzielt werden, wenn die Mitglieder der Kollegien, zum zweiten Male zur Verhandlung über denselben Gegenstand zusammenberufen, abermals nicht in genügender Anzahl erschienen sind. Bei der zweiten Zusammenberufung muß auf diese Bestimmung ausdrücklich hingewiesen werden.

§ 53. Verfahren im Falle der Nichteinigung.

Ist bei solchen Angelegenheiten der städtischen Verwaltung, welche einer gemeinschaftlichen Beschlußfassung bedürfen, ein Kommunalbeschluß auch durch wiederholte gemeinschaftliche Berathung nicht zu erreichen, so [bleiben die zur Beschlußfassung gestellten Anträge, soweit nicht etwa Anderes in diesem Gesetze ausdrücklich bestimmt ist, auf sich beruhen] beschließt der Bezirksausschuß über die entstandene Meinungsverschiedenheit, wenn von einem Theile auf Entscheidung angetragen wird, und zugleich die Angelegenheit nicht auf sich beruhen kann. (Zust.-G. § 17 sub 1.)

§ 54. Besondere Versammlungen der Stadtverordneten

Der Stadtverordneten-Vorsteher ist befugt, auch besondere Sitzungen des Stadtverordneten-Kollegiums, so oft er es nöthig findet, zu veranlassen; verpflichtet dazu ist er jedoch nur auf den schriftlichen Antrag von wenigstens einem Drittheile der Mitglieder. Die Versammlungen der Stadtverordneten müssen jederzeit in dem dazu ein für alle Mal bestimmten Amtslokale gehalten werden; auch hat der Vorsteher dem Magistrate von der Zusammenberufung gleichzeitig mit letzterer, unter Mittheilung der Tagesordnung, Anzeige zu machen, und muß denselben von dem Resultate der Verhandlung, unter Mittheilung einer beglaubigten Abschrift des darüber aufgenommenen Protokolls, spätestens innerhalb drei Tagen nach der Zusammenkunft in Kenntniß setzen. Die Zusammenberufung erfolgt nach Vorschrift des § 50, Absatz 2 und 3.

§ 55.

In diesen Versammlungen hat der Vorsteher den Vorsitz und leitet die Verhandlung; die Beschlüsse werden nach Stimmenmehrheit gefaßt, doch ist für die Gültigkeit eines Beschlusses allemal die Anwesenheit mindestens der Hälfte der statutarisch festgesetzten Mitgliederzahl erforderlich. Im Falle der Stimmengleichheit entscheidet die Stimme des Vorsitzenden. Auch hat derselbe für die richtige Protokollirung und Ausfertigung der Beschlüsse und für die Mittheilung des Protokolls an den Magistrat — § 54 — zu sorgen.

Der stellvertretende Vorsteher, oder nach Wahl des Kollegiums ein anderes Mitglied, führt das Protokoll, welches von dem Vorsitzenden und dem Protokollführer zu unterzeichnen ist, und bezüglich dessen übrigens die Vorschriften des § 51 Anwendung finden.

§ 56. **Gemeinschaftliche Bestimmungen hinsichtlich beider Kollegien.**

Die gemeinschaftlichen Sitzungen beider Kollegien, sowie die besonderen der Stadtverordneten-Versammlung sind öffentlich. Für einzelne Gegenstände kann durch besonderen Beschluß, welcher in geheimer Sitzung gefaßt wird, die Oeffentlichkeit ausgeschlossen werden.

Der Vorsitzende kann jeden Zuhörer aus dem Sitzungszimmer entfernen lassen, welcher öffentlich Zeichen des Beifalls oder Mißfallens giebt, oder Störung irgend einer Art verursacht.

§ 57.

Geschäftsordnungen für die gemeinschaftlichen Berathungen der beiden städtischen Kollegien oder für das Stadtverordneten-Kollegium allein können, erstere durch Gemeindebeschluß, letztere durch die Stadtverordneten-Versammlung festgestellt werden. In solchen Reglements können Zuwiderhandlungen der Mitglieder der Kollegien gegen die zur Aufrechterhaltung der Ordnung gegebenen Vorschriften mit Strafen belegt werden. Diese Strafen können in Geldbußen bis zu fünf Thalern und bei mehrmals wiederholten Zuwiderhandlungen von Stadtverordneten in der auf eine gewisse Zeit oder für die Dauer der Wahlperiode zu verhängenden Ausschließung aus der Versammlung bestehen.

Die Stadtverordneten-Versammlung beschließt über die Strafen, welche gegen Mitglieder derselben wegen Zuwiderhandlungen gegen die Geschäftsordnung nach Maaßgabe der Gemeindeverfassungsgesetze zu verhängen sind. (Zust.-G. § 10.) Der Beschluß der Stadtverordneten-Versammlung bedarf keiner Genehmigung oder Bestätigung von Seiten des Magistrats oder der Aufsichtsbehörde. Gegen den Beschluß findet die Klage im Verwaltungsstreitverfahren statt. Die Klage steht auch dem Magistrate zu. Sie hat keine aufschiebende Wirkung. (Zust.-G. § 11.) Zuständig in erster Instanz ist der Bezirksausschuß. Die Frist zur Anstellung der Klage beträgt 2 Wochen. Die Stadtverordneten-Versammlung, beziehungsweise der Magistrat können zur Wahrnehmung ihrer Rechte im Verwaltungsstreitverfahren einen besonderen Vertreter bestellen. (Zust.-G. § 21.)

Titel VI.

Von den Obliegenheiten, der Zuständigkeit und den Organen des Magistrats und des Stadtverordneten-Kollegiums.

§ 58. Magistrat.

Der Magistrat ist die Obrigkeit der Stadt und die leitende kommunale Verwaltungsbehörde.

§ 59.

Als Obrigkeit innerhalb des Stadtbezirks hat der Magistrat auf Befolgung der bestehenden Gesetze und Verordnungen zu achten, die Aufträge der vorgesetzten Behörde auszuführen, sowie auch das gesammte Stadtwesen zu beaufsichtigen und die deshalb erforderlichen obrigkeitlichen Maaßnahmen zu treffen.

In allen diesen Beziehungen ist der Magistrat unabhängig von der Stadtgemeinde, an die Mitwirkung der Stadtverordneten-Versammlung nicht gebunden und nur den betreffenden Staatsbehörden untergeordnet und verantwortlich.

§ 60.

Als Stadtbehörde hat der Magistrat die städtischen Gemeindeangelegenheiten unter der in diesem Gesetze geordneten Mitwirkung des Stadtverordneten-Kollegiums zu verwalten. Der Magistrat ist die alleinige ausführende Behörde. Insbesondere liegen ihm, unter der in diesem Gesetze vorgesehenen Beihülfe der Kommissionen — §§ 66 ff. —, nachstehende Geschäfte ob:

1) Die Gemeindebeschlüsse — §§ 50—52 — vorzubereiten und zur Ausführung zu bringen; dagegen Beschlüsse der Stadtverordneten-Versammlung, welche deren Befugnisse überschreiten oder die Gesetze verletzen, entstehenden Falles auf Anweisung der Aufsichtsbehörde, mit aufschiebender Wirkung, unter Angabe der Gründe zu beanstanden. Gegen die Verfügung des Magistrats steht der Stadtverordneten-Versammlung die Klage im Verwaltungsstreitverfahren zu (Zust.-G. § 15, Abs. 1);

2) die Aufsicht über die Verwaltung der Gemeindeanstalten zu führen;
3) das Rechnungs- und Kassenwesen zu überwachen;
4) das Eigenthum der Stadtgemeinde zu erhalten und ihre Rechte zu wahren;
5) die Gemeinde-Unterbeamten nach Maaßgabe des § 75 zu ernennen und dieselben zn beaufsichtigen;
6) die Urkunden und Akten der Stadtgemeinde aufzubewahren;
7) die Stadtgemeinde nach Außen, insbesondere auch in Prozessen zu vertreten und Namens derselben mit Behörden und Privatpersonen zu verhandeln, den Schriftwechsel zu führen und die Gemeinde-Urkunden in der Urschrift zu vollziehen. Die Ausfertigungen der Urkunden werden Namens der Stadtgemeinde von dem Bürgermeister oder seinem Stellvertreter gültig unterzeichnet; werden darin Verpflichtungen der Stadtgemeinde übernommen, so muß noch die Unterschrift eines Magistratsmitgliedes, sowie des Stadtverordneten-Vorstehers und seines Stellvertreters hinzukommen; in Fällen, wo die Genehmigung der Aufsichtsbehörde erforderlich ist, muß auf dieselbe in der gedachten Ausfertigung Bezug genommen werden;

8) die Beitreibung der städtischen Gemeindeabgaben und Dienste nach den Gesetzen und Gemeindebeschlüssen zu bewirken.

9) Auf Beschwerden und Einsprüche, betreffend:

a) Das Recht zur Mitbenutzung der öffentlichen Gemeindeanstalten, sowie zur Theilnahme an den Nutzungen und Erträgen des Gemeindevermögens,

b) die Heranziehung oder die Veranlagung zu den Gemeindelasten

zu beschließen.

Gegen den Beschluß findet die Klage im Verwaltungsstreitverfahren beim Bezirksausschusse binnen zwei Wochen statt. Der Magistrat kann zur Wahrnehmung seiner Rechte in dem Verwaltungsstreitverfahren einen besonderen Vertreter bestellen. (Zust.=G. §§ 18 und 21.) Gegen die Entscheidung des Bezirksausschusses in den Fällen unter b) ist nur das Rechtsmittel der Revision zulässig. (Zust.=G. § 21.)

Der Entscheidung im Verwaltungsstreitverfahren unterliegen desgleichen Streitigkeiten zwischen Betheiligten über ihre in dem öffentlichen Rechte begründete Berechtigung oder Ver=

pflichtung zu den sub a und b bezeichneten Nutzungen, beziehungsweise Lasten.

Einsprüche gegen die Höhe von Gemeindezuschlägen zu den direkten Staatssteuern, welche sich gegen den Prinzipalsatz der letzteren richten, sind unzulässig.

Die Beschwerden und die Einsprüche sowie die Klage haben keine aufschiebende Wirkung. (Zust.-G. § 18, Abs. 3, 4 und 5.)

§ 61. **Bürgermeister.**

Der Bürgermeister hat die Aufsicht und Leitung des ganzen Geschäftsganges bei der städtischen Verwaltung.

Er ist verpflichtet, Beschlüsse der beiden städtischen Kollegien oder eines derselben, welche [deren Befugnisse überschreiten oder sonst gesetzwidrig sind, oder] das Staatswohl verletzen, zu suspendiren, muß aber alsdann sogleich an [die Regierung] den Bezirksausschuß (Zust.-G. § 17 sub 1) darüber berichten, welcher die Beanstandung entweder bestätigt oder aufhebt. Der Bürgermeister hat ferner Beschlüsse üer Köllegien, welche deren Befugnisse eberschreiten oder die Gesetze verletzen, dntstehenden Falles auf Anweisung der Aufsichtsbehörde, mit aufschiebender Wirkung, unter Angabe der Gründe zu beanstanden. Gegen die Verfügung des Bürgermeisters steht dem Magistrate, beziehentlich der Stadtverordneten-Versammlung die Klage im Verwaltungsstreitverfahren bei dem Bezirksausschusse binnen zwei Wochen zu. Der Magistrat, beziehentlich die Stadtverordneten-Versammlung können zur Wahrnehmung ihrer Rechte im Verwaltungsstreitverfahren einen besonderen Vertreter bestellen. (Zust.-G. §§ 15 und 21.)

In allen Fällen, wo die vorherige Beschlußnahme durch den Magistrat einen nachtheiligen Zeitverlust verursachen würde, muß der Bürgermeister die dem Magistrate obliegenden Geschäfte vorläufig allein besorgen, jedoch dem letzteren in der nächsten Sitzung Behufs der Bestätigung oder anderweiten Beschlußnahme Bericht erstatten.

Zur Erhaltung der nöthigen Disziplin steht dem Bürgermeister das Recht zu, den Gemeinde-Unterbeamten Geldbußen bis zu drei Thalern und außerdem den Beamten der untersten Klassen Arreststrafen bis zu drei Tagen aufzuerlegen. — §§ 15. 19. 20 des Gesetzes vom 21. Juli 1852, Gesetz-Sammlung S. 465 —

Gegen die Strafverfügungen des Bürgermeisters findet innerhalb zwei Wochen die Beschwerde an den Regierungs-Präsidenten, und gegen den auf die Beschwerde ergehenden Beschluß des Regierungs-Präsidenten innerhalb zwei Wochen die Klage bei dem Oberverwaltungsgerichte statt. (Zust.-G. § 20 sub 2.)

§ 62. Bezirksvorsteher.

Städte von größerem Umfange können nach Maaßgabe des Ortsstatuts in Ortsbezirke getheilt werden.

In diesem Falle wird jedem Bezirke ein Bezirksvorsteher vorgesetzt, welcher von dem Stadtverordneten-Kollegium aus drei von dem Magistrate vorgeschlagenen wahlberechtigten Bürgern des Bezirks in gleicher Art, wie die Rezepturbeamten — § 75, Alinea 2 —, gewählt wird.

In der nämlichen Weise wird für den Fall der Verhinderung des Bezirksvorstehers ein Stellvertreter desselben angestellt.

Die Bezirksvorsteher sind Organe des Magistrats und verpflichtet, seinen Anordnungen Folge zu leisten, ihn namentlich in den örtlichen Geschäften des Bezirks zu unterstützen.

Ueber die Gültigkeit von Wahlen solcher Gemeindebeamten beschließt der Bezirksausschuß. (Zust.=G. § 14.)

§ 63. Stadtverordneten-Kollegium.

Das Stadtverordneten=Kollegium beschließt:

1) auf Beschwerden und Einsprüche, betreffend den Besitz oder den Verlust des Bürgerrechts, insbesondere des Rechts zur Theilnahme an den Wahlen zur Gemeindevertretung sowie des Rechts zur Bekleidung einer den Besitz des Bürgerrechts voraussetzenden Stelle in der Gemeindeverwaltung oder Gemeindevertretung; die Verpflichtung zum Erwerbe oder zur Verleihung des Bürgerrechts, beziehungsweise zur Zahlung von Bürgergewinngeldern — Ausfertigungsgebühren — und zur Leistung des Bürgereides; die Zugehörigkeit zu einer bestimmten Bürgerklasse; die Richtigkeit der Gemeindewählerliste;
2) über die Gültigkeit der Wahlen zur Gemeindevertretung;
3) über die Berechtigung zur Ablehnung oder Niederlegung von Aem=

tern und Stellen in der Gemeindeverwaltung oder Vertretung; über die Nachtheile, welche gegen Mitglieder der Stadtgemeinde wegen Nichterfüllung der ihnen nach den Gemeindeverfassungsgesetzen obliegenden Pflichten, sowie über die Strafen, welche gegen Mitglieder der Gemeindevertretung wegen Zuwiderhandlungen gegen die Geschäftsordnung nach Maaßgabe der Gemeindeverfassungsgesetze zu verhängen sind. (Zust.-G. § 10.)

Der Beschluß des Stadtverordneten-Kollegiums bedarf keiner Genehmigung oder Bestätigung von Seiten des Magistrats oder der Aufsichtsbehörde. Gegen den Beschluß findet die Klage im Verwaltungsstreitverfahren statt. Die Klage steht auch dem Magistrate zu. Sie hat in den Fällen sub 1 und 2 keine aufschiebende Wirkung; jedoch dürfen Ersatzwahlen vor ergangener rechtskräftiger Entscheidung nicht vorgenommen werden. (Zust.-G. § 11.) Zuständig in erster Instanz ist der Bezirksausschuß. Die Frist zur Anstellung der Klage beträgt zwei Wochen. Das Stadtverordneten-Kollegium, bezw.

der Magistrat können zur Wahrnehmung ihrer Rechte im Verwaltungsstreitverfahren einen besonderen Vertreter bestellen. (Zust.=G. § 21.)

Alle inneren Gemeindeangelegenheiten und Gegenstände der Stadtökonomie, soweit solche nicht in diesem Gesetze oder in den Ortsstatuten dem Magistrate allein überwiesen sind, erfordern die mitwirkende Beschlußfassung des Stadtverordneten=Kollegiums in der in §§ 50—53 vorgesehenen Weise, und es unterliegt die Befolgung und Ausführung der Gemeindebeschlüsse seiner Kontrole. Die Stadtverordneten=Versammlung hat außerdem ihr Gutachten über alle das städtische Gemeindewesen angehenden Gegenstände abzugeben, welche ihr zu diesem Zwecke durch die Aufsichtsbehörden zugewiesen oder vom Migistrate vorgelegt werden. Sie kann dem Magistrate auch unaufgefordert Vorschläge in Betreff der städtischen Verwaltung machen, worauf dieser entweder eine gemeinschaftliche Berathung zu veranlassen oder den von ihm gefaßten Beschluß dem Stadtverordneten=Kollegium mitzutheilen hat.

Ueber andere als Gemeindeangelegenheiten dürfen die Stadtverordneten nur dann berathen, wenn solche durch besondere Gesetze oder in einzelnen Fällen durch Aufträge der Aufsichtsbehörden an sie gewiesen sind.

§ 64. Beide Kollegien.

Die Mitglieder beider Kollegien sind in ihrer Geschäftsthätigkeit an keinerlei Instruktionen oder Aufträge der Wähler oder Wahlbezirke gebunden.

Sie haben das gemeinsame Beste der ganzen Stadtgemeinde wahrzunehmen, und wenn mit diesem bei einem Berathungsgegenstande ihr persönliches Privat-Interesse oder das eines nahen Angehörigen — Eltern, Kinder, Ehegatte, Geschwister — im Gegensatze steht, der Theilnahme an der Berathung und Beschlußfassung sich zu enthalten. Kann in Folge solcher Verhinderung ein gültiger Gemeindebeschluß wegen Nichtbeschlußfähigkeit des Stadtverordneten-Kollegiums — § 52 ad 1 — nicht gefaßt werden, so hat der Magistrat, oder wenn dieser selbst aus dem vorgedachten Grunde einen gültigen Beschluß zu fassen nicht befugt ist — § 49 —, [die Regierung] der Bezirksausschuß (Zust.-G. § 17 sub 2) für die Wahrung des Gemeinde-Interesses zu sorgen und nöthigenfalls einen besonderen Vertreter für das behinderte städtische Kollegium oder beide Kollegien zu bestellen.

Im Falle der durch widersprechende Interessen herbeigeführten Beschlußunfähigkeit des Magistrats beschließt an dessen Stelle der Bezirksausschuß. (Zust.=G. § 17 sub 2.)

Sollte ein Prozeß der Stadtgemeinde gegen den Bürgermeister, gegen dessen Stellvertreter, oder gegen alle oder mehrere Mitglieder des Magistrats aus Veranlassung ihrer Amtsführung nothwendig werden, so hat [die Regierung] der Regierungspräsident (Zust.=G. § 7), Falls in Folge dessen ein Gemeindebeschluß nicht gefaßt werden kann, auf Antrag der Stadtverordneten=Versammlung einen Vertreter der Gemeinde zur Führung des Prozesses zu ernennen.

§ 65. Auflösung des Stadtverordneten-Kollegiums

Durch Königliche Verordnung auf Antrag des Staatsministeriums kann ein Stadtverordneten=Kollegium aufgelöst werden.

Es ist sodann eine Neuwahl desselben anzuordnen und muß diese binnen drei Monaten vom Tage der Auflösungs=Verordnung erfolgen. Bis zur Einführung der neugewählten Stadtverordneten [hat der Magistrat die laufenden Geschäfte allein zu führen] beschließt der Bezirksausschuß an Stelle des aufgelösten Stadtverordneten=Kollegiums. (Zust.=G. § 17 sub 3.)

§ 66. Kommissionen.

Für einzelne Verwaltungszweige, insonderheit solche, welche einer fortdauernden Beaufsichtigung und Kontrole oder der Mitwirkung an Ort und Stelle bedürfen, z. B. für das Rechnungs-, Hebungs- und Kassenwesen, für Bausachen, Hafensachen, Einquartirungssachen, für die Aufsicht über die städtischen Ländereien, Wege, Straßen, Wasserleitungen u. s. w. können von den beiden Stadtkollegien gemeinschaftlich besondere bleibende städtische Kommissionen gebildet werden, deren Wirkungskreis im Allgemeinen auf Vorbereitung und Ausführung der Beschlüsse der städtischen Kollegien beschränkt, übrigens aber in dem Ortsstatute näher festzustellen ist.

Ueber die Gültigkeit von Wahlen solcher Gemeindebeamten beschließt der Bezirksausschuß. (Zust.-G. § 14.)

§ 67.

Die speziellen Bestimmungen über die Zusammensetzung der einzelnen Kommissionen bleiben dem Ortsstatute vorbehalten, wobei jedoch davon auszugehen ist,

1) daß eine jede Kommission bestehen muß:

a) aus einem oder mehreren Mitgliedern des Magistrats, welche dieser ernennt,

b) aus einem oder mehreren Stadtverordneten, welche in der statutarisch oder durch Gemeindebeschluß bestimmten Zahl von der Stadtverordneten-Versammlung dazu gewählt werden;

2) daß thunlichst auch andere Bürger den Kommissionen als Mitglieder beigeordnet werden, was durch gemeinschaftlichen Auftrag beider Kollegien zu erfolgen hat.

Werden zu vorübergehenden, der gemeinschaftlichen Beschlußnahme beider Kollegien nicht unterliegenden Zwecken, z. B. zur Vollziehung einzelner obrigkeitlicher Anordnungen und dergleichen, vom Magistrate Kommissionen angeordnet, so hängt deren Zusammensetzung lediglich von seinem Ermessen ab.

§ 68.

Die einzelnen Kommissionen haben die ihnen nach dem Beschlusse beider Kollegien vom Magistrate ertheilten Aufträge auszuführen, und sind, insofern Zweige des städtischen Einnahme- und Ausgabewesens zu ihrem Geschäftskreise gehören, die entsprechenden Vereinnahmungen und Ausgaben anzuweisen befugt, hingegen auch dafür verantwortlich, daß alle betreffenden Einnahmen gehörig erhoben und keine Ausgaben geleistet werden, welche nicht durch einen ordnungsmäßigen Beschluß der städtischen Kollegien oder eine nach Maaßgabe dieses Gesetzes ergangene ergänzende Entscheidung der Aufsichtsbehörde gerechtfertigt sind.

Ueber die Verwendung der städtischen Geldsummen, welche sie nach dem Beschlusse der städtischen Kollegien ohne besondere Vorfrage in den ihnen anvertrauten Zweigen der Verwaltung verwenden dürfen, haben sie gehörig Rechnung abzulegen.

§ 69.

Alle Kommissionen sind dem Magistrate untergeordnet. Dem Magistrate liegt es ob, dieselben mit leitenden Anordnungen zu versehen, ihre Geschäftsführung zu kontroliren und dahin zu sehen, daß sie innerhalb der ihnen angewiesenen Grenzen ihre Obliegenheiten genau erfüllen.

Beschwerden gegen das Verfahren der Kommissionen sind bei dem Bürgermeister anzubringen, welcher solche nach der aus diesem Gesetze und dem Ortsstatute sich ergebenden Zuständigkeit dem Magistrate, beziehungsweise den beiden städtischen Behörden zur Entscheidung vorlegt.

§ 70.

Zur näheren Ordnung der Geschäftsthätigkeit der Kommissionen in einzelnen Verwaltungszweigen, insbesondere Hinsichts des Bauwesens, der Verpachtungen u. s. w., ebenso über die Zulässigkeit der Betheiligung von Mitgliedern der städtischen Kollegien und Kommissionen an der Ausführung kommunaler Bau- und ähnlicher Arbeiten, können besondere Bestimmungen im Ortsstatute getroffen werden.

§ 71. **Genehmigung der Gemeindebeschlüsse**

Die Gemeindebeschlüsse — § 52 — bedürfen zu ihrer Wirksamkeit, außer den in dem Gesetze besonders dahin gewiesenen Fällen, der Genehmigung [der Regierung] des Bezirksausschusses, jedoch in dem Falle zu Ziffer 2 des Regierungs-Präsidenten (Züst.-G. § 16), wenn sie betreffen:

1) die Veräußerung von Grundstücken und solchen Gerechtsamen, welche jenen gesetzlich gleichgestellt sind; [die Regierung] der Bezirksausschuß ist entstehenden Falles befugt, die Formen vorzuschreiben, in denen die Veräußerung stattfinden soll; die Genehmigung ist nicht erforderlich zu der im Wege der öffentlichen Lizitation erfolgenden Wiederveräußerung von Grundstücken, welche von der Gemeinde, als schadenleidender Gläubigerin, im Konkurse oder in Folge des Executionsverfahrens wegen rückständiger Gemeindeabgaben erworben sind;

2) die Veräußerung oder wesentliche Veränderung von Sachen, welche einen besonderen wissenschaftlichen, historischen oder Kunstwerth haben, namentlich von Archiven oder Theilen derselben (Zust.-G. § 16);
3) Anleihen, durch welche die Gemeinde mit einem Schuldenbestande belastet oder der bereits vorhandene vergrößert wird;
4) Veränderungen in dem Genusse von Gemeindenutzungen;
5) außerordentliche Benutzungen des Stadtvermögens, welche die Substanz selbst angreifen, z. B. Waldabtrieb außer forstmäßiger Bewirthschaftung; ingleichen Schenkungen, welche die Substanz des Stadtvermögens verringern;
6) Gemeindesteuern und Dienste nach Maaßgabe der folgenden Paragraphen.

§ 72.

Die Zulässigkeit der Gemeindesteuern und das Erforderniß der [Regierungsgenehmigung] Genehmigung des Bezirksausschusses (Zust.-G. § 16) zu denselben — § 71 Nr. 6 — unterliegt folgenden näheren Bestimmungen.

Die Gemeindesteuern können bestehen:

I) In Zuschlägen zu den Staatssteuern mit folgenden Maaßgaben:

1) die Steuer für den Gewerbebetrieb im Umherziehen darf nicht belastet werden;

2) bei Zuschlägen zur Klassen- und Einkommensteuer muß derjenige Theil des besteuerten Gesammteinkommens, welcher aus [dem in einer anderen Gemeinde gelegenen oder aus dem in einer andern Gemeinde betriebenen stehenden Gewerbe] außerhalb des Gemeindebezirks belegenem Grundeigenthum oder außerhalb des Gemeindebezirks stattfindendem Pacht-, Gewerbe-, Eisenbahn-, beziehungsweise Bergbaubetriebe fließt und in dieser letzteren Gemeinde einer besonderen Gemeindebesteuerung gemäß § 23 unterworfen ist, bis auf Höhe dieses Steuerbetrages von den Zuschlägen in der Gemeinde des Wohnortes freigelassen werden. (Gesetz vom 27. Juli 1885 § 9, Abs. 1.)

Einkommen aus solchem Grundeigenthum, welches einen besonderen Gutsbezirk bildet, oder Einkommen aus den von dem Vorstande eines solchen Gutsbezirks in demselben betriebenen gewerblichen Unternehmungen muß außer Berechnung gelassen werden.

In allen vorgedachten Fällen aber bleibt das volle, aus auswärtigem Grundbesitze oder Gewerbebetriebe nicht fließende Einkommen und mindestens eine im Ortsstatute näher festzusetzende, jedoch nicht über 25 Prozent zu bestimmende Quote des Gesammteinkommens unverkürzt der Wohnsitzgemeinde steuerpflichtig. Hat der Abgabepflichtige einen mehrfachen Wohnsitz, so ist diese Quote nach Maaßgabe des Gesetzes vom 27. Juli 1885 § 11 zu vertheilen (Gesetz vom 27. Juli 1885 § 9);

3) die Genehmigung [der Regierung] des Bezirksausschusses (Zust.-G. § 16, Abs. 3) ist erforderlich:

a) für Zuschläge zu den direkten Steuern, wenn der Zuschlag entweder 50 Prozent der Staatssteuern übersteigt, oder nicht nach gleichen Sätzen auf diese Steuern vertheilt werden soll. Zur Freilassung oder geringeren Belastung der Gewerbesteuer und der letzten Klassensteuerstufe bedarf es jedoch dieser Genehmigung nicht;

b) für Zuschläge zu den indirekten Steuern;

II) in besonderen direkten oder indirekten Gemeindesteuern.

Diese bedürfen der Genehmigung [der Regierung] des Bezirksausschusses (Zust.-G. § 16, Abs. 3), wenn sie neu eingeführt, erhöht, oder in ihren Grundsätzen verändert werden sollen.

Die Bestimmungen unter I. 2 kommen auch bei besonderen Gemeindesteuern in Anwendung.

Die zur Zeit bestehenden Gemeindesteuern sind nach Bestimmung [der Regierung] des Bezirksausschusses (Zust.-G. § 16, Abs. 3), soweit sie vorstehenden Grundsätzen nicht entsprechen, der Abänderung zu unterwerfen.

Gegen Uebertretungen der über die Erhebung von Gemeindesteuern nach Kommunalbeschluß zu erlassenden, von [der Regierung] dem Bezirksausschusse (Zust.-G. § 16, Abs. 3) zu genehmigenden Regulative können durch besondere, gleicher Genehmigung bedürfende Verordnung Strafen bis auf Höhe von zehn Thalern vorgesehen werden; solche Verordnungen sind in der Form der ortspolizeilichen Verordnungen zu erlassen.

Soweit es sich um die Aufbringung der Gemeindeabgaben und Dienste handelt, steht aus Gründen des öffentlichen Interesses gegen den auf Beschwerde ergehenden Beschluß des Provinzialraths dem Vorsitzenden des letzteren die Einlegung der weiteren Beschwerde an die Minister des Innern und der Finanzen zu. Hierbei finden die Bestimmungen des § 123 des Gesetzes über die allgemeine Landesverwaltung vom 30. Juli 1883 Anwendung.

Die Bestätigung (Genehmigung) von Gemeindebeschlüssen, durch welche besondere direkte oder indirekte Gemeindesteuern neu eingeführt oder in ihren Grundsätzen verändert werden, bedarf der Zustimmung der Minister des Innern und der Finanzen. (Zust.-G. § 16, Abs. 4 und 5.)

§ 73.

Die Vertheilung von Gemeindediensten — § 22 — geschieht in der Regel unter gleichzeitiger Abschätzung in Gelde nach dem Maaßstabe der Gemeindesteuern oder in deren Ermangelung nach dem Maaßstabe der direkten Staatssteuern. Abweichungen von dieser Vertheilungsart bedürfen der Genehmigung [der Regierung] des Bezirksausschusses (Zust.-G. § 16, Abs. 3). Die Dienste können durch taugliche Stellvertreter abgeleistet oder, mit Ausnahme von Nothfällen, in dem abgeschätzten Geldwerthe an die Gemeindekasse bezahlt werden, sofern die städtischen Kollegien nicht ein Anderes beschließen.

§ 74. **Gemeindewaldungen.**

Die in Bezug auf die Behandlung der Gemeindewaldungen gesetzlich bestehenden Vorschriften werden durch gegenwärtiges Gesetz nicht berührt. Hinsichtlich der Verwaltung der Gemeindewaldungen bewendet es bei den bestehenden Bestimmungen. (Zust.-G. § 16.)

§ 75. Städtische Unterbeamte.

Die städtischen Unterbeamten werden, nachdem die Stadtverordneten darüber vernommen worden, vom Magistrate angestellt, vereidigt und eingeführt.

Der Stadtkassirer und die sonstigen städtischen Beamten, welche Hebungen oder sonstige wichtige Angelegenheiten zu besorgen haben, und welche im Ortsstatute näher zu bezeichnen sind, werden von beiden Stadtkollegien dergestalt gewählt, daß der Magistrat drei Bewerber präsentirt, die Stadtverordneten einen derselben nach relativer Stimmenmehrheit wählen, bei einer ungeachtet zweimaliger Abstimmung stattfindenden Stimmengleichheit aber der Magistrat entscheidet. Die Wahl erfolgt auf Lebenszeit.

Die übrigen Unterbeamten werden für die wichtigeren, im Ortsstatute näher zu bezeichnenden Posten auf Lebenszeit, für vorübergehende oder untergeordnete Dienstleistungen auf Kündigung angestellt.

Es können jedoch die bei Einführung dieses Gesetzes bereits auf Kündigung angestellten

Unterbeamten aller Art von der Stadtkommune auf Kündigung beibehalten werden.

Der Stadtkassirer muß wegen der ihm obliegenden Hebungen Kaution leisten. Die Höhe und Art der Bestellung derselben ist im Ortsstatute näher zu bestimmen, ebenso ob und welche Sicherheit von anderen Gemeindebeamten zu leisten ist.

Titel VII.

Von den Gehältern und Pensionen.

§ 76. Gehälter und andere Dienstbezüge.

Die Gehälter und sonstigen Dienstbezüge aller städtischen Beamten sind, soweit sie nicht in gesetzlich statthaften, für einzelne Dienstgeschäfte von den Betheiligten zu erhebenden Gebühren — Sporteln — bestehen, aus der Stadtkasse zu gewähren. Aus Staatsmitteln finden dazu, abgesehen von den im § 79 vorgesehenen vorübergehenden Entschädigungen und den für Ausrichtung besonderer staatlicher Aufträge — § 59 — etwa künftig ausdrücklich bewilligten Vergütungen, keinerlei Zuschüsse weiter statt.

Dies gilt auch in Betreff der Polizeimeister, sofern solche nicht nach Erlaß dieses Gesetzes gemäß § 89 als besondere staatliche Polizeibehörden ausdrücklich übernommen oder neu angestellt werden.

§ 77.

Der Normaletat aller Besoldungen wird vor Einführung dieser Städteordnung — § 100 — durch Gemeindebeschluß festgesetzt, unbeschadet der Genußrechte der bereits Angestellten.

Hinsichtlich der Bürgermeister und der besoldeten Magistratsmitglieder unterliegt die Festsetzung der Besoldungen der Genehmigung [der Regierung] des Bezirksausschusses. (Zust.-G. § 16, Abs. 3.)

Spätere Aenderungen sind jedesmal vor der neuen Wahl zu der betreffenden Stelle in gleicher Weise festzustellen.

§ 78. **Pensionen.**

Den auf eine bestimmte Amtsperiode angestellten Bürgermeistern und besoldeten Mitgliedern des Magistrats sind, sofern nicht mit Genehmigung [der Regierung] des Bezirksausschusses (Zust.-G. § 16, Abs. 3) eine besondere Vereinbarung wegen der Pension getroffen ist, bei eintretender Dienstunfähigkeit oder wenn sie nach abgelaufener Wahlperiode nicht wieder gewählt, beziehungsweise die Bürgermeister und Beigeordneten nicht wieder bestätigt werden, folgende Pensionen zu gewähren:

1/4	des Gehalts nach	6jähriger	}	Dienstzeit
1/2	= = =	12 =		
2/3	= = =	24 =		

Als pensionsfähiges Gehalt werden nur die fixirten Besoldungsbeträge, einschließlich etwaiger Naturalgenüsse und fester persönlicher Gehaltszulagen, nicht aber Entschädigungen für Dienstunkosten, steigende und fallende Dienstemolumente für besondere Amtsverrichtungen, oder sonstige lediglich accidentielle Dienstgenüsse gerechnet.

Die auf Lebenszeit angestellten besoldeten Gemeindebeamten erhalten, in Ermangelung besonderer Vereinbarung, bei eintretender Dienstunfähigkeit Pension nach denselben Grundsätzen, welche bei den unmittelbaren Staatsbeamten zur Anwendung kommen, unter Zugrundelegung des im Dienste der Stadt erworbenen Dienstalters, in Gemäßheit des Gesetzes vom 27. März 1872 und der Novelle vom 31. März 1882.

Ueber die Pensionsansprüche der Bürgermeister und aller anderen besoldeten städtischen Beamten [entscheidet] beschließt in streitigen Fällen [die Regierung] der Bezirksausschuß, und zwar, soweit der Beschluß sich darauf erstreckt, welcher Theil des Diensteinkommens bei Feststellung der

Pensionsansprüche als Gehalt anzusehen ist, vorbehaltlich der den Betheiligten gegen einander zustehenden Klage im Verwaltungsstreitverfahren, im Uebrigen vorbehaltlich des ordentlichen Rechtsweges. Der Beschluß ist vorläufig vollstreckbar. (Zust.-G. § 20, Absatz 4.)

[Gegen den Beschluß der Regierung, soweit derselbe sich nicht auf die Thatsache der Dienstunfähigkeit bezieht, findet binnen Jahresfrist die Berufung auf richterliche Entscheidung, mit Ausschluß weiterer Beschwerden im Verwaltungswege, statt]. Ungeachtet [der Berufung] des Verwaltungsstreitverfahrens und des ordentlichen Rechtsweges sind die festgesetzten Beträge vorläufig zu zahlen.

Die Pension fällt fort oder ruht insoweit, als der Pensionirte durch anderweite Beschäftigung oder Anstellung im Staats- oder Gemeindedienste ein Einkommen oder eine neue Pension erwirbt, welche mit Zurechnung der ersten Pension sein früheres Einkommen übersteigen.

Sämmtliche Pensionen städtischer Beamten, mit alleiniger Ausnahme der bereits aus der Staatskasse bewilligten, werden aus der Stadtkasse bestritten.

§ 79. **Bereits angestellte Beamte.**

Die in den §§ 76 bis 78 bestimmte Verpflichtung der Stadtgemeinden zur Bestreitung der Besoldungen und Pensionen erleidet Hinsichts der bei Einführung dieses Gesetzes in den Kommunen bereits fest angestellten Beamten eine Ausnahme dahin, daß diesen Beamten die ihnen aus Staatsmitteln zugesicherten Besoldungsantheile und die nach § 45 der Verordnung vom 26. Juni 1867 über die Trennung der Rechtspflege von der Verwaltung in Schleswig und Holstein — Gesetz-Sammlung S. 1073 — zu gewährenden Einkommens-Entschädigungen insoweit aus der Staatskasse fortzuzahlen sind, als nöthig ist, um den etwanigen Ueberschuß der gesammten, diesen Beamten persönlich zustehenden Diensteinkünfte über den von der Kommune zur Zeit, beziehentlich nach der neuen Gehälter-Regulirung — § 77 — künftighin zu leistenden Besoldungsbetrag zu decken. Auch hat der Staat nach demselben Maaßstabe zur Pensionirung der gedachten Beamten eintretenden Falls beizutragen.

Denjenigen Beamten, welche früherhin als nicht gelehrte Rathsverwandte ohne Pensionsberechtigung angestellt sind, erwächst durch die Bestimmungen dieses und der vorhergehenden Paragraphen kein derartiges Recht.

Titel VIII.

Besondere Bestimmungen hinsichts des städtischen Haushalts.

§ 80. Haushaltsplan.

Ueber alle Ausgaben und Einnahmen der Kommune, welche sich im Voraus bestimmen lassen, und die zur Herstellung des Gleichgewichts aufzubringenden Gemeindeleistungen ist jährlich, spätestens im dritten Monate vor dem Beginne des Rechnungsjahres, ein möglichst vollständiger Voranschlag — Haushaltsplan — vom Magistrate zu entwerfen. Durch Gemeindebeschluß kann die Anschlagsperiode bis auf drei Jahre verlängert werden.

Der entworfene Anschlag ist nach vorgängiger Bekanntmachung 14 Tage lang öffentlich zur Einsicht aller Gemeindeangehörigen auszulegen. Letzteren steht frei, binnen dieser Frist Bemerkungen über den Anschlag bei dem Magistrate schriftlich einzubringen, welcher demnächst Behufs der Feststellung des Haushaltsplanes einen gemeinschaftlichen Beschluß beider Kollegien herbeizuführen hat. Eine Abschrift des festgestellten Planes ist sofort der Regierung einzureichen und der wesentliche Inhalt desselben auf die in jeder Stadt übliche Weise durch den Druck zu veröffentlichen.

Eine Feststellung des Stadtetats durch die Aufsichtsbehörde findet nicht statt. (Zust.=G. § 19, Abs. 2.)

§ 81.

Der Magistrat hat dafür zu sorgen, daß der Haushalt nach dem festgestellten Plane geführt wird. Ausgaben, welche außer dem Haushaltsplane geleistet werden sollen, bedürfen der Genehmigung beider städtischen Kollegien.

§ 82.

[Wenn die städtischen Kollegien oder eines derselben es unterlassen oder verweigern, die der Gemeinde gesetzlich obliegenden Leistungen auf den Haushaltsplan zu bringen, oder außerordentlich zu genehmigen, so läßt die Regierung, unter Anführung des gesetzlichen Grundes der Verpflichtung, die Eintragung in den Etat von Amtswegen bewirken oder stellt beziehungsweise die außerordentliche Ausgabe fest.]

Unterläßt oder verweigert eine Stadtgemeinde, die ihr gesetzlich obliegenden, von der Behörde innerhalb der Grenzen ihrer Zuständigkeit festgestellten Leistungen auf den Haushaltsetat zu bringen oder außerordentlich zu genehmigen, so verfügt der Regierungs=Präsident unter Anführung der Gründe die Eintragung in den Etat, beziehungsweise die Fest=

stellung der außerordentlichen Ausgabe (Zust.-G. § 19).

§ 83.

Der Magistrat hat darüber zu wachen, daß die einzelnen Kassen und das Hebungswesen sich fortwährend in vorgeschriebener Ordnung befinden, zu diesem Zwecke auch von Zeit zu Zeit und mindestens einmal im Jahre Kassenrevisionen anzustellen.

Zu diesen Revisionen sind eines oder mehrere, zu Anfang jedes Jahres von dem Stadtverordneten-Kollegium zu bezeichnende Mitglieder des letzteren oder ebenso zu bestimmende Stellvertreter zuzuziehen. Die näheren Bestimmungen über das Hebungs- und Kassenwesen bleiben dem Ortsstatute vorbehalten.

§ 84.

Die Gemeinde-Umlagen und die Geldbeträge für die Dienste — § 73 —, sowie die Abgaben für die Theilnahme an den Nutzungen — § 21 — und die sonstigen öffentlichen Gemeindegefälle werden von den Säumigen im Steuer-Executionswege beigetrieben — [Verordnung vom 22. September 1867, Ges.-Samml. S. 1553] Verordnung, betreffend das Verwaltungszwangsverfahren wegen Beitreibung von Geldbeträgen vom 7. September 1879, Ges.-Samml. S. 591, und die Anweisung vom

15. September 1879 zur Ausführung jener Verordnung.

Hinsichts der Reklamationen, Nachforderungen und der Verjährung bezüglich aller derartiger öffentlicher Gemeindegefälle findet das Gesetz über die Verjährungsfristen bei öffentlichen Abgaben vom 18. Juni 1840 — Ges.-Samml. S. 140 und das Zust.-G. § 18*), sowie bezüglich des Einkaufsgeldes — § 21 — das Gesetz vom 14. Mai 1860 § 9 — Ges.-Samml. S. 237 — Anwendung.

Reklamationen wegen Kommunalabgaben, welche vor Publikation des gegenwärtigen Gesetzes entrichtet worden sind, sowie Nachforderungen wegen Abgaben aus dieser Zeit müssen, bei Verlust des Anspruchs, binnen Jahresfrist nach der Publikation dieses Gesetzes geltend gemacht werden.

Für die zur Zeit dieser Publikation vorhandenen Kommunalabgaben-Rückstände beginnt die im § 8 des Gesetzes vom 18. Juni 1840 festgesetzte vierjährige Verjährungsfrist mit dem 1. Januar 1870.

§ 85. Gemeinde- (Stadt-) Rechnung.

Das Rechnungsjahr wird mit dem Kalenderjahre in Uebereinstimmung gebracht, bezw.

*) cfr. § 60.

mit dem Staatshaushaltsjahre in denjenigen Städten, in welchen das Etatsjahr für den Gemeindehaushalt mit dem 1. April beginnt und mit dem 31. März jeden Jahres schließt. (Gesetz vom 29. Juni 1876 § 1.)

Die Gemeinderechnung wird von der Stadtkasse alljährlich, zu der im Ortsstatute näher zu bestimmenden Zeit, geschlossen und in der vorschriftsmäßigen Form bei dem Magistrate eingeliefert.

Die Rechnung wird demnächst durch eine von den beiden städtischen Kollegien einzusetzende Revisionskommission geprüft, deren Zusammensetzung das Ortsstatut näher bestimmt. Die von dieser Kommission gezogenen Ausstellungen werden dem Kassirer und nöthigenfalls auch den betreffenden städtischen Kommissionen zur Beantwortung mitgetheilt, und ist diese spätestens binnen vier Wochen bei dem Bürgermeister einzureichen.

Der Bürgermeister hat die revidirte Rechnung mit den Erinnerungen und Gegenerklärungen den Stadtkollegien zur Prüfung, Feststellung und Entlastung vorzulegen.

Auch die Feststellung und Entlastung der Gemeinderechnungen vergangener Jahre, soweit sie noch nicht erfolgt sein sollte, ist durch die Stadtkollegien zu bewirken.

§ 86.

Die Feststellung der Rechnung muß fortan in der ortsstatutarisch zu bestimmenden Frist, spätestens jedoch binnen Jahresfrist nach dem Schlusse des Rechnungsjahres erfolgen.

Der Magistrat hat [der Regierung] dem Regierungspräsidenten (Zust.=G. § 7) sofort eine Abschrift des Feststellungsbeschlusses vorzulegen.

§ 87. **Jahresbericht.**

Jedes Jahr, bevor der Haushaltungsplan festgestellt wird — § 80 —, hat der Magistrat in öffentlicher Sitzung der städtischen Kollegien über die Verwaltung und den Stand der Gemeindeangelegenheiten einen vollständigen Bericht zu erstatten, welcher demnächst auf ortsübliche Weise zur öffentlichen Kunde zu bringen ist.

Titel IX.

Verwaltung der kirchlichen=, Schul= und Armen=Angelegenheiten, der Polizei, und besonders aufgetragener staatlicher Geschäfte.

§ 88.

Nach dem Zwecke dieses Gesetzes wird durch dasselbe in Ansehung der Verwaltung der kirch=

lichen-, Schul- und Armen-Angelegenheiten nichts geändert.

§ 89.

Die örtliche Polizeiverwaltung wird in Gemäßheit der Verordnung vom 20. September 1867 — Gesetz-Samml. S. 1529 — und des § 59 dieses Gesetzes von dem Bürgermeister, beziehentlich bei dessen Verhinderung von dem Beigeordneten geführt, kann aber auch einem anderen Mitgliede des Magistrats von [der Regierung] dem Regierungs-Präsidenten (Zust.-G. § 7) übertragen werden.

Diejenigen von der Gemeinde anzustellenden Polizeibeamten, welche nur zu mechanischen Dienstleistungen verwendet werden, bedürfen der Bestätigung [der Regierung] des Regierungs-Präsidenten nicht.

Dem Minister des Innern steht, mit den in der vorgedachten Verordnung, namentlich in §§ 2 und 3, bezeichneten Maaßgaben, die Befugniß zu, in Festungen oder in Städten von mehr als 10,000 Einwohnern die Sicherheitspolizei, insbesondere die Verfolgung von Kriminal- und Polizeivergehen, einer besonderen Staatsbehörde oder einem besonderen Staatsbeamten zu übertragen. Aus dringenden Gründen kann zeitweilig dieselbe Einrichtung auch auf andere Zweige der Ortspolizei ausgedehnt und ganz oder theilweise auch in Städten anderer Kategorie eingeführt werden. Im Falle der Theilung der Ortspolizei normirt ein von dem Minister festzusetzendes Regulativ die Grenzen der Kompetenz.

Allgemeine Verordnungen der Ortspolizei-Behörde sind vor ihrem Erlaß mit den städtischen Behörden zu berathen. Ist ein Einverständniß nicht zu erreichen, so gebührt die Entscheidung [der Regierung] dem Regierungs-Präsidenten (Zust.-G. § 7).

Die Kosten der örtlichen Polizeiverwaltung sind, mit Ausnahme der Gehälter der von der Staatsregierung im Falle der Ausübnng obiger Befugniß des Ministers des Innern angestellten besonderen Beamten, von den Gemeinden zu bestreiten.

Die Nutzungen der örtlichen Polizeiverwaltung, einschließlich der von der Ortspolizei-Behörde festgesetzten Geldbußen, Konfiskate und Exekutivstrafen, stehen der Gemeinde zu. Soweit jedoch in Ansehung gewisser Uebertretungen besondere Vorschriften bestehen, wonach die verwirkten Geldbußen und Konfiskate gewissen Personen oder Anstalten zufließen sollen, behält es dabei sein Bewenden.

Der Bezirk der städtischen Polizei kann im Falle des Bedürfnisses durch Anordnung [der Regierung] des Regierungs-Präsidenten (Zust.-G. § 7) über die Grenzen des Stadtbezirks hinaus erstreckt werden. In diesem Falle ist ein verhältnißmäßiger, vom Minister des Innern festzusetzender Beitrag zu den Kosten der Polizeiverwaltung von den in dem zugeschlagenen Gebiete zur Tragung der Polizeikosten Verpflichteten zu leisten.

§ 90.

[Die Regierung] Der Regierungspräsident (Zust.-G. § 7) ist befugt, dem Bürgermeister auch folgende Geschäfte ohne besondere Vergütung zu übertragen:

1) wenn die Handhabung der Ortspolizei nicht einer besonderen staatlichen Behörde beigelegt ist,

die Verrichtungen eines Hülfsbeamten der [gerichtlichen Polizei] Staatsanwaltschaft (Deutsches Gerichtsverfassungsgesetz § 153) und die eines [Polizeianwalts] Amtsanwalts (Deutsches Gerichtsverfassungsgesetz § 143 und Ausführungsgesetz dazu §§ 62 und 63);

dem Bürgermeister am Sitze eines [Polizeigerichts] Amtsgerichts kann die Vertretung der [Polizeianwaltschaft] Amtsanwaltschaft bei dem Gerichte auch für andere, beziehentlich für sämmtliche Gemeinden des [Polizeigerichtsbezirks] Amtsgerichtsbezirks gegen angemessene, von den betreffenden Gemeinden nach Verhältniß der Einwohnerzahl zu gewährende und durch [die Regierung] den Regierungspräsidenten (Zust.-Ges. § 7) festzusetzende Entschädigung übertragen werden;

2) alle örtlichen Geschäfte der Kreis-, Provinzial- und allgemeinen Staatsverwaltung, namentlich auch [das Führen der Personenstands-Register] die Geschäfte des Standesbeamten (Reichsgesetz vom 6. Februar 1875 § 4), sofern nicht andere Behörden dazu bestimmt sind.

Die Befugniß und Verpflichtung des Beigeordneten, den Bürgermeister zu vertreten, erstreckt sich auch auf die unter 1 und 2 erwähnten Geschäfte; es können aber auch diese Geschäfte durch Anordnung [der Regierung] des Regierungspräsidenten (Zust.-G. § 7) oder mit Genehmigung desselben einem andern Magistratsmitgliede oder einem sonstigen Gemeindebeamten übertragen werden.

Titel X.

Von der Oberaufsicht über die Stadtverwaltung.

§ 91.

Die Aufsicht des Staates über die Verwaltung der städtischen Gemeindeangelegenheiten wird [von der Regierung geübt] in erster Instanz von dem Regierungspräsidenten, in höherer und letzter Instanz von dem Oberpräsidenten geübt, unbeschadet der in den Gesetzen geordneten Mitwirkung des Bezirksausschusses und des Provinzialraths (Zust.-G. § 7). Gegen die Entscheidungen der Stadtbehörden, insofern dieselben nicht nach diesem Gesetze oder dem Ortsstatute endgültige sind, geht der Rekurs an [die Regierung] den Regierungspräsidenten, und gegen die Entscheidungen [der Regierung] des Regierungspräsidenten, sofern diese nicht nach gegenwärtigem Gesetze endgültige sind, schließlich an den Oberpräsidenten.

Der Rekurs muß in allen Instanzen innerhalb einer Präklusivfrist von [vier] zwei Wochen nach der Zustellung oder Bekanntmachung der Entscheidung eingelegt werden, insofern er nicht durch dieses Gesetz an andere Fristen geknüpft ist. (Zust.-G. § 7).

Der Bezirksausschuß beschließt jedoch an Stelle der Aufsichtsbehörde:

1) über die Art der gerichtlichen Zwangsvollstreckung wegen Geldforderungen gegen Stadtgemeinden — § 15 zu 4 des Einführungsgesetzes

zur deutschen Civilprozeßordnung vom 30. Januar 1877, Reichsgesetzblatt S. 244 —;

2) über die Feststellung und den Ersatz der Defekte der Gemeindebeamten nach Maaßgabe der Verordnung vom 24. Januar 1844 — Gesetz-Samml. S. 52 —; der Beschluß ist vorbehaltlich des ordentlichen Rechtsweges endgültig. (Zust.-G. § 17 sub 4 und 5.)

§ 92.

Die Aufsichtsbehörden des Staates sind berechtigt und verpflichtet, darauf zu halten, daß die Verwaltung der städtischen Gemeindeangelegenheiten den Gesetzen und namentlich dieser Städteordnung gemäß geführt werde.

[Insbesondere haben sie, wenn von den städtischen Kollegien oder von einem derselben ein Beschluß gefaßt ist, welche ihre Befugnisse überschreitet, oder sonst gesetzwidrig ist, oder das Staatswohl verletzt, die Beanstandung solcher Beschlüsse durch den Bürgermeister — § 61 Alinea 2 — anzuordnen, und über die Ausführung des Beschlusses demnächst zu entscheiden, sofern die städtischen Kollegien auf eine mit Gründen versehene Aufforderung den betreffenden Beschluß nicht selbst zurücknehmen.] Beschlüsse der Stadtverordneten-Versammlung oder des kollegialischen Magistrats, welche deren Befugnisse überschreiten oder die Gesetze verletzen, hat der Magistrat, beziehungsweise der Bürgermeister, entstehenden Falles auf Anweisung der Aufsichtsbehörde, mit aufschiebender Wirkung unter Angabe der Gründe zu beanstanden. Gegen die Verfügung des Magistrats — Bürgermeisters — steht der Stadtverordneten-Versammlung, beziehungsweise dem kollegialischen Magistrate die Klage im Verwaltungsstreitverfahren zu. (Zust.-G. § 15). Die Klage ist binnen zwei Wochen direkt bei dem Bezirksausschusse anzubringen. Die Stadtverordneten-Versammlung, beziehungsweise der Magistrat können zur Wahrnehmung ihrer Rechte im Verwaltungsstreitverfahren einen besonderen Vertreter bestellen. (Zust.-G. § 21.)

Ueber die Nützlichkeit oder Zweckmäßigkeit der innerhalb ihrer Kompetenz in der städtischen Verwaltung getroffenen Maaßregeln steht im Uebrigen bei Ausübung dieses Beanstandungsrechts der Aufsichtsbehörde keine Kognition zu.

§ 93.

[In Betreff der Dienstvergehen der Bürgermeister, Magistratsmitglieder und anderer Gemeindebeamten kommen die darauf bezüglichen Gesetze nach Bestimmung der Verordnung vom 23. September 1867 — Gesetz-Samml. S. 1613 — zur Anwendung.]

Bezüglich der Dienstvergehen der Bürgermeister, Beigeordneten, Magistratsmitglieder und sonstigen Gemeindebeamten kommen die Bestimmungen des Gesetzes vom 21. Juli 1852 mit folgenden Maaßgaben zur Anwendung:

1) Gegen die Bürgermeister, Beigeordneten und Magistratsmitglieder, sowie gegen die sonstigen Gemeindebeamten kann an Stelle der Bezirksregierung und innerhalb des derselben bisher zustehenden Ordnungsstrafrechts der Regierungspräsident Ordnungsstrafen festsetzen. Gegen die Strafverfügungen des Regierungspräsidenten findet innerhalb zwei Wochen die Beschwerde an den Oberpräsidenten, gegen den auf die Beschwerde ergehenden Beschluß des Oberpräsidenten findet innerhalb zwei Wochen die Klage bei dem Oberverwaltungsgerichte statt.
2) Gegen die Strafverfügungen des Bürgermeisters findet innerhalb zwei Wochen die Beschwerde an den Regierungspräsidenten, und gegen den auf die Beschwerde ergehenden Beschluß des Regierungspräsi-

denten innerhalb zwei Wochen die Klage bei dem Oberverwaltungsgerichte statt.

3) In dem Verfahren auf Entfernung aus dem Amte wird die Einleitung des Verfahrens von dem Regierungspräsidenten, beziehungsweise dem Minister des Innern verfügt und von demselben der Untersuchungs-Kommissar ernannt; an die Stelle der Bezirks-Regierung, bezw. des Disziplinarhofes tritt als entscheidende Disziplinarbehörde erster Instanz der Bezirksausschuß; an die Stelle des Statsministeriums tritt das Oberverwaltungsgericht; den Vertreter der Staatsanwaltschaft ernennt bei dem Bezirksausschusse der Regierungspräsident, bei dem Oberverwaltungsgerichte der Minister des Innern.

In dem vorstehend bezüglich der Entfernung aus dem Amte vorgesehenen Verfahren ist entstehenden Falles auch über die Thatsache der Dienstunfähigkeit der Bürgermeister, Beigeordneten, Magistratsmitglieder und sonstigen Gemeindebeamten Entscheidung zu treffen.

Gegen Mitglieder der Stadtverordneten-Versammlung findet ein Disziplinarverfahren nicht statt. (Zust.-G. § 20.)

Titel XI.

Von der Einrichtung der Gemeindeverfassung ohne kollegialischen Gemeindevorstand für kleinere Städte und für Flecken.

§ 94. Einfachere Städteverfassung.

Der städtischen Verfassung kann durch Gemeindebeschluß, welcher nur nach zweimaliger, mit einem Zwischenraum von vierzehn Tagen vorgenommenen öffentlichen Berathung gefaßt werden darf, und der Bestätigung [der Regierung] des Bezirksausschusses (Zust.-G. § 16, Abs. 3) unterliegt, die nachfolgende einfachere Einrichtung gegeben werden.

1) Die Ortsobrigkeit und ausführende Gemeindebehörde bildet anstatt des Magistrats-Kollegiums ein Bürgermeister — erster Ortsvorsteher —, welchem zwei oder drei Rathmänner — zweiter, dritter, vierter Ortsvorsteher — nach näherer Bestimmung des Ortsstatuts in den Amtsgeschäften zu unterstützen und im Verhinderungsfalle zu vertreten haben. Der den Bürgermeister

im Verhinderungsfalle vertretende Rathmann wird mit Genehmigung [der Regierung] des Regierungspräsidenten (Zust.-Ges. § 13, Abs. 1) bestimmt.

2) Der Bürgermeister kann mit Besoldung angestellt werden, die Rathmänner haben ihr Amt unentgeltlich zu verwalten, doch bleibt auch hinsichtlich ihrer die Aussetzung fester Vergütungen für dienstliche Ausgaben und für die Geschäfte des Gemeindekassirers oder des Gemeindeschreibers, falls diese mit dem Amte der Ortsvorsteher verbunden werden, zulässig.

3) Der Bürgermeister wird, wenn er besoldet ist, auf zwölf Jahre, andernfalls auf sechs Jahre, die Rathmänner werden auf drei, vier oder sechs Jahre in der durch das Ortsstatut festzusetzenden Reihefolge des Ausscheidens von der wahlberechtigten Bürgerschaft nach den für die Wahlen der Stadtverordneten gegebenen Bestimmungen gewählt. Die letzteren Bestimmungen finden auch bezüglich der Befähigung zu solcher Wahl, bezüglich der Ablehnung und der Anfechtung derselben Anwendung. Die Wahl des Bürgermeisters unterliegt der Bestätigung [der Regierung] des Regierungspräsidenten (Zust.-G. § 13) mit den im § 33 bezeichneten Folgen der Nichtbestä-

tigung. Die Wahl des Bürgermeisters bedarf eines besonderen Wahlaktes, die der Rathmänner kann in einem gemeinschaftlichen Wahlakte erfolgen.

4) Der Bürgermeister, oder im Falle seiner Verhinderung der ihn vertretende Rathmann, ist von Amtswegen stimmberechtigter Vorsitzender der Stadtverordneten-Versammlung mit allen Befugnissen und Obliegenheiten des Vorstehers — Bürgerworthalters.
Die Rathmänner können zugleich gewählte Mitglieder der Stadtverordneten-Versammlung sein.

5) Außer den dem Bürgermeister schon als solchem in der Städte-Ordnung zugewiesenen Funktionen gehen auch alle dem Magistrate beigelegten Rechte und Pflichten mit denjenigen Aenderungen über, welche sich als nothwendig daraus ergeben, daß der Bürgermeister zugleich stimmberechtigter Vorsitzender der Stadtverordneten-Versammlung ist.

6) Die Berathung und Beschlußnahme der Stadtverordneten-Versammlung unter dem Vorsitze des Bürgermeisters oder seines Stellvertreters tritt überall an Stelle der in der Städteordnung vorgeschriebenen gemeinschaftlichen Berathung und Beschlußfassung der beiden städtischen Kollegien.

Die Stimmenmehrheit entscheidet auch gegen die Stimme des Vorsitzenden. Der letztere bleibt indeß so befugt als verpflichtet, in den unter § 61 Alinea 2 bezeichneten Fällen die Ausführung der Beschlüsse der Stadtverordneten-Versammlung zu beanstanden, muß aber, wenn dieselbe auf nochmalige Berathung dabei beharrt, sogleich an [die Regierung] den Bezirksausschuß (Zust.-G. § 17 sub. 1) darüber berichten, welcher die Beanstandung entweder bestätigt oder aufhebt.

Besondere Berathungen und Beschlußnahmen der Stadtverordneten-Versammlung ohne Betheiligung des Vorsitzenden sind unzulässig, doch muß auf Antrag eines Drittheils der Stadtverordneten die Berufung einer Versammlung erfolgen.

7) Die Zahl der Stadtverordneten, außer dem Vorsitzenden, ist auf vier bis zwölf, nach näherer Bestimmnng des Ortsstatuts, zu beschränken, und hat das Statut zugleich wegen der Dauer ihrer Funktionen und der Periode ihrer successiven Neuwahl das Nöthige festzusetzen.

8) Soweit nach der Städteordnung Magistratsmitglieder, außer dem Bürgermeister, zur Theilnahme an Kommissionen oder zur Uebernahme anderer Aufträge berufen

werden sollen oder können, ist eine gleiche Beauftragung der Rathmänner statthaft, aber nicht geboten.

Dies gilt auch für die in den §§ 89, 90 bezeichneten staatlichen Aufträge.

9) Das nach § 7 Nr. 4 Littr. c das Bürgerrecht bedingende Minimal-Einkommen kann in Städten von nicht mehr als 5000 Einwohnern durch das Ortsstatut bis auf einen Betrag von 150 Thalern herabgesetzt und darf nicht höher als 300 Thaler bestimmt werden.

10) Urkunden, worin die Gemeinde Verpflichtungen übernimmt — § 60 Nr. 7 –, sind, außer von dem Bürgermeister oder dessen Stellvertreter, noch von wenigstens einem Mitgliede der Stadtverordneten-Versammlung zu vollziehen.

11) Im Falle der Auflösung des Stadtverordneten-Kollegiums führt bis zur Einführung der neu gewählten Stadtverordneten der Bürgermeister mit den Rathsmännern als Kollegium die laufende Verwaltung. An Stelle des aufgelösten Stadtverordneten-Kollegiums beschließt der Bezirksausschuß. (Zust.-G. § 17 sub 3.)

12) Bei Anstellung der Gemeinde-Unterbeamten werden die nach § 60 Nr. 5, § 75 dem

Magistrate zustehenden Befugnisse unverändert von dem Bürgermeister ausgeübt.

13) Falls es den lokalen Verhältnissen angemessen erscheint, können außerdem noch andere, die Vorschriften der Städteordnung vereinfachende Bestimmungen in dem Ortsstatute getroffen werden.

§ 95. Fleckensverfassung.

Die Städteverfassung in der einfacheren Gestalt des § 94, mit geeigneter Modifikation der auf die Eigenschaft als Stadt sich beziehenden Benennungen, bildet künftig auch die Verfassung der Fleckensgemeinden in der Provinz Schleswig-Holstein.

Für die als Flecken anerkanntermaaßen bestehenden — in dem Verzeichnisse zu der Verordnung vom 22. September 1867, betreffend die Organisation der Kreis- und Districtsbehörden in der Provinz Schleswig-Holstein, Gesetz-Samml. S. 1601—1602 aufgeführten — Ortschaften ist der Uebergang zu der Fleckensverfassung dieses Titels nach Maaßgabe der in § 100 Hinsichts der Städte getroffenen Uebergangsbestimmungen herbeizuführen, und treten mit dem Tage der dort vorgeschriebenen Amtsblatt — Bekanntmachung für jede betreffende Ortschaft alle bisherigen, die Verfassung des Fleckens regelnden gesetzlichen oder gewohnheitsrechtlichen Bestimmungen, insbesondere auch die der Allgemeinen Fleckensordnung für Holstein vom 29. October 1864 — Gesetz- und Verordnungsblatt für Holstein und Lauenburg de 1864 Nr. 63 S. 321 —, außer Kraft.

§ 96. **Uebergänge zu einer anderen Gemeindeverfassung.**

Auf Antrag kann ländlichen Gemeinden die Annahme der Städte- oder Fleckensverfassung, Fleckensgemeinden die Annahme der vollen Städteordnung mit Königlicher Genehmigung nach Anhörung des Kreistages und des Provinziallandtages gestattet werden. Auf gleichem Wege kann Stadtgemeinden, welche die mit der vollen Städteordnung verbundenen Verpflichtungen nicht zu erfüllen vermögen, auch ohne ihre Zustimmung die einfachere Gemeindeverfassung dieses Titels ertheilt werden.

Sollten Flecken mit mehr als 5000 Einwohnern gleich nach Erlaß dieses Gesetzes die volle Städteordnung bei sich einzuführen beschließen, so genügt dazu die Königliche Genehmigung, und ist die vorgängige Umänderung ihrer Verfassung in die einfachere Städteverfassung, sowie die vorgängige Anhörung des Kreis- und des Provinziallandtages nicht erforderlich.

§ 97.

Hinsichts des Ueberganges einer Stadt- oder Fleckensgemeinde zur Landgemeinde-Verfassung bewendet es bei dem § 30 der Verordnung vom 22. September 1867, betreffend die Landgemeinde-Verfassungen in den Herzogthümern Schleswig und Holstein.

§ 98.

Auch in den vorstehend — §§ 96, 97 — gedachten Fällen des Wechsels der kommunalen Verfassung finden bezüglich des Uebergangsverfahrens die Bestimmungen des § 100 analoge Anwendung.

Titel XII.

Transitorische Bestimmungen.

§ 99.

Die seitherigen, nicht bloß kommissarisch, beziehentlich auf Kündigung angestellten Bürgermeister, Rathsverwandte, Polizeimeister und sonstigen städtischen Beamten verbleiben in ihren Stellen, sofern diese nicht in Folge der Aufhebung der städtischen Gerichtsbarkeit, beziehentlich des Erlasses der gegenwärtigen

Städteordnung und der dadurch bedingten neuen Organisation zur Einziehung kommen.

Im letzteren Falle sind die betreffenden Beamten, wenn sie besoldet waren und sich nicht in der Lage befinden, ihre Versetzung in den Ruhestand zu beantragen, verpflichtet, sich eine andere Anstellung in ungefähr gleicher Kategorie im Kommunal- oder Staatsdienste, Falls sie zu einer solchen durch die Wahl berufen oder sonst geeignet befunden, gefallen zu lassen.

Die hiernach etwa weiter erforderlich werdende Regulirung der Verhältnisse bleibt, in Ermangelung einer gütlichen Einigung mit den Betheiligten, nach Maaßgabe des Gesetzes vom 21. Juli 1852, betreffend die Dienstvergehen der nicht richterlichen Beamten, die Versetzung derselben auf eine andere Stelle oder in Ruhestand — Gesetz-Samml. S. 465 —, der Verordnung vom 23. September 1867 — Gesetz-Samml. S. 1613 — und der Erlasse vom 14. Juni und 24. Oktober 1848 — Gesetz-Samml. S. 153 und 338 — zu bewirken.

Die demzufolge zu gewährenden Pensionen oder Wartegelder, von denen die ersteren nach § 78 zu berechnen sind, werden, unter verhältnißmäßiger Betheiligung des Staates nach Höhe der aus Staatsmitteln bis dahin gewährten Besoldungsbeträge, beziehentlich nach

Maaßgabe des § 79, von der Stadtgemeinde getragen.

§ 100.

Für jede Stadt sind sogleich nach Verkündigung dieses Gesetzes die Behufs Einführung desselben zunächst und unerläßlich nothwendigen Aenderungen ihrer Verfassung, namentlich bezüglich der Bedingungen des Bürgerrechts, der Bildung des Magistrats-Kollegiums (§§ 28, 77) und der Stadtverordneten-Versammlung, statutarisch mit den gegenwärtigen kommunalen Kollegien festzustellen. Sodann ist beim Eintritte des nächsten, nach der bisherigen Verfassung jeder Stadt für die periodische Erneuerung des Bürgerdeputirten-Kollegiums bestimmten Termins, spätestens aber in der letzten Woche des kommenden Monats November, die Neuwahl des Stadtverordneten-Kollegiums nach den Vorschriften dieses Gesetzes und den vorgedachten statutarischen Festsetzungen vorzunehmen.

Die Regierung hat demnächst für jede Stadt die Verpflichtung des Magistrats und des Stadtverordneten-Kollegiums auf die gegenwärtige neue Städteordnung zu veranlassen und, daß dies geschehen, durch das Regierungs-Amtsblatt zur öffentlichen Kenntniß zu bringen. Mit dem Tage dieser Bekanntmachung treten für die betreffenden Städte die Vorschriften des gegenwärtigen Gesetzes, soweit nicht darin ein früherer Zeitpunkt der Wirksamkeit ausdrücklich bestimmt ist, in Geltung und alle bisherigen Gesetze, Verordnungen und gewohnheitsrechtlichen Normen über die Verfassung der Schleswigschen und Holsteinischen Städte außer Kraft.

Der nicht schon nach der Eingangsbestimmung dieses Paragraphen Behufs der Einführung dieser Städteordnung aufgehobene Inhalt der bisherigen ortsstatutarischen Vorschriften bleibt bis zu der gemäß §§ 17 und 18 zu bewirkenden erschöpfenden Umarbeitung in Kraft.

§ 101.

Die sonstigen zur Ausführung dieses Gesetzes erforderlichen Bestimmungen werden von dem Minister des Innern erlassen.

Druck von Paul Schettler's Erben in Cöthen.

Schettler's Erben, Cöthen.

Am Schlusse dieses Bandes befindet sich ein „Nachweis wichtiger Gesetzesausgaben", in dem die meisten Bände der jetzt über 240 Nummern umfassenden

Guttentagschen Sammlung Deutscher Reichs- und Preußischer Gesetze

sowie größere und kleinere Kommentare, Lehrbücher, Sammelwerke, Entscheidungssammlungen und Zeitschriften verzeichnet sind.

Guttentagsche Sammlung
Nr. 26a Deutscher Reichsgesetze Nr. 26a
Textausgaben mit Anmerkungen und Sachregister

Ergänzungen

zu

Koch-Schacht

Münz- und Bankgesetzgebung

Siebente Auflage

Berlin und Leipzig 1932
Walter de Gruyter & Co.
vormals G. J. Göschen'sche Verlagshandlung — J. Guttentag, Verlagsbuchhandlung — Georg Reimer — Karl J. Trübner — Veit & Comp.

Inhaltsübersicht.

Archiv-Nr. 21 1 218

I.

Die Gesetze
zur
Änderung des Bankgesetzes

Erläutert
von

Reichsbankdirektor Dr. **Deumer**
Vortragender Direktor beim Reichsbankdirektorium

1.
Einleitung.

Die Neuregelung unseres Notenbank- und Geldwesens im Jahre 1924 ging zurück auf die Empfehlungen, die im Bericht des seitens der Reparationskommission im November 1923 einberufenen Sachverständigenausschusses — des sogenannten Dawes-Komitees — ausgesprochen waren. Am 11. Oktober 1924 traten gleichzeitig das Bankgesetz, das Münzgesetz, das Privatnotenbankgesetz und das Gesetz über die Liquidierung des Umlaufs an Rentenbankscheinen in Kraft.

Die wichtigsten Neuerungen im Bankgesetz vom 30. August 1924 waren die Errichtung der deutschen Reichsmarkwährung als Goldwährung auf den bewährten Grundlagen des alten deutschen Bankgesetzes, die Verleihung des Notenprivilegs an die Reichsbank auf die Dauer von 50 Jahren, die Verselbständigung der Reichsbankleitung gegenüber der Reichsregierung unter gleichzeitiger starker Beschränkung der an Reich, Länder und Gemeinden usw. zugelassenen Kredite, die Schaffung von ausländischen Kontrollorganen bei der Reichsbank (Notenkommissar und 7 ausländische Mitglieder im Generalrat der Reichsbank) und die Verschärfung der Deckungsvorschriften. Schließlich wurde die Reichsbank in gewissem Umfange in den Dienst des Reparationszahlungsverfahrens gestellt.

Noch während der Geltungsdauer des Dawes-Plans ergab sich die Notwendigkeit, der Reichsfinanzverwaltung die durch das Bankgesetz vom 30. August 1924 allzusehr beengte Kassenführung dadurch zu erleichtern, daß man ihr Gelegenheit gab, sich wie in der Vorkriegszeit im Notfall vorübergehend Betriebskredite durch Begebung von Reichsschatzwechseln zu beschaffen. Um dem Markt die Aufnahme dieser Wechsel zu erleichtern, wurde die Reichsbank durch das Gesetz zur Änderung des Bankgesetzes vom 8. Juli 1926 (RGBl. II S. 355) ermächtigt, bis zu 400 Millionen Reichsmark dreimonatige Reichsschatzwechsel ohne Einrechnung in die bankmäßige Notendeckung aus dritter Hand hereinzunehmen (§ 21 Abs. 2a und 3g BG.).

Die Sachverständigen des Dawes-Komitees hatten am Schluß des ersten Teiles ihres Berichtes betont, daß ihr Plan „zwar keine Lösung der ganzen Reparationsfrage versucht, wozu er ja auch nicht berechtigt ist, wohl aber eine Regelung ahnen läßt, da seine Durchführung sich über einen genügend langen Zeitraum erstreckt, um das Vertrauen wiederherzustellen; gleichzeitig ist er geeignet, ein endgültiges umfassendes Abkommen über alle Reparations- und verwandte Fragen zu erleichtern, sobald die Verhältnisse dies ermöglichen." Damit war die Grundlage für die spätere Abänderung der im Dawes-Plan festgesetzten Reparationsverpflichtungen gegeben. Die Revisionsfrage kam im Jahre 1928 stärker in Fluß, als der Generalagent für Reparationszahlungen in seinem Junibericht erstmalig öffentlich zum Ausdruck brachte, daß man zu einer Endlösung des Reparationsproblems gelangen müsse.

Nach langwierigen Verhandlungen einigte die deutsche Regierung sich am 22. Dezember 1928 mit den fünf alliierten Regierungen (Belgien, England, Frankreich, Italien, Japan) dahin, daß ein Ausschuß aus unabhängigen Finanzsachverständigen*) eingesetzt werden sollte mit dem Auftrag, Vorschläge für eine vollständige und endgültige Regelung des Reparationsproblems auszuarbeiten.

Der Ausschuß wurde gebildet aus je zwei Sachverständigen der sechs hauptbeteiligten Länder, einschließlich Deutschland, sowie aus zwei Bürgern der Vereinigten Staaten von Amerika. Von deutscher Seite wurden als Sachverständige Dr. Schacht in seiner Eigenschaft als Reichsbankpräsident und Herr Dr. Vögler, Generaldirektor der Vereinigten Stahlwerke A.G., bestellt; als Stellvertreter wurden die Herren Dr. Melchior, Mitinhaber des Bankhauses M. M. Warburg & Co., und Geheim-

*) Die von den genannten Regierungen gemeinsam mit Deutschland herausgegebene Dezember-Bekanntmachung hatte folgenden Wortlaut: „Der Ausschuß soll nach dem Vorgang des im November 1923 eingesetzten ersten Sachverständigenausschusses aus unabhängigen Mitgliedern bestehen, die international Ansehen und Autorität in ihrem eigenen Lande genießen und die an keinerlei Instruktionen ihrer Regierungen gebunden sind."

rat Kastl, geschäftsführendes Präsidialmitglied des Reichsverbandes der Deutschen Industrie, ausersehen. Der Ausschuß trat am 11. Februar 1929 zusammen und tagte 17 Wochen. Während dieser Zeit legte Herr Dr. Vögler sein Amt nieder; er wurde durch Herrn Geheimrat Kastl, der auch vorher schon ständig an den Arbeiten des Ausschusses teilgenommen hatte, ersetzt.

Das Ergebnis seiner Untersuchungen legte der Ausschuß im „Neuen Plan" (sogenannten Young-Plan) nieder. Die Annahme des Planes durch die beteiligten Regierungen erfolgte auf der Haager Konferenz im August 1929. Gleichzeitig wurde auf dieser Konferenz beschlossen, die Anpassung der nach dem Dawes-Plan erlassenen deutschen Gesetze und die durch den obengenannten Neuen Plan geschaffene Lage durch Ausarbeitung eingehender Entwürfe einem Organisationskomitee zu übertragen. Dieses Komitee teilte sich in drei Unterausschüsse, deren einem die Aufgabe gestellt war, das Bankgesetz vom 30. August 1924 den neuen Verhältnissen anzupassen. Für den aus 4 Mitgliedern bestehenden „Unterausschuß zur Anpassung des Bankgesetzes" waren als Vertreter der deutschen Regierung die Herren Dr. Hans Schäffer, seinerzeit Ministerialdirektor im Reichswirtschaftsministerium, und Geheimer Finanzrat Dr. Wilhelm Vocke, Mitglied des Reichsbankdirektoriums, ernannt worden. Die ausländischen, von der Reparationskommission bestimmten Mitglieder waren die Herren Sir Charles Addis, K. C. M. G., Direktor der Bank von England, und Léon Delacroix, belgischer Staatsminister, nach dessen Ableben Herr Jean

Maurice Marx, juristischer Beirat im Auswärtigen Amt in Brüssel, in den Ausschuß eintrat.

Der Plan der Sachverständigen hatte für die Änderung des Bankgesetzes folgende Grundsätze aufgestellt:

1. Wegfall der ausländischen Kontrollorgane der Reichsbank,
2. Unabhängigkeit der Reichsbank,
3. Aufrechterhaltung der Münzparität.

Unter Berücksichtigung dieser Gesichtspunkte fertigten die beiden deutschen Sachverständigen einen Entwurf zur Änderung des Bankgesetzes an, der die Grundlage für die Beratungen des eingesetzten Unterausschusses für die Anpassung des Bankgesetzes wurde. Die deutsche Regierung hatte sich im Einvernehmen mit der Reichsbank dahin entschieden, für die Anpassung des Bankgesetzes an die veränderten Umstände die Form einer Novelle zu dem geltenden Bankgesetz zu wählen und von einer völligen Neuformulierung des Bankgesetzes abzusehen. Der vorgelegte Entwurf, der dieser Entscheidung Rechnung trug, fand die Billigung auch der nichtdeutschen Mitglieder des Unterausschusses. Er wurde ergänzt durch Bestimmungen über die Mitarbeit der Reichsbank und ihres Präsidenten bei der Bank für Internationalen Zahlungsausgleich (Schlußabsatz zu § 21) und das Verfahren bei Änderungen der international gebundenen Vorschriften des Bankgesetzes.

Die vom „Unterausschuß zur Anpassung des Bankgesetzes" im Bericht vom 12. November 1929 in Anlehnung an den deutschen Vorentwurf vorgeschlagenen Änderungen des Bankgesetzes trennen die Vorschriften nach solchen, die die im Sachverständigenplan geforderten grundlegenden Garantien für die Aufrechterhaltung der Währung enthalten — dazu gehören auch die Vorschriften über die Unabhängigkeit der Reichsbank —, und nach solchen Vorschriften, die ausschließlich die innere Wirksamkeit der Reichsbank betreffen und keine Beziehung zu den besonderen Richtlinien des Young-Komitees haben.

2.

Gesetz zur Änderung des Bankgesetzes.[1])

Vom 13. März 1930 (RGBl. II S. 355 ff.).

Der Reichstag hat das folgende Gesetz beschlossen, das mit Zustimmung des Reichsrats hiermit verkündet wird.

Artikel I.

Das Bankgesetz vom 30. August 1924 (Reichsgesetzblatt II S. 235) wird wie folgt geändert:

I.

Im § 5 werden im Abs. 1 die Worte „wobei das so festgestellte Grundkapital mindestens 300 Millionen Reichsmark betragen soll" gestrichen. Desgleichen wird Abs. 2 gestrichen.

---

1) Das Gesetz zur Änderung des Bankgesetzes vom 13. März 1930 ist durch die Verordnung über das Inkrafttreten des Gesetzes zur Änderung des Bankgesetzes vom 19. Mai 1930 (RGBl. II S. 777) mit Wirkung vom 17. Mai 1930 in Kraft getreten (RGBl. II S. 355 ff.). Gleichzeitig wurde mit Wirkung vom 17. Mai 1930 die Vorschrift des § 31 des bisherigen Gesetzes in Kraft gesetzt (vgl. hierzu die Anmerkungen zu §§ 31 und 52 dieses Nachtrages). Die die zukünftige Gewinnverteilung regelnde Vorschrift der Verordnung des Reichspräsidenten zur Sicherung von Wirtschaft und Finanzen vom 1. Dezember 1930, Sechster Teil Kap. I Art. 2 (RGBl. I S. 591) ist am 3. Dezember 1930 in Kraft getreten. Wegen der Nichtanwendung der Vorschriften der §§ 2 und 3 des Gesetzes vom 19. März 1924 (RGBl. II S. 73) vgl. die Anmerkung zu § 53. Vgl. auch Gesetz vom 8. Juli 1926 (RGBl. II S. 355), welches eine Änderung des § 21 enthält.

Zu § 5.

Die Novelle hat an der im Sachverständigenbericht vom 16. August 1924 vorgesehenen Ermächtigung, das Grundkapital der Reichsbank bis auf 400 Millionen Reichsmark zu erhöhen, festgehalten. Dagegen entsprachen die Vorschriften in Abs. 1, wonach das so festgestellte Grundkapital mindestens 300 Millionen Reichsmark betragen sollte, sowie der Abs. 2 des § 5 nicht mehr den gegenwärtigen Bedürfnissen (vgl. S. 22/23 der Einleitung zum Koch-Schachtschen Kommentar).

Nachdem das Reichsbankdirektorium entsprechend der im § 5 Abs. 1 erteilten Ermächtigung die Höhe des Grundkapitals auf 90 Millionen Reichsmark festgesetzt hatte, war eine Erhöhung dieses Kapitals bisher nur dadurch erfolgt, daß die Aktionäre der Deutschen Golddiskontbank gegen Überlassung ihrer Aktien im Umtausch neue Reichsbankanteile erhielten. Diese Erhöhung belief sich auf rund 32,8 Millionen Reichsmark, so daß das Kapital der Reichsbank zuletzt 122 780 100 RM betragen hatte. Die Durchführung der in Verfolg der Abänderung des § 37 (vgl. die Anmerkung zu § 37) vorgeschlagenen Transaktionen bot dem Reichsbankdirektorium die Gelegenheit, auf Grund der ihm zustehenden Befugnis die Abrundung auf 150 Millionen Reichsmark vorzunehmen. Der hierüber gefaßte Beschluß, der auch bereits der Bilanz für 1930 zugrunde liegt, wurde in der Generalversammlung vom 29. April 1930 bekanntgegeben und außerdem im Reichsanzeiger (Nr. 99 vom 29. April 1931, 1. Anzeigenbeilage S. 3) bekanntgemacht. Eine Begebung weiterer Anteile ist, wenn auch zurzeit nicht beabsichtigt, rechtlich zulässig. Sie würde jedoch, nachdem Abs. 2 des § 5 weggefallen ist, eine effektive Hereinbringung von Devisen oder Gold nicht mehr zur gesetzlichen Folge haben.

II.

§ 6 Abs. 4 erhält folgende Fassung:

Der Präsident wird vom Generalrat nach Anhörung des Reichsbankdirektoriums in der

Weise gewählt, daß eine Mehrheit von sieben Stimmen vorhanden sein muß. Die Wahl bedarf der Bestätigung durch den Reichspräsidenten, der die Ernennungsurkunde unterzeichnet. Mit der Aushändigung der Urkunde ist der gewählte Präsident rechtmäßig bestellt.

Abs. 5 des § 6 wird gestrichen.

Der bisherige Abs. 6 des § 6 erhält folgende Fassung:

Die Ernennung der Mitglieder des Direktoriums erfolgt nach Zustimmung des Generalrats durch den Präsidenten. Die Zustimmung des Generalrats muß mit dem Stimmenverhältnis zustande gekommen sein, das für die Präsidentenwahl vorgeschrieben ist. Die Ernennung bedarf der Bestätigung durch den Reichspräsidenten. Mit der Aushändigung der Bestätigungsurkunde ist das Mitglied rechtmäßig bestellt. Die Ernennung erfolgt auf einen Zeitraum von 12 Jahren, jedoch mit der Maßgabe, daß jedes Mitglied des Direktoriums bei Erreichung eines Lebensalters von 65 Jahren ausscheidet.

Der bisherige Abs. 9 des § 6 erhält folgenden Zusatz:

Die Zustimmung gilt als versagt, wenn zwei Drittel der Mitglieder gegen den zu Wählenden gestimmt haben.

Der bisherige Abs. 10 des § 6 erhält folgenden Zusatz:

Die Abberufung des Präsidenten oder eines Mitgliedes des Direktoriums bedarf der Bestätigung durch den Reichspräsidenten.

Zu § 6.

§ 6 ist international gebunden, da seine Vorschriften die Unabhängigkeit der Leitung der Bank zum Ziele haben und nach dem Wegfall der Schutzbestimmungen des Dawes-Planes die wichtigste Garantie für die Aufrechterhaltung der deutschen Währung in der Reichsbankleitung selbst liegt (vgl. hierzu Anlage V der Haager Vereinbarungen vom 20. Januar 1930 — RGBl. II S. 131 —).

Die Wahl des Präsidenten erfolgt wie bisher durch den Generalrat. Zur Wahl ist eine Mehrheit von sieben Stimmen erforderlich. Neu ist der Zusatz, daß vor der Wahl das Reichsbankdirektorium „anzuhören" ist. Die Wahl bedarf fortan der Bestätigung durch den Reichspräsidenten; versagt dieser die Bestätigung, so kann der Wahlakt nicht zur Ernennung führen; es muß vielmehr eine Neuwahl stattfinden. Diese ist so lange fortzusetzen, bis ein gewählter Kandidat die Bestätigung durch den Reichspräsidenten findet. Die bisher getroffene Regelung für den Fall einer Ablehnung des Gewählten durch den Reichspräsidenten ist durch Streichung von Abs. 5 des § 6 aufgehoben worden.

Auch die Bestellung der Mitglieder des Reichsbankdirektoriums ist fortan von der Bestätigung durch den Reichspräsidenten abhängig gemacht. Es gelten hier die gleichen Ausführungen, die hinsichtlich der Bedeutung der Bestätigung durch den Reichspräsidenten im vorigen Absatze gemacht worden sind.

Wie schon bisher bedarf die Wahl eines neuen Kandidaten der Zustimmung des Reichsbankdirektoriums. Die Zustimmung gilt indessen jetzt nur dann als versagt, wenn zwei Drittel der Mitglieder gegen den zu Wählenden gestimmt haben. Diese Abweichung von der für die Beschlußfassung des Reichsbankdirektoriums allgemein geltenden Abstimmungsmethode wird amtlich damit begründet, daß bereits zwei andere Stellen innerhalb der Reichsbank (Generalrat und Präsident) sich über die Wahl geeinigt haben und daß überdies die endgültige Entscheidung in der Hand des Reichspräsidenten ruht.

Während zur Zeit des Inkrafttretens des Bankgesetzes die Zahl der Mitglieder des Reichsbankdirektoriums zwölf betrug, ist sie gegenwärtig einschließlich des Präsidenten und Vizepräsidenten auf neun herabgesetzt. Die bei Inkrafttreten dieses Gesetzes im Amt befindlichen Mitglieder des Direktoriums verbleiben im Amt. Für die Berechnung ihrer Amtsdauer gelten die Bestimmungen des § 6 Abs. 7 des Bankgesetzes vom 30. August 1924 (Art. II der Bankgesetznovelle vom 13. März 1930). Sinngemäß betrafen die von der Novelle hier gegebenen Vorschriften lediglich das Verfahren und die Voraussetzungen künftiger Neuwahlen, machten aber nicht etwa für die bereits im Amt befindlichen Mitglieder Neuwahlen erforderlich. Art. II der Novelle vom 13. März 1930 spricht dies ausdrücklich aus.

III.

§ 12 Abs. 2 erhält folgende Fassung:

Die Generalversammlung beschließt ferner nach Vorschlag des Reichsbankdirektoriums mit Zustimmung des Generalrats über die Satzung der Bank und über Satzungsänderungen. Die Satzung und deren Änderungen sind vom Reichsbankdirektorium im Reichsanzeiger zu veröffentlichen.

Zu § 12.

§ 12 enthält eine Erweiterung der Befugnisse der Generalversammlung, aber auch des Generalrats. Nach den bisher geltenden Vorschriften hatte das Organisationskomitee die erste Satzung zu erlassen (§ 44 Abs. 2). Die Neufassung des § 12 schafft durch Erweiterung der Rechte der Generalversammlung in ihr ein neues Organ für den Erlaß einer Satzung. Wie dies bisher schon für Abänderung der Satzung bestimmt war, bedarf sie hierzu eines Vorschlages des Reichsbankdirektoriums mit Zustimmung des Generalrats.

Die Bestimmung des Satzes 2 entspricht dem bisherigen § 44 Abs. 2.

Die Bestimmungen des § 12 sind international gebunden (vgl. Anlage V des Haager Abkommens).

IV.

§ 14 erhält folgende Fassung:

Bei der Reichsbank wird ein Generalrat gebildet, der aus zehn Mitgliedern besteht. Die Mitglieder müssen deutsche Reichsangehörige sein.

Zu § 14.

Entsprechend dem im Neuen Plan vorgesehenen Wegfall der ausländischen Kontrollorgane der Reichsbank war auch eine Umstellung des Generalrats erforderlich. Unter den Mitgliedern des Unterausschusses bestand Einigkeit darüber, daß das Ausscheiden der ausländischen Mitglieder nicht auch die Aufhebung des Generalrats bedinge, sondern nur die Aufhebung der Wahrnehmung ihrer Funktionen durch Ausländer. An den Funktionen des Generalrats selbst ist nichts geändert worden.

„Eine Beschränkung des Generalrats auf 7 Mitglieder durch bloßen Wegfall der ausländischen Mitglieder erschien nicht zweckmäßig, schon weil jede zufällige Verhinderung einiger Mitglieder die Aktionsfähigkeit des Generalrats in Frage stellen könnte. Andererseits schien die bisherige Zahl von 14 Mitgliedern nach Wegfall der ausländischen Mitglieder nicht mehr erforderlich." (Begründung.)

Der Notenkommissar ist nicht mehr Mitglied des Generalrats (vgl. hierzu §§ 19 und 27). Die Bestimmungen des § 14 sind international gebunden (vgl. Anlage V des Haager Abkommens).

V.

§ 15 erhält folgende Fassung:

Der Präsident des Reichsbankdirektoriums ist eines der Mitglieder und zugleich Vorsitzender des Generalrats.

Die Amtsdauer der Mitglieder des Generalrats mit Ausnahme des Präsidenten beträgt 3 Jahre.

Zu § 15.

Die neue Fassung beruht auf dem in § 14 vorgesehenen Wegfall der ausländischen Mitglieder des Generalrats. Die bei Inkrafttreten der Bankgesetznovelle vom 13. März 1930 — 17. Mai 1930 — im Amte befindlichen sieben deutschen Mitglieder des Generalrats verbleiben gemäß Art. II der genannten Banknovelle in ihrem Amte. Für die Berechnung ihrer Amtsdauer gelten die Bestimmungen des § 15 Abs. 2 des Bankgesetzes vom 30. August 1924.

Ferner wurden in der ersten Generalratssitzung vom 24. September 1930, um die vorgeschriebene Anzahl von zehn Mitgliedern zu erreichen, drei neue Mitglieder, und zwar die Herren

Vizepräsident des Reichsbankdirektoriums Fritz Dreyse,
Fabrikant Georg Müller in Oerlinghausen (Lippe),
Vorsitzender der Landwirtschaftskammer Pommern R. von Flemming in Paatzig,

hinzugewählt.

Diese neu in den Generalrat eintretenden Mitglieder wurden hinsichtlich ihrer ersten Amtsperiode gemäß Art. II der Novelle vom 13. März 1930 durch das Los auf die bestehenden drei Gruppen der bisherigen deutschen Mitglieder verteilt.

Die Bestimmungen des § 15 sind international gebunden (vgl. Anlage V des Haager Abkommens).

VI.

§ 16 erhält folgende Fassung:

Die Mitglieder des Generalrats mit Ausnahme des Präsidenten werden im Wege der Kooptation durch die jeweils im Amt befindlichen Mitglieder des Generalrats gewählt, vorbehaltlich der Bestätigung durch die die deutsche Reichsangehörigkeit besitzenden Anteilseigner. Vor der Wahl findet durch den Vorsitzenden des Generalrats oder seinen Stellvertreter eine Fühlungnahme mit der Reichsregierung statt.

Zu § 16.

Die Ergänzung der deutschen Mitglieder erfolgte schon bisher nach Gesetz und Satzung in der Weise, daß die vorhandenen deutschen Mitglieder eine Zuwahl vornahmen, die später durch die im Besitz der deutschen Reichsangehörigkeit befindlichen Anteilseigner zu bestätigen war. Die neue Bestimmung, wonach eine Fühlungnahme des Vorsitzenden des Generalrats oder seines Stellvertreters mit der Reichsregierung über die vom Generalrat für die Wahl in Aussicht genommenen Mitglieder vorgesehen ist, bezweckt, unter voller Aufrechterhaltung der Unabhängigkeit der Bank der Reichsregierung die Möglichkeit zur Äußerung etwaiger Wünsche über die Stellenbesetzung zu geben. Neu ist die Erwähnung eines Stellvertreters des Vorsitzenden des Generalrats.

Die Bestimmungen des § 16 sind international gebunden (vgl. Anlage V des Haager Abkommens).

VII.

§ 17 erhält folgende Fassung:

Zu Mitgliedern des Generalrats dürfen nicht bestellt werden:

a) unmittelbare Staatsbeamte des Deutschen Reichs oder eines deutschen Landes, es sei denn, daß sie sich im dauernden Ruhestand befinden,

b) Personen, die vom Deutschen Reiche oder einem deutschen Lande eine Bezahlung erhalten. Als Bezahlung gilt nicht eine Vergütung für frühere Dienstleistung.

Zu § 17.

Die bisherige Bestimmung, wonach zu Mitgliedern des Generalrats auch solche unmittelbare Beamte des Reichs oder eines Landes, die sich im dauernden Ruhestand befinden, oder solche Personen, die für eine frühere Dienstleistung eine Vergütung vom Reich oder einem Lande beziehen, nicht bestellt werden durften, führte nach der amtlichen Begründung zu einer unerwünschten Beschränkung des Kreises der wählbaren Personen und ist deshalb von der Novelle beseitigt.

Die Bestimmungen des § 17 sind international gebunden (vgl. Anlage V des Haager Abkommens).

VIII.

§ 18 erhält folgende Fassung:

Der Generalrat faßt seine Beschlüsse mit einfacher Stimmenmehrheit; bei Stimmengleichheit entscheidet die Stimme des Vorsitzenden. Diese Vorschrift findet keine Anwendung auf die Wahl des Präsidenten und die Zustimmung zur Ernennung von Mitgliedern des Direktoriums.

In jeder seiner Sitzungen und wenigstens einmal im Vierteljahr soll der Generalrat die Berichte prüfen, die ihm von dem Präsidenten vorgelegt worden sind. Er faßt Beschluß über alle Vorschläge, die ihm von dem Präsidenten gemacht worden sind, jedoch ohne daß die dem Reichsbankdirektorium vorbehaltenen Rechte der Verwaltung der Bank dadurch beeinträchtigt werden dürfen.

IX.

§ 19 wird gestrichen.

Zu §§ 18 und 19.

Die in § 18 bisheriger Fassung vorgesehene qualifizierte Mehrheit von mindestens zehn Stimmen war erforderlich, um etwaige nationale Gegensätze zu verhindern oder zu vermindern. Mit dem Fortfall der ausländischen Generalratsmitglieder ist die Notwendigkeit einer qualifizierten Mehrheit fortgefallen. Aus dem gleichen Grunde schien es auch angebracht, die speziell im Interesse der ausländischen Mitglieder des Generalrats vorgesehene Bestimmung, wonach die Möglichkeit für die Mitglieder des Generalrats bestand, durch eingeschriebenen Brief oder telegraphisch ein anderes Mitglied zur Stimmenabgabe zu ermächtigen, zu streichen. Es sollen also fortan nur die anwesenden Mitglieder zur Ausübung des Stimmrechts berechtigt sein. Die Erfahrung hat ferner ergeben, daß es genügt, die vorgeschriebenen regelmäßigen Sitzungen statt wie bisher allmonatlich einmal im Vierteljahr stattfinden zu lassen, zumal es vorbehalten bleibt, im Bedarfsfalle außerordentliche Zusammenkünfte einzuberufen.

Der Notenkommissar ist nicht mehr Mitglied des Generalrats; er nimmt an dessen Sitzungen nicht teil. Die Kontrolle der Notenausgabe ist nach näherer Maßgabe des § 27 geregelt; deshalb sind auch die Worte „und dem Kommissar" in § 18 Abs. 2 Satz 1 und 2 gestrichen worden.

Die Bestimmungen der §§ 18 und 19 sind international gebunden (vgl. Anlage V des Haager Abkommens).

Änderung zu § 21.

Gesetz zur Änderung des Bankgesetzes.

Vom 8. Juli 1926 (RGBl. II S. 355).

Der Reichstag hat das folgende Gesetz beschlossen, das mit Zustimmung des Reichsrats hiermit verkündet wird:

Artikel I.

Das Bankgesetz vom 30. August 1924 (Reichsgesetzblatt II S. 235) wird wie folgt geändert:

§ 1.

Im § 21 wird hinter Ziffer 2 folgender Zusatz eingefügt:

„2a. vom Reiche begebene Schatzwechsel, welche nach spätestens drei Monaten fällig sind und aus denen außer dem Reiche noch ein weiterer als zahlungsfähig bekannter Verpflichteter haftet, zu diskontieren, zu kaufen und zu verkaufen.

Der jeweilige Bestand der auf Grund dieser Vorschrift durch Diskontierung oder Kauf erworbenen und der gemäß Ziffer 3 g beliehenen Schatzwechsel des Reichs darf zusammen 400 Millionen Reichsmark nicht übersteigen. Er ist in den wöchentlichen Veröffentlichungen (§ 36 Abs. 2) auszuweisen und gilt nicht als Notendeckung im Sinne des § 28."

§ 2.

Im § 21 hinter Ziffer 3 f wird folgende Vorschrift eingefügt:

„g) innerhalb der in Ziffer 2 a Abs. 2 vorgesehenen Begrenzung gegen vom Reiche begebene Schatzwechsel, welche nach spätestens drei Monaten fällig sind, mit einem Abschlag von mindestens 5 vom Hundert ihres Kurswerts."

Artikel II.

Dieses Gesetz tritt mit dem auf die Verkündung folgenden Tage in Kraft.

Berlin, den 8. Juli 1926.

Der Reichspräsident.
von Hindenburg.

Der Reichswirtschaftsminister.
Curtius.

Zu § 21 Ziff. 2 a und 3 Abs. g.

Vgl. hierzu die Aufsätze von v. Glasenapp und Lotz im Bankarchiv 1925/26 Nr. 19 und 20.

Bis zum Inkrafttreten der Bankgesetznovelle von 1926 war der Reichsbank eine Kreditgewährung an das Reich nur in einem beschränkten Maße gestattet (§ 25). Insbesondere durften Reichswechsel (Schatzwechsel) von der Reichsbank überhaupt nur in Gemäßheit der Vorschriften des § 25 diskontiert oder lombardiert werden. Natürlich blieb der Reichsfinanzverwaltung die Möglichkeit, Schatzanweisungen oder Schatzwechsel am offenen Markte unterzubringen. Aber diese Möglichkeit ist, zumal in Zeiten der Geldknappheit, von rein theoretischer Bedeutung, wenn dem Markte nicht die jederzeitige Verwertbarkeit der Schatzanweisungen oder Schatzwechsel im Wege der Rediskontierung oder Lombardierung bei der Zentralnotenbank gesichert ist.

Das Gesetz gestattet keineswegs eine direkte Kreditgewährung an das Reich über die bisherigen Grenzen hinaus. Der § 25 des Bankgesetzes bleibt unberührt. Ermöglicht wird nur die Diskontierung und Lombardierung vom Reiche bereits begebener, also vom Markte aufgenommener Schatzwechsel (d. h. in Wechselform ausgestellter Schatzanweisungen) seitens dritter Personen bei der Reichsbank. Um von vornherein etwaigen Befürchtungen vorzubeugen, die sich aus der Möglichkeit einer illimitierten Hereinnahme derartiger Schatzwechsel durch die Reichsbank herleiten ließen, ist der Höchstkreditbetrag der zu diskontierenden und zu lombardierenden Schatzwechsel auf 400 Millionen Reichsmark bestimmt worden.

Auf Veranlassung des Reichswirtschaftsrats ist zusätzlich bestimmt worden, daß

1. die von der Reichsbank diskontierten und lombardierten Schatzwechsel in den Reichsbankausweisen gesondert angeführt werden müssen und
2. der Bestand der Reichsbank an diskontierten Schatzwechseln nicht als Notendeckung im Sinne des § 28 des Bankgesetzes gilt.

Die von der Deckungsfähigkeit für die Reichsbanknoten ausgeschlossenen Schatzwechsel bleiben mithin nur zur Deckung der täglich fälligen Verbindlichkeiten der Bank gemäß § 35 des Bankgesetzes verwendbar.

X.

Im § 21 Ziffer 3 b ist im letzten Satze bei den Worten „diesen Pfandbriefen stehen gleich die auf den Inhaber lautenden Schuldverschreibungen öffentlich-rechtlicher Bodenkreditinstitute des Inlandes . . .“ der Wortbestandteil „Boden-“ zu streichen.

§ 21 Ziffer 3 c erhält folgende Fassung:

Gegen zinstragende oder spätestens nach einem Jahre fällige und auf den Inhaber lautende Schuldverschreibungen des Reichs, eines deutschen Landes oder einer inländischen kommunalen Körperschaft oder gegen zinstragende, auf den Inhaber lautende Schuldverschreibungen, deren Zinsen vom Reiche oder einem deutschen Lande gewährleistet sind, zu höchstens drei Viertel des Kurswertes.

§ 21 Ziffer 3 letzter Absatz wird gestrichen.

§ 21 erhält folgenden Schlußabsatz:

Alle nach dem Neuen Plan des Haager Abkommens vom 20. Januar 1930 entweder den Zentralbanken allgemein oder einzelnen von ihnen besonders zugewiesenen Aufgaben und Verpflichtungen werden in Deutschland von der Reichsbank wahrgenommen. Alle nach dem Neuen Plan entweder den Präsidenten der Zentralbanken allgemein oder einzelnen von ihnen besonders zugewiesenen Aufgaben und Verpflichtungen obliegen in Deutschland dem Präsidenten des Reichsbankdirektoriums.

Zu § 21.

Durch die Neufassung des § 21 Ziff. 3 sind die bisherigen, die Lombardfähigkeit der Schuldverschreibungen des Reichs und der Länder einschränkenden Bestimmungen in Fortfall gekommen.

Hinsichtlich der Schuldverschreibungen kommunaler Körperschaften und öffentlich-rechtlicher Bodenkreditinstitute hat sich die Regierung gegen eine Änderung des bisher geltenden Rechtszustandes ausgesprochen, doch sind durch die vom Reichsrat und Reichstag beschlossene Änderung des § 21 Ziff. 3 b BankG. jetzt außer den Inhaberschuldverschreibungen öffentlich-rechtlicher Bodenkreditinstitute auch solche der zahlreichen sonstigen öffentlich-rechtlichen Kreditinstitute lombardfähig geworden. Die ebenfalls durch Reichsrat und Reichstag unter Abweichung von der Regierungsvorlage angenommene Neufassung des § 21 Ziff. 3 c BankG. stellt auch für langfristige inländische Kommunalanleihen die Bestimmungen wieder her, die bis zum Inkrafttreten des Bankgesetzes vom 30. August 1924 galten, d. h. auch diese Wertpapiere können nach jetzigem Rechte zum Lombardverkehr der Reichsbank wieder zugelassen werden.

Entsprechend dem in der zweiten Konferenz im Haag getroffenen Abkommen soll durch Hinzufügung des neuen Schlußsatzes des § 21 die Mitarbeit der Zentralbank Deutschlands und ihres Präsidenten bei der Bank für den Internationalen Zahlungsausgleich im Rahmen der Bestimmungen des Neuen Planes sichergestellt werden.

Die Bestimmungen des Schlußabsatzes des § 21 sind international gebunden (vgl. Anlage V zum Haager Abkommen).

XI.

§ 24 erhält folgenden Abs. 2:

Die Bank ist berechtigt, Aktien der Bank für den Internationalen Zahlungsausgleich zu erwerben und zu veräußern sowie die Garantie für die Zeichnung solcher Aktien zu übernehmen.

Zu § 24 Abs. 2.

Die Vorschrift war erforderlich, um der Reichsbank die nach dem Neuen Plan vorgesehene Beteiligung an der Bank für den Internationalen Zahlungsausgleich zu ermöglichen.

Der Vollständigkeit halber sei erwähnt, daß gemäß § 1 des Gesetzes vom 19. März 1924 (RGBl. II S. 73) die Reichsbank ebenso wie die Privatnotenbanken ermächtigt ist, Aktien der Deutschen Golddiskontbank zu erwerben und zu beleihen.

XII.

Im § 25 Abs. 2 Satz 2 werden die Worte „Am Ende des Geschäftsjahres" ersetzt durch:

„Am 15. Juli jeden Jahres".

Zu § 25 Abs. 2 Reihe 2.

Da die Zahlungsbedürfnisse des Reichs am Jahresschlusse erfahrungsgemäß in besonderem Maße sich häufen, mußte der Zwang, den Betriebskredit zu diesem Termin zurückzuzahlen, die Dispositionen des Reichs besonders erschweren. Um diesem Übelstande abzuhelfen, erschien es zweckmäßig, die Glattstellung auf einen anderen Zeitpunkt zu verlegen.

Die Bestimmungen des § 25 sind international gebunden (vgl. Anlage V zum Haager Abkommen).

XIII.

§ 26 Abs. 1 Satz 2 wird gestrichen.

Abs. 2 des § 26 wird gestrichen.

Zu § 26.

Die Streichung des Abs. 1 Satz 2 ist veranlaßt durch den Wegfall der Reparationskommission. Da ferner eine Begrenzung des Sonderkontos für die Zukunft nicht vorgesehen ist, ist auch der Abs. 2 gestrichen.

XIV.

§ 27 Abs. 1 bis 3 erhalten folgende Fassung:

Die An- und Ausfertigung, die Ausgabe, Einziehung und Vernichtung der Banknoten erfolgt unter der Kontrolle des jeweiligen Präsidenten des Rechnungshofes des Deutschen Reichs als Kommissar.

Die Kontrolle der Notenausgabe besteht in der zahlenmäßigen Feststellung des Vorhandenseins der vorgeschriebenen Notendeckung. Die Prüfung ist für die Tage vorzunehmen, für die die Bank nach § 36 Abs. 1 ihre Ausweise regelmäßig veröffentlicht. Die Berichte hierüber sind dem Generalrat zu jedem seiner Sitzungstermine einzureichen. Eine Prüfung oder Erörterung der Kredit-, Diskont- und Währungspolitik der Bank ist mit der Kontrolle nicht verbunden.

Dem Kommissar sind täglich Nachweisungen über die Notendeckung und über die im Umlauf befindlichen Noten vorzulegen.

Zu § 27.

Die im Neuen Plan vorgesehene Beseitigung des ausländischen Einflusses bedingt den Fortfall des ausländischen Notenkommissars.

Die durch die Dawes-Gesetzgebung getroffene Einrichtung eines neben der Reichsbank stehenden Notenkommissars schien auch für die Zukunft Vorteile zu bieten, insofern sie eine vom Reichsbankdirektorium unabhängige Kontrolle des Notenumlaufes und der Notendeckung gewährleistet; seine Befugnisse entsprechen in gewisser Hinsicht denen der Reichsschuldenkommission im § 16 Abs. 2 des Bankgesetzes von 1875. Es war also mit der zahlenmäßigen Prüfung der Deckung eine deutsche, von jedem politischen Einfluß unabhängige Stelle zu betrauen, wie sie im Präsidenten des Rechnungshofes des Deutschen Reiches naturgemäß gegeben ist.

Die gegenüber der Aufgabe des ausländischen Kommissars eingeschränkte Tätigkeit des deutschen Notenkommissars, für den eine irgendwie geartete Prüfung oder Erörterung der Kredit-, Diskont- und Währungspolitik der Bank nicht in Frage kommt, macht eine Zugehörigkeit zum Generalrat oder eine Anwesenheit bei dessen Sitzungen nicht erforderlich.

Die Obliegenheiten und Befugnisse des Kommissars sind in Abs. 2 und 3 des näheren festgelegt.

Diese Bestimmung ist international gebunden (vgl. Anlage V zum Haager Abkommen).

Zu § 31.

Die Vorschriften des § 31 sind durch die nachstehende Bekanntmachung des Reichsbankdirektoriums, betr. die Einlösung der Reichsbanknoten, vom 15. April 1930 in Kraft gesetzt worden (vgl. auch Anmerkung zu § 52).

Bekanntmachung, betreffend die Einlösung der Reichsbanknoten.

Auf Grund des § 52 des Bankgesetzes vom 30. August 1924 (Reichsgesetzbl. II S. 235) haben das Reichsbankdirektorium und der Generalrat der Reichsbank übereinstimmend beschlossen, den § 31 des Bankgesetzes in Kraft zu setzen.

Dieser Beschluß tritt gleichzeitig mit dem Neuen Plan in Kraft.

Berlin, den 15. April 1930.

Reichsbankdirektorium.
Luther. Dreyse.

Diese Bekanntmachung ist im Reichsgesetzblatt II S. 691 veröffentlicht und mit Wirkung vom 17. Mai 1930 in Kraft gesetzt worden (Bek. vom 19. Mai 1930, RGBl. II S. 776).

Die Einlösung bezieht sich nicht auf solche Noten, die keine Gültigkeit mehr besitzen. Infolgedessen muß jeder Anspruch auf Einlösung der mit Ausgabedaten vor dem 11. Oktober 1924 versehenen, auf „Mark" lautenden früheren Reichsbanknoten abgelehnt werden, da diese infolge des im Jahre 1925 erfolgten Aufrufs seit 1925 kraftlos sind (§ 3 des Bankgesetzes vom 30. August 1924).

Änderung zu § 37.

Verordnung des Reichspräsidenten zur Sicherung von Wirtschaft und Finanzen.

Vom 1. Dezember 1930.

. . .

Sechster Teil.

Reichsbank, Golddiskontbank, Rentenbank.

Kapitel I.

Verteilung des Reingewinns der Reichsbank.

Artikel 1.

Die Vorschrift des § 37 des Bankgesetzes vom 30. August 1924 (Reichsgesetzbl. II S. 235) ist in folgender Fassung anzuwenden:

Abs. 1 erhält folgende Fassung:

Von dem jährlichen Reingewinne sollen 10 vom Hundert so lange einem Reservefonds zugeführt werden, bis dieser die Höhe des eingezahlten Grundkapitals erreicht.

Abs. 3 erhält folgende Fassung:

Der nach Ausschüttung dieser Dividende verbleibende Restbetrag des Reingewinns wird wie folgt verteilt: Von den ersten 25 Millionen Reichsmark erhalten das Reich 75 vom Hundert, die Anteilseigner 25 vom Hundert. Von den nächsten 20 Millionen erhalten das Reich 90 vom Hundert, die Anteilseigner 10 vom Hundert. Von dem dann noch etwa verbleibenden Restbetrag erhalten das Reich 95 vom Hundert, die Anteilseigner 5 vom Hundert. Die hiernach den Anteilseignern zufließenden Beträge werden nach Vorschlag des Direktoriums entweder als Zuschlag zu der Dividende gezahlt oder einem Spezialreservefonds für künftige Dividendenzahlung zwecks Aufrechterhaltung einer gleichmäßigen Dividende zugeführt.

Artikel 2.

Diese Vorschrift findet erstmalig auf das Geschäftsjahr 1930 Anwendung.

Zu § 37.

Die Gewinnverteilung ist nunmehr in folgender Weise geregelt:

1. 10 v. H. dem gesetzlichen Reservefonds;
2. 8 v. H. Mindestdividende an die Anteilseigner.
3. Der Rest wird wie folgt verteilt:
   a) Von den ersten 25 Millionen Reichsmark erhält das Reich 75 v. H., die Anteilseigner 25 v. H.
   b) Von den nächsten 20 Millionen Reichsmark erhält das Reich 90 v. H., die Anteilseigner 10 v. H.
   c) Von dem Restbetrag erhält das Reich 95 v. H., die Anteilseigner 5 v. H.

Zu 3 a bis c wird der auf die Anteilseigner entfallende Betrag entweder als Dividendenzuschlag verteilt oder dem Spezialreservefonds für künftige Dividendenzahlungen zugeführt.

Das Vorschlagsrecht über die Zuführung steht dem Reichsbankdirektorium zu, so daß die nach der bisherigen Regelung gemäß § 12 Abs. 1 für die Generalversammlung bestehende Möglichkeit, entgegen dem Vorschlag des Direktoriums die Verwendungsart nach freiem Ermessen zu bestimmen, entfällt. Es kann so etwaigen Bestrebungen, die dahin gehen könnten, die Ausschüttung einer unangemessen hohen Dividende in einem Jahre auf Kosten späterer Dividendenzahlungen durch Mehrheitsbeschluß der Generalversammlung herbeizuführen, von vornherein begegnet und damit die auch schon bisher gesetzlich festgelegte Zweckbestimmung dieses Fonds, der Aufrechterhaltung einer gleichmäßigen Dividende zu dienen, innerhalb der Grenze des tatsächlich Möglichen sichergestellt werden.

XV.

§ 38 Abs. 4 erhält folgende Fassung:

Während der Dauer des Notenprivilegs kann die Reichsbank nur mit Zustimmung der Reichsregierung in Liquidation treten. Bevor sie in einem späteren Zeitpunkt in Liquidation tritt, hat sie die Reichsregierung hiervon rechtzeitig zu benachrichtigen.

Zu § 38 Abs. 4.

Die Rücksicht auf das Interesse des Reiches an dem Bestehen der Reichsbank läßt es als geboten erscheinen, daß für den — wenn auch unwahrscheinlichen — Fall einer etwa beabsichtigten Liquidation der Reichsbank während der Dauer des Notenprivilegs diese Liquidation von der Zustimmung der Reichsregierung abhängig gemacht wird. Aus dem gleichen Grunde ist die Reichsregierung rechtzeitig zu benachrichtigen, wenn die Reichsbank nach Ablauf der Dauer des Notenprivilegs in Liquidation treten sollte.

Die Bestimmung des § 38 Abs. 4 ist international gebunden (vgl. Anlage V zum Haager Abkommen).

XVI.

1. Im § 39 werden die Worte „einer Geldstrafe ..." bis „... beträgt" durch die Worte „Geldstrafe von fünftausend bis zu einhunderttausend Reichsmark bestraft" ersetzt.

2. Im § 41 werden
a) in der Nr. 1 das Wort „wissentlich" gestrichen;
b) in der Nr. 2 die Worte „einer Geldstrafe ..." bis „... beträgt" durch die Worte „Geldstrafe von fünftausend bis zu einhunderttausend Reichsmark bestraft" ersetzt.

Zu §§ 39 und 41.

Die vorgeschlagenen Änderungen entsprechen den allgemeinen Grundsätzen des Entwurfs zum Allgemeinen Deutschen Strafgesetzbuch, wie sie auch für das sonstige Strafrecht des Reichs und der Länder nach dem Entwurf eines Einführungsgesetzes zum Allgemeinen Strafgesetzbuch zur Anwendung gelangen sollen. Irgendeine materielle Änderung des bisherigen Rechtszustandes soll durch die Streichung des Wortes „wissentlich" nicht herbeigeführt werden.

XVII.

§§ 42 und 43 werden gestrichen.

Zu § 42.

Ein Bedürfnis für die Aufrechterhaltung dieser auf Vorschlag der Sachverständigen seinerzeit in das Bankgesetz vom 30. August 1924 aufgenommenen Vorschrift besteht nicht mehr, zumal eine Verletzung der dem Präsidenten und dem Reichsbankdirektorium gegenüber bestehenden Auskunftspflicht nach den allgemeinen disziplinarrechtlichen Vorschriften geahndet werden kann.

Zu § 43.

Die Strafbestimmungen des Bankgesetzes lauten jetzt entsprechend dem Entwurf zum Allgemeinen Deutschen Strafgesetzbuch durchweg, soweit sie eine Geldstrafe androhen, auf Reichsmark. Daher rechtfertigt sich die Streichung dieser Vorschrift.

XVIII.

Im § 44 wird Abs. 1 Ziffer 10 gestrichen; ferner wird Abs. 2 gestrichen.

Zu § 44.

Da § 16 über die Wahl der Mitglieder des Generalrats neue Bestimmungen trifft, war Ziff. 10 zu streichen. Die Streichung des Abs. 2 erfolgt mit Rücksicht auf die neue Fassung des § 12 Abs. 2.

Zu § 52.

Siehe die bei § 31 abgedruckte Bekanntmachung vom 15. April 1930. Durch Satz 4 des § 52 war bis zum Inkrafttreten des § 31 die Bestimmung des § 2 des Gesetzes betr. die Reichskassenscheine und die Banknoten vom 4. August 1914, soweit sie sich auf Reichsbanknoten bezieht, aufrechterhalten. Nachdem nunmehr § 31 in Kraft gesetzt ist, hat damit der angeführte § 2 des Gesetzes vom 4. August 1914 seine Geltung endgültig verloren (vgl. § 53 Satz 1 des Bankgesetzes).

Artikel II.

Die beim Inkrafttreten dieses Gesetzes im Amt befindlichen Mitglieder des Direktoriums und deutschen Mitglieder des Generalrats verbleiben im Amt. Für die Berechnung ihrer Amtsdauer gelten die Bestimmungen des § 6 Abs. 7 und des § 15 Abs. 2 des Bankgesetzes vom 30. August 1924.

Die nach Inkrafttreten dieses Gesetzes neu in den Generalrat eintretenden Mitglieder werden hinsichtlich ihrer ersten Amtsperiode auf die bestehenden drei Gruppen der bisherigen deutschen Mitglieder verteilt. In der ersten Sitzung der Generalrats nach Inkrafttreten dieses Gesetzes wird die Zuteilung auf die verschiedenen Gruppen durch das Los bestimmt.

Zu Art. II.

Vgl. hierzu die Erläuterungen zu § 6 und § 15.

Artikel III.

Einer besonderen gesetzlichen Regelung bleibt vorbehalten, die Gewinnverteilungsvorschriften des § 37 mit Wirkung erstmalig für das Geschäftsjahr 1930 abzuändern.

Zu Art. III.

Die in Art. III vorgesehene besondere gesetzliche Regelung der Gewinnverteilungsvorschriften ist durch die Verordnung des Reichspräsidenten zur Sicherung von Wirtschaft und Finanzen vom 1. Dezember 1930, 6. Teil Kap. I (RGBl. I S. 591, abgedruckt im Anhang unter Nr. 4) erfolgt. Erläuterungen hierzu bei § 37.

3.

Anlagen zum Ergänzungskommentar zu Koch-Schacht, Bankgesetz.

---

1. Gesetz zur Änderung des Bankgesetzes vom 13. März 1930 (RGBl. 1930 Teil II Nr. 7 S. 355/356).
2. Gesetz zur Änderung des Bankgesetzes vom 8. Juli 1926 (RGBl. 1926 Teil II Nr. 30 S. 355).
3. Bekanntmachung über die Einlösung der Reichsbanknoten vom 17. April 1930 (RGBl. 1930 Teil II Nr. 13 S. 691).
4. Änderung der Gewinnverteilung der Reichsbank (Verordnung des Reichspräsidenten zur Sicherung von Wirtschaft und Finanzen vom 1. Dezember 1930, RGBl. 1930 Teil I Nr. 47 S. 591).
5. Verordnung über das Inkrafttreten des Gesetzes zur Änderung des Bankgesetzes vom 19. Mai 1930 (RGBl. II S. 777).
6. Gesetz zur Änderung des Bankgesetzes vom 19. März 1924 (RGBl. II S. 73).
7. Verordnung des Reichspräsidenten zur Sicherung von Wirtschaft und Finanzen vom 1. Dezember 1930, 6. Teil Kap. II Art. 2 (RGBl. I S. 592).
8. Anlage V zu dem Abkommen vom 20. Januar 1930 über die endgültige Annahme des Sachverständigenplanes vom 7. Juni 1929 (RGBl. 1930 Teil II Nr. 7 S. 131 ff.).

9. Anlage Va zu dem Abkommen vom 20. Januar 1930 über die endgültige Annahme des Sachverständigenplanes vom 7. Juni 1929 (RGBl. 1930 Teil II Nr. 7 S. 139).
10. Bericht des Unterausschusses zur Anpassung des Bankgesetzes vom 12. November 1929.
11. Bekanntmachung des Reichsbankdirektoriums vom 18. Dezember 1930.
12. Begründung zur Bankgesetznovelle vom 8. Juli 1926.
13. Begründung zur Bankgesetznovelle vom 13. März 1930.
14. Begründung zur Bankgesetznovelle (§ 37) vom 1. Dezember 1930 (Verordnung des Reichspräsidenten zur Sicherung von Wirtschaft und Finanzen, 6. Teil Kap. I).
15. Bekanntmachung des Reichsbankdirektoriums vom 4. Mai 1931.

Anlage 1.

(RGBl. 1930 Teil II Nr. 7 S. 355/356.)

Gesetz zur Änderung des Bankgesetzes.

Vom 13. März 1930.

Der Reichstag hat das folgende Gesetz beschlossen, das mit Zustimmung des Reichsrats hiermit verkündet wird.

Artikel I.

Das Bankgesetz vom 30. August 1924 (Reichsgesetzbl. II S. 235) wird wie folgt geändert:

I.

Im § 5 werden im Abs. 1 die Worte „wobei das so festgestellte Grundkapital mindestens 300 Millionen Reichsmark betragen soll" gestrichen. Desgleichen wird Abs. 2 gestrichen.

II.

§ 6 Abs. 4 erhält folgende Fassung:

Der Präsident wird vom Generalrat nach Anhörung des Reichsbankdirektoriums in der Weise gewählt, daß eine Mehrheit von sieben Stimmen vorhanden sein muß. Die Wahl bedarf der Bestätigung durch den Reichspräsidenten, der die Ernennungsurkunde unterzeichnet. Mit der Aushändigung der Urkunde ist der gewählte Präsident rechtmäßig bestellt.

Abs. 5 des § 6 wird gestrichen.

Der bisherige Abs. 6 des § 6 erhält folgende Fassung:

Die Ernennung der Mitglieder des Direktoriums erfolgt nach Zustimmung des Generalrats durch den

Präsidenten. Die Zustimmung des Generalrats muß mit dem Stimmenverhältnis zustande gekommen sein, das für die Präsidentenwahl vorgeschrieben ist. Die Ernennung bedarf der Bestätigung durch den Reichspräsidenten. Mit der Aushändigung der Bestätigungsurkunde ist das Mitglied rechtmäßig bestellt. Die Ernennung erfolgt auf einen Zeitraum von 12 Jahren, jedoch mit der Maßgabe, daß jedes Mitglied des Direktoriums bei Erreichung eines Lebensalters von 65 Jahren ausscheidet.

Der bisherige Abs. 9 des § 6 erhält folgenden Zusatz:

Die Zustimmung gilt als versagt, wenn zwei Drittel der Mitglieder gegen den zu Wählenden gestimmt haben.

Der bisherige Abs. 10 des § 6 erhält folgenden Zusatz:

Die Abberufung des Präsidenten oder eines Mitgliedes des Direktoriums bedarf der Bestätigung durch den Reichspräsidenten.

III.

§ 12 Abs. 2 erhält folgende Fassung:

Die Generalversammlung beschließt ferner nach Vorschlag des Reichsbankdirektoriums mit Zustimmung des Generalrats über die Satzung der Bank und über Satzungsänderungen. Die Satzung und deren Änderungen sind vom Reichsbankdirektorium im Reichsanzeiger zu veröffentlichen.

IV.

§ 14 erhält folgende Fassung:

Bei der Reichsbank wird ein Generalrat gebildet, der aus zehn Mitgliedern besteht. Die Mitglieder müssen deutsche Reichsangehörige sein.

V.

§ 15 erhält folgende Fassung:

Der Präsident des Reichsbankdirektoriums ist eines der Mitglieder und zugleich Vorsitzender des Generalrats. Die Amtsdauer der Mitglieder des Generalrats mit Ausnahme des Präsidenten beträgt 3 Jahre.

VI.

§ 16 erhält folgende Fassung:

Die Mitglieder des Generalrats mit Ausnahme des Präsidenten werden im Wege der Kooptation durch die jeweils im Amt befindlichen Mitglieder des Generalrats gewählt vorbehaltlich der Bestätigung durch die die deutsche Reichsangehörigkeit besitzenden Anteilseigner. Vor der Wahl findet durch den Vorsitzenden des Generalrats oder seinen Stellvertreter eine Fühlungnahme mit der Reichsregierung statt.

VII.

§ 17 erhält folgende Fassung:

Zu Mitgliedern des Generalrats dürfen nicht bestellt werden:

a) unmittelbare Staatsbeamte des Deutschen Reichs oder eines deutschen Landes, es sei denn, daß sie sich im dauernden Ruhestand befinden,

b) Personen, die vom Deutschen Reiche oder einem deutschen Lande eine Bezahlung erhalten. Als Bezahlung gilt nicht eine Vergütung für frühere Dienstleistung.

VIII.

§ 18 erhält folgende Fassung:

Der Generalrat faßt seine Beschlüsse mit einfacher Stimmenmehrheit; bei Stimmengleichheit entscheidet die Stimme des Vorsitzenden. Diese Vorschrift findet keine Anwendung auf die Wahl des Präsidenten und die Zustimmung zur Ernennung von Mitgliedern des Direktoriums.

In jeder seiner Sitzungen und wenigstens einmal im Vierteljahr soll der Generalrat die Berichte prüfen, die ihm von dem Präsidenten vorgelegt worden sind. Er faßt Beschluß über alle Vorschläge, die ihm von dem Präsidenten gemacht worden sind, jedoch ohne daß die dem Reichsbankdirektorium vorbehaltenen Rechte der Verwaltung der Bank dadurch beeinträchtigt werden dürfen.

IX.

§ 19 wird gestrichen.

X.

Im § 21 Ziffer 3 b ist im letzten Satze bei den Worten „diesen Pfandbriefen stehen gleich die auf den Inhaber lautenden Schuldverschreibungen öffentlich-rechtlicher Bodenkreditinstitute des Inlandes ..." der Wortbestandteil „Boden" zu streichen.

§ 21 Ziffer 3 c erhält folgende Fassung:

gegen zinstragende oder spätestens nach einem Jahre fällige und auf den Inhaber lautende Schuldverschreibungen des Reichs, eines deutschen Landes oder einer inländischen kommunalen Körperschaft oder gegen zinstragende, auf den Inhaber lautende Schuldverschreibungen, deren Zinsen vom Reiche oder einem deutschen Lande gewährleistet sind, zu höchstens drei Viertel des Kurswertes;

§ 21 Ziffer 3 letzter Absatz wird gestrichen.

§ 21 erhält folgenden Schlußabsatz:

Alle nach dem Neuen Plan des Haager Abkommens vom 20. Januar 1930 entweder den Zentralbanken allgemein oder einzelnen von ihnen besonders zugewiesenen Aufgaben und Verpflichtungen werden in Deutschland von der Reichsbank wahrgenommen. Alle nach dem Neuen Plan entweder den Präsidenten der Zentralbanken allgemein oder einzelnen von ihnen besonders zugewiesenen Aufgaben und Verpflichtungen obliegen in Deutschland dem Präsidenten des Reichsbankdirektoriums.

XI.

§ 24 erhält folgenden Abs. 2:

Die Bank ist berechtigt, Aktien der Bank für den Internationalen Zahlungsausgleich zu erwerben und zu veräußern sowie die Garantie für die Zeichnung solcher Aktien zu übernehmen.

XII.

Im § 25 Abs. 2 Satz 2 werden die Worte „Am Ende des Geschäftsjahres" ersetzt durch:

„Am 15. Juli jeden Jahres".

XIII.

§ 26 Abs. 1 Satz 2 wird gestrichen.
Abs. 2 des § 26 wird gestrichen.

XIV.

§ 27 Abs. 1 bis 3 erhalten folgende Fassung:

Die An- und Ausfertigung, die Ausgabe, Einziehung und Vernichtung der Banknoten erfolgt unter der Kontrolle des jeweiligen Präsidenten des Rechnungshofes des Deutschen Reichs als Kommissar.

Die Kontrolle der Notenausgabe besteht in der zahlenmäßigen Feststellung des Vorhandenseins der vorgeschriebenen Notendeckung. Die Prüfung ist für die Tage vorzunehmen, für die die Bank nach § 36 Abs. 1 ihre Ausweise regelmäßig veröffentlicht. Die Berichte hierüber sind dem Generalrat zu jedem seiner Sitzungstermine einzureichen. Eine Prüfung oder Erörterung der Kredit-, Diskont- und Währungspolitik der Bank ist mit der Kontrolle nicht verbunden.

Dem Kommissar sind täglich Nachweisungen über die Notendeckung und über die im Umlauf befindlichen Noten vorzulegen.

XV.

§ 38 Abs. 4 erhält folgende Fassung:

Während der Dauer des Notenprivilegs kann die Reichsbank nur mit Zustimmung der Reichsregierung in Liquidation treten. Bevor sie in einem späteren Zeitpunkt in Liquidation tritt, hat sie die Reichsregierung hiervon rechtzeitig zu benachrichtigen.

XVI.

1. Im § 39 werden die Worte „einer Geldstrafe ..." bis „... beträgt" durch die Worte „Geldstrafe von fünftausend bis zu einhunderttausend Reichsmark bestraft" ersetzt.

2. Im § 41 werden

a) in der Nr. 1 das Wort „wissentlich" gestrichen;

b) in der Nr. 2 die Worte „einer Geldstrafe ..." bis „... beträgt" durch die Worte „Geldstrafe von fünftausend bis zu einhunderttausend Reichsmark bestraft" ersetzt.

XVII.

§§ 42 und 43 werden gestrichen.

XVIII.

Im § 44 wird Abs. 1 Ziffer 10 gestrichen; ferner wird Abs. 2 gestrichen.

Artikel II.

Die beim Inkrafttreten dieses Gesetzes im Amt befindlichen Mitglieder des Direktoriums und deutschen Mitglieder des Generalrats verbleiben im Amt. Für die Berechnung ihrer Amtsdauer gelten die Bestimmungen des § 6 Abs. 7 und des § 15 Abs. 2 des Bankgesetzes vom 30. August 1924.

Die nach Inkrafttreten dieses Gesetzes neu in den Generalrat eintretenden Mitglieder werden hinsichtlich ihrer ersten Amtsperiode auf die bestehenden drei Gruppen der bisherigen deutschen Mitglieder verteilt. In der ersten Sitzung des Generalrats nach Inkrafttreten dieses Gesetzes wird die Zuteilung auf die verschiedenen Gruppen durch das Los bestimmt.

Artikel III.

Einer besonderen gesetzlichen Regelung bleibt vorbehalten, die Gewinnverteilungsvorschriften des § 37 mit Wirkung erstmalig für das Geschäftsjahr 1930 abzuändern.

Artikel IV.

Den Zeitpunkt des Inkrafttretens dieses Gesetzes bestimmt die Reichsregierung.

Berlin, den 13. März 1930.

Der Reichspräsident.
von Hindenburg.

Der Reichsminister der Finanzen.
Moldenhauer.

Für den Reichswirtschaftsminister:
Der Reichsminister der Finanzen.
Moldenhauer.

Anlage 2.

(RGBl. 1926 Teil II Nr. 30 S. 355.)

Gesetz zur Änderung des Bankgesetzes.

Vom 8. Juli 1926.

Der Reichstag hat das folgende Gesetz beschlossen, das mit Zustimmung des Reichsrats hiermit verkündet wird:

Artikel I.

Das Bankgesetz vom 30. August 1924 (Reichsgesetzbl. II S. 235) wird wie folgt geändert:

§ 1.

Im § 21 wird hinter Ziffer 2 folgender Zusatz eingefügt:

„2a. vom Reiche begebene Schatzwechsel, welche nach spätestens drei Monaten fällig sind und aus denen außer dem Reiche noch ein weiterer als zahlungsfähig bekannter Verpflichteter haftet, zu diskontieren, zu kaufen und zu verkaufen.

Der jeweilige Bestand der auf Grund dieser Vorschrift durch Diskontierung oder Kauf erworbenen und der gemäß Ziffer 3g beliehenen Schatzwechsel des Reichs darf zusammen 400 Millionen Reichsmark nicht übersteigen. Er ist in den wöchentlichen Veröffentlichungen (§ 36 Abs. 2) auszuweisen und gilt nicht als Notendeckung im Sinne des § 28."

§ 2.

Im § 21 hinter Ziffer 3f wird folgende Vorschrift eingefügt:

„g) innerhalb der in Ziffer 2 a Abs. 2 vorgesehenen Begrenzung gegen vom Reiche begebene Schatzwechsel, welche nach spätestens drei Monaten fällig sind, mit einem Abschlag von mindestens 5 vom Hundert ihres Kurswerts."

Artikel II.

Dieses Gesetz tritt mit dem auf die Verkündung folgenden Tage in Kraft.

Berlin, den 8. Juli 1926.

Der Reichspräsident.
von Hindenburg.

Der Reichswirtschaftsminister.
Curtius.

Anlage 3.

(RGBl. 1930 Teil II Nr. 13 S. 691.)

Bekanntmachung über die Einlösung der Reichsbanknoten.

Vom 17. April 1930.

Das Reichsbank-Direktorium hat folgende Bekanntmachung erlassen, die hiermit gemäß § 52 des Bankgesetzes vom 30. August 1924 veröffentlicht wird.

Berlin, den 17. April 1930.

Der Reichswirtschaftsminister.
In Vertretung des Staatssekretärs:
Posse.

Der Reichsminister der Finanzen.
In Vertretung des Staatssekretärs:
Ernst.

Bekanntmachung, betreffend die Einlösung der Reichsbanknoten.

Auf Grund des § 52 des Bankgesetzes vom 30. August 1924 (Reichsgesetzbl. II S. 235) haben das Reichsbank-Direktorium und der Generalrat der Reichsbank übereinstimmend beschlossen, den § 31 des Bankgesetzes in Kraft zu setzen.

Dieser Beschluß tritt gleichzeitig mit dem Neuen Plan in Kraft.

Berlin, den 15. April 1930.

Reichsbank-Direktorium.
Luther. Dreyse.

Anlage 4.

(RGBl. 1930 Teil I Nr. 47 S. 591.)

Verordnung des Reichspräsidenten zur Sicherung von Wirtschaft und Finanzen.

Vom 1. Dezember 1930.

Usw.

Sechster Teil.

Reichsbank, Golddiskontbank, Rentenbank.

Kapitel I.

Verteilung des Reingewinns der Reichsbank.

Artikel 1.

Die Vorschrift des § 37 des Bankgesetzes vom 30. August 1924 (Reichsgesetzbl. II S. 235) ist in folgender Fassung anzuwenden:

Abs. 1 erhält folgende Fassung:

Von dem jährlichen Reingewinn sollen 10 vom Hundert so lange einem Reservefonds zugeführt werden, bis dieser die Höhe des eingezahlten Grundkapitals erreicht.

Abs. 3 erhält folgende Fassung:

Der nach Ausschüttung dieser Dividende verbleibende Restbetrag des Reingewinns wird wie folgt verteilt: Von den ersten 25 Millionen Reichsmark erhalten das Reich 75 vom Hundert, die Anteilseigner 25 vom Hundert. Von den nächsten 20 Millionen erhalten das Reich 90 vom Hundert, die Anteilseigner 10 vom Hundert. Von dem dann noch etwa verbleibenden Restbetrag erhalten das Reich 95 vom Hundert, die Anteilseigner 5 vom Hundert. Die hiernach den Anteilseignern zufließenden Beträge werden nach Vorschlag des Direktoriums entweder als Zuschlag zu der Dividende gezahlt oder einem Spezialreservefonds für künftige Dividendenzahlung zwecks Aufrechterhaltung einer gleichmäßigen Dividende zugeführt.

Artikel 2.

Diese Vorschrift findet erstmalig auf das Geschäftsjahr 1930 Anwendung.

Anlage 5.

(RGBl. 1930 Teil II Nr. 19 S. 777.)

Verordnung über das Inkrafttreten des Gesetzes zur Änderung des Bankgesetzes.

Vom 19. Mai 1930.

Auf Grund des Artikel IV des Gesetzes zur Änderung des Bankgesetzes vom 13. März 1930 (Reichsgesetzbl. II S. 355) wird hiermit verordnet:

Das Gesetz zur Änderung des Bankgesetzes vom 13. März 1930 (Reichsgesetzbl. II S. 355) tritt mit Wirkung vom 17. Mai 1930 in Kraft.

Berlin, den 19. Mai 1930.

Der Reichswirtschaftsminister.
H. Dietrich.

Der Reichsminister der Finanzen.
Moldenhauer.

Anlage 6.

(RGBl. 1924 Teil II Nr. 11 S. 73.)

Gesetz über Änderung des Bankgesetzes.

Vom 19. März 1924.

Der Reichstag hat das folgende Gesetz beschlossen, das mit Zustimmung des Reichsrats hiermit verkündet wird:

§ 1.

Die Reichsbank und die Privatnotenbanken werden ermächtigt, Aktien der Deutschen Golddiskontbank zu erwerben und zu beleihen.

§ 2.

Die Reichsbank ist berechtigt und verpflichtet, die gesamten Geschäfte der Deutschen Golddiskontbank für deren Rechnung zu führen. Der Präsident und die Mitglieder des Reichsbankdirektoriums werden ermächtigt, in den Vorstand und die übrigen Verwaltungs- oder Aufsichtsorgane der Deutschen Golddiskontbank einzutreten; der § 16 des Reichsbeamtengesetzes findet keine Anwendung.

§ 3.

Die Reichsbank ist berechtigt, für den Fall der Übernahme der Deutschen Golddiskontbank ihr Kapital entsprechend zu erhöhen.

§ 4.

Dieses Gesetz tritt mit dem auf die Verkündung folgenden Tage in Kraft.

Berlin, den 19. März 1924.

Der Reichspräsident.
Ebert.

Der Reichswirtschaftsminister.
Hamm.

Anlage 7.

(RGBl. 1930 Teil I Nr. 47 S. 592.)

Verordnung des Reichspräsidenten zur Sicherung von Wirtschaft und Finanzen.

Vom 1. Dezember 1930.

Usw.

Sechster Teil.

Reichsbank, Golddiskontbank, Rentenbank.

Usw.

Kapitel II.

Umgestaltung der Deutschen Golddiskontbank.

Usw.

Artikel 2.

Die §§ 2 und 3 des Gesetzes zur Änderung des Bankgesetzes vom 19. März 1924 (Reichsgesetzbl. II S. 73) sind nicht anzuwenden.

Anlage 8.

(RGBl. 1930 Teil II Nr. 7 S. 131, 133, 135, 137.)

Haager Vereinbarungen vom Januar 1930.

Abkommen vom 20. Januar 1930 über die endgültige Annahme des Sachverständigenplans vom 7. Juni 1929.

Anlage V.

Usw.

Vorschriften, die in das deutsche Bankgesetz einzufügen oder darin beizubehalten sind.

§ 1.

Bleibt unverändert.

§ 2.

Bleibt unverändert.

§ 3.

Bleibt unverändert (in Verbindung mit § 5 des Münzgesetzes vom 30. August 1924).

§ 6.

Die Bank wird verwaltet durch das Reichsbankdirektorium, das aus einem Präsidenten als Vorsitzenden und der erforderlichen Anzahl von Mitgliedern besteht. Das Reichsbankdirektorium bestimmt insbesondere die Währungs-, Diskont- und Kreditpolitik der Bank.

Präsident und Mitglieder müssen deutsche Reichsangehörige sein.

Das Reichsbankdirektorium faßt seine Beschlüsse mit einfacher Stimmenmehrheit; bei Stimmengleichheit entscheidet die Stimme des Präsidenten.

Der Präsident wird vom Generalrat nach Anhörung des Reichsbankdirektoriums in der Weise gewählt, daß eine Mehrheit von 7 Stimmen vorhanden sein muß. Die Wahl bedarf der Bestätigung durch den Reichspräsidenten, der die Ernennungsurkunde unterzeichnet. Mit der Aushändigung der Urkunde ist der gewählte Präsident rechtmäßig bestellt.

Die Ernennung der Mitglieder des Direktoriums erfolgt nach Zustimmung des Generalrats durch den Präsidenten. Die Zustimmung des Generalrats muß mit dem Stimmenverhältnis zustande gekommen sein, das für die Präsidentenwahl vorgeschrieben ist. Die Ernennung bedarf der Bestätigung durch den Reichspräsidenten. Mit der Aushändigung der Bestätigungsurkunde ist das Mitglied rechtmäßig bestellt. Die Ernennung erfolgt auf einen Zeitraum von 12 Jahren, jedoch mit der Maßgabe, daß jedes Mitglied des Direktoriums bei Erreichung eines Lebensalters von 65 Jahren ausscheidet.

Für die erstmalige Ernennung des Direktoriums gilt folgende Besonderheit: Die Zahl der Mitglieder des Direktoriums mit Ausnahme des Präsidenten wird in 3 Gruppen geteilt, von denen die ersten beiden gleich groß sein müssen und die dritte entweder ebenfalls die gleiche Größe haben muß wie die beiden ersten oder, wenn das rechnerisch nicht geht, kleiner sein kann, aber so nahe als möglich an die Größe jeder der ersten beiden Gruppen herankommen muß. In die erste Gruppe werden die an Lebensalter jüngsten, in die dritte Gruppe die an Lebensalter ältesten, in die zweite Gruppe die übrigen zu Ernennenden eingereiht. Die Mitglieder der ersten Gruppe werden auf 12 Jahre, die der zweiten Gruppe auf 8 Jahre und die der dritten Gruppe auf 4 Jahre ernannt. Die Altersgrenze von 65 Jahren gilt auch bei der erstmaligen Wahl.

Die Amtsdauer des Präsidenten beträgt 4 Jahre. Der Präsident und die Mitglieder sind wieder wählbar.

Wenn eine Zuwahl oder Ergänzung des Reichsbankdirektoriums durch Wahl eines neuen Kandidaten stattfindet, so bedarf der zu Wählende der Zustimmung des Reichsbankdirektoriums. Die Zustimmung gilt als versagt, wenn zwei Drittel der Mitglieder gegen den zu Wählenden gestimmt haben.

Aus wichtigem Grunde kann der Präsident oder ein Mitglied des Direktoriums jederzeit abberufen werden, unter Wahrung der ihnen vertraglich zustehenden Ansprüche. Diese Abberufung aus wichtigem Grunde erfolgt gegenüber dem Präsidenten durch den Generalrat mit der im Abs. 4 vorgesehenen Stimmenmehrheit, gegenüber einem Mitglied des Direktoriums gleichfalls durch den Generalrat mit der gleichen Stimmenmehrheit, jedoch nur mit Zustimmung des Präsidenten. Die Abberufung des Präsidenten oder eines Mitgliedes des Direktoriums bedarf der Bestätigung durch den Reichspräsidenten.

§ 9 Absatz 1.

Bleibt unverändert.

§ 10.

Bleibt unverändert.

§ 12.

Die Generalversammlung empfängt jährlich den Verwaltungsbericht. Sie beschließt über die Bilanz und Gewinnverteilung nach Maßgabe dieses Gesetzes.

Die Generalversammlung beschließt ferner nach Vorschlag des Reichsbankdirektoriums mit Zustimmung des Generalrats über die Satzung der Bank und über Satzungsänderungen. Die Satzung und deren Änderungen sind vom Reichsbankdirektorium im Reichsanzeiger zu veröffentlichen.

§ 14.

Bei der Reichsbank wird ein Generalrat gebildet, der aus zehn Mitgliedern besteht. Die Mitglieder müssen deutsche Reichsangehörige sein.

§ 15.

Der Präsident des Reichsbankdirektoriums ist eines der Mitglieder und zugleich Vorsitzender des Generalrats.

Die Amtsdauer der Mitglieder des Generalrats mit Ausnahme des Präsidenten beträgt drei Jahre.

§ 16.

Die Mitglieder des Generalrats mit Ausnahme des Präsidenten werden im Wege der Kooptation durch die jeweils im Amt befindlichen Mitglieder des Generalrats gewählt, vorbehaltlich der Bestätigung durch die die deutsche Reichsangehörigkeit besitzenden Anteilseigner. Vor der Wahl findet durch den Vorsitzenden des Generalrats oder seinen Stellvertreter eine Fühlungnahme mit der Reichsregierung statt.

§ 17.

Zu Mitgliedern des Generalrats dürfen nicht bestellt werden:

a) unmittelbare Staatsbeamte des Deutschen Reiches oder eines deutschen Landes, es sei denn, daß sie sich im dauernden Ruhestand befinden,

b) Personen, die vom Deutschen Reiche oder einem deutschen Lande eine Bezahlung erhalten. Als Bezahlung gilt nicht eine Vergütung für frühere Dienstleistung.

§ 18.

Der Generalrat faßt seine Beschlüsse mit einfacher Stimmenmehrheit; bei Stimmengleichheit entscheidet die Stimme des Vorsitzenden. Diese Vorschrift findet keine

Anwendung auf die Wahl des Präsidenten und die Zustimmung zur Ernennung von Mitgliedern des Direktoriums.

In jeder seiner Sitzungen und wenigstens einmal im Vierteljahr soll der Generalrat die Berichte prüfen, die ihm von dem Präsidenten vorgelegt worden sind. Er faßt Beschluß über alle Vorschläge, die ihm von dem Präsidenten gemacht worden sind, jedoch ohne daß die dem Reichsbankdirektorium vorbehaltenen Rechte der Verwaltung der Bank dadurch beeinträchtigt werden dürfen.

§ 21 (Schlußabsatz).

Alle nach dem Neuen Plan des Haager Abkommens vom Januar 1930 entweder den Zentralbanken allgemein oder einzelnen von ihnen besonders zugewiesenen Aufgaben und Verpflichtungen werden in Deutschland von der Reichsbank wahrgenommen. Alle nach dem Neuen Plan entweder den Präsidenten der Zentralbanken allgemein oder einzelnen von ihnen besonders zugewiesenen Aufgaben und Verpflichtungen obliegen in Deutschland dem Präsidenten der Reichsbank.

§ 22.

Bleibt unverändert.

§ 25.

Die Reichsbank ist verpflichtet, für das Reich durch ihre sämtlichen hierzu ihrer Natur nach geeigneten Niederlassungen auf Verlangen der Reichsbehörden Zahlungen anzunehmen oder zu leisten und den bargeldlosen Verkehr zwischen den Kassen des Reiches zu besorgen.

Die Bank darf dem Reiche unbeschadet der Vorschrift des Abs. 4 Betriebskredite gewähren, jedoch jeweils höchstens auf drei Monate und nur bis zum Höchstbetrage von 100 Millionen Reichsmark. Am 15. Juli jeden Jahres darf keinerlei Verschuldung des Reiches bei der Reichsbank vorhanden sein.

Abs. 3 bis 6 bleiben unverändert.

§ 27.

Die An- und Ausfertigung, die Ausgabe, Einziehung und Vernichtung der Banknoten erfolgt unter der Kontrolle des jeweiligen Präsidenten des Rechnungshofes des Deutschen Reiches als Kommissar.

Die Kontrolle der Notenausgabe besteht in der zahlenmäßigen Feststellung des Vorhandenseins der vorgeschriebenen Notendeckung. Die Prüfung ist für die Tage vorzunehmen, für die die Bank nach § 36 Abs. 1 ihre Ausweise regelmäßig veröffentlicht. Die Berichte hierüber sind dem Generalrat zu jedem seiner Sitzungstermine einzureichen. Eine Prüfung oder Erörterung der Kredit-, Diskont- und Währungspolitik der Bank ist mit der Kontrolle nicht verbunden.

Dem Kommissar sind täglich Nachweisungen über die Notendeckung und über die im Umlauf befindlichen Noten vorzulegen.

Abs. 4 und 5 bleiben unverändert.

§ 28.

Bleibt unverändert.

§ 29.

Bleibt unverändert.

§ 31.

Bleibt unverändert.

§ 38 Absatz 4.

Während der Dauer des Notenprivilegs kann die Reichsbank nur mit Zustimmung der Reichsregierung in Liquidation treten. Bevor sie in einem späteren Zeitpunkt in Liquidation tritt, hat sie die Reichsregierung hiervon rechtzeitig zu benachrichtigen.

§ 45.

Bleibt unverändert.

§ 46.

Bleibt unverändert.

Anlage 9.

(RGBl. 1930 Teil II Nr. 7 S. 139.)

Abkommen vom 20. Januar 1930 über die endgültige Annahme des Sachverständigenplans vom 7. Juni 1929.

Usw.

Anlage Va.

Verfahren für die Abänderung von gewissen Bestimmungen des deutschen Bankgesetzes.

Jeder Änderungsvorschlag, der auf die in Anlage V enthaltenen Vorschriften sachlich einwirken würde, ist von der Deutschen Regierung dem Verwaltungsrat der Bank für Internationalen Zahlungsausgleich vorzulegen.

Dieser kann gegen die vorgeschlagenen Änderungen mit der Begründung, daß sie mit dem Neuen Plan unvereinbar seien, falls ein Einverständnis nicht erzielt werden kann, binnen 2 Monaten bei einem im beiderseitigen Einverständnis gewählten Schiedsrichter oder mangels solchen Einverständnisses bei dem in diesem Abkommen vorgesehenen Gericht im Wege der Klage Einspruch erheben. Die Entscheidung dieses Schiedsrichters oder dieses Schiedsgerichts ist endgültig und bindend für die Deutsche Regierung, die Bank für Internationalen Zahlungsausgleich und die den gegenwärtigen Vertrag unterzeichnenden Mächte.

Anlage 10.

Bericht des Unterausschusses zur Anpassung des Bankgesetzes.

In der Anlage V des Sachverständigen-Plans vom 7. Juni 1929 ist vorgesehen, daß ein Organisations-Komitee, zusammengesetzt aus der gleichen Zahl von Vertretern der Gläubigerländer und Deutschlands, ernannt werden soll, um die Anpassung der nach dem Dawes-Plan erlassenen deutschen Gesetze an die durch den obengenannten Sachverständigen-Plan geschaffene Lage durch Ausarbeitung eingehender Entwürfe über bestimmte technische Fragen vorzubereiten.

Dieses Organisations-Komitee zerfällt in drei Unterausschüsse, deren einem die Aufgabe der Anpassung des Bankgesetzes (Unabhängigkeit der Reichsbank) gestellt ist.

Die Deutsche Regierung hat als ihre Vertreter die Herren Dr. Hans Schäffer und Dr. Wilhelm Vocke ernannt.

Die Reparations-Kommission hat als Gläubigervertreter in diesen Unterausschuß Herrn Léon Delacroix und Sir Charles Addis K. C. M. G. ernannt.

Am 15. Oktober verstarb Herr Delacroix plötzlich in Baden-Baden. In ihm verloren wir einen klugen und erfahrenen Mitarbeiter, der durch seine hervorragende Persönlichkeit und wahre Herzensgüte sich die Hochschätzung und Zuneigung aller Mitglieder des Unterausschusses gewonnen hatte.

Am 21. Oktober ernannte die Reparationskommission an seiner Stelle Herrn Jean-Maurice Marx zum Mitglied des Unterausschusses.

Das Organisations-Komitee hat am 22. August 1929 im Oranje-Hotel in Scheveningen seine konstituierende Sitzung abgehalten. Der Unterausschuß für die Anpassung des Bankgesetzes ist an dem gleichen und den folgenden Tagen in Scheveningen und später in Baden-Baden zusammengetreten und hat die Fragen, die durch die Anpassung des Bankgesetzes an den Sachverständigen-Plan vom 7. Juni 1929 aufgeworfen werden, erörtert.

Das Ergebnis dieser Erörterungen ist in dem Bericht niedergelegt, der im folgenden dem Organisations-Komitee erstattet wird.

I.

Der Sachverständigen-Plan vom 7. Juni 1929 stellt für die Anpassung des Bankgesetzes drei Grundsätze auf:

1. den Wegfall der ausländischen Kontrollorgane der Reichsbank,
2. die Unabhängigkeit der Reichsbank,
3. die Aufrechterhaltung der Münzparität.

Wir haben demgemäß das zur Zeit geltende Bankgesetz sowie einen von den deutschen Mitgliedern unseres Unterausschusses ausgearbeiteten Entwurf zur Änderung des Bankgesetzes, der als Anlage I beigefügt ist, eingehend geprüft. Die Vorschriften zerfallen in zwei Gruppen, nämlich in solche, welche die grundlegenden Garantien für die Aufrechterhaltung der Währung enthalten, zu denen auch die Vorschriften über die Unabhängigkeit der Reichsbank gehören, und in solche Vorschriften, die die erwähnten Hauptprinzipien des Sachverständigen-Planes nicht berühren und nach seinem Inkrafttreten ein internationales Interesse nicht mehr beanspruchen können.

Die Vorschriften der ersteren Art haben wir in Anlage II besonders zusammengestellt, und zwar in derjenigen Fassung, die sie nach Inkraftsetzung des Sachverständigen-Plans im deutschen Gesetz haben sollen. Die Erwägungen für ihre etwaige Abänderung sind in Abschnitt III dieses Berichts niedergelegt.

Was die Änderung der in Anlage II nicht erwähnten Vorschriften des Bankgesetzes betrifft, so hat der Unterausschuß über sie nicht zu befinden, da hier lediglich deutsche Interessen in Frage stehen.

II.

Als Anlage I fügen wir der Information halber den Entwurf über die beabsichtigte Änderung des Bankgesetzes bei und bemerken dazu folgendes:

1. Der im Sachverständigen-Plan vorgesehene Wegfall der ausländischen Kontrollorgane der Reichsbank bedingt nicht, daß die betreffenden Organe, nämlich der Kommissar für die Notenausgabe und der Generalrat, als solche beseitigt werden, sondern er bedingt nur die Aufhebung der Wahrnehmung ihrer Funktionen durch Ausländer, wobei an den Funktionen selbst möglichst wenig geändert wird. Wir sind daher zu dem Ergebnis gekommen, daß der Generalrat künftig aus Deutschen bestehen und der Notenkommissar ein Deutscher sein soll, wobei dieses Amt von dem jeweiligen Präsidenten des Rechnungshofes des Deutschen Reichs wahrgenommen werden soll. Die Funktionen des Notenkommissars werden auf die zahlenmäßige Feststellung der gesetzlichen Notendeckung beschränkt. Der § 19 des bisherigen Bankgesetzes kommt in Fortfall und wird durch die Vorschriften des § 27 des Entwurfs ersetzt.

2. Es liegt auf der Hand, daß nach Wegfall der Schutzbestimmungen des Dawes-Plans über den Transfer die wichtigste Garantie für die Aufrechterhaltung der deutschen Währung in der Reichsbankleitung selbst liegen und deren Unabhängigkeit nach wie vor gewährleistet sein muß. Die gesetzlichen Garantien für diese Unabhängigkeit müssen demnach erhalten bleiben. Wir sind dabei der Meinung, daß es mit dem Grundsatz der Unabhängigkeit der Reichsbank durchaus

vereinbar ist, wenn die Ernennung des Präsidenten und der Mitglieder des Reichsbankdirektoriums künftig der Bestätigung durch den Reichspräsidenten bedürfen soll. Ähnliche Vorschriften finden sich in den Bankgesetzen anderer Länder. Im übrigen soll an der Organisation der Reichsbank nichts Wesentliches geändert werden.

3. Eine Änderung der Vorschriften über die Notendeckung kommt nicht in Frage. Als wesentlich für die Durchführung des Sachverständigen-Planes möchten wir auch hier die Inkraftsetzung der Noteneinlösung nach § 31 des Bankgesetzes hervorheben, die spätestens am Tage des Inkrafttretens des Sachverständigen-Planes erfolgen muß, und die Aufrechterhaltung der Noteneinlösung, solange der Plan in Kraft ist.

Wir bemerken, daß der Ablauf des Notenprivilegs der Reichsbank nicht zusammenfällt mit dem der deutschen Annuitäten. Wir haben indessen zur Zeit es nicht für nötig erachtet, die Verlängerung des Notenprivilegs in Erwägung zu ziehen.

4. Von den übrigen Änderungen, die der Entwurf vorsieht, heben wir lediglich die Beseitigung der 2-Milliarden-Grenze für das Reparationskonto hervor. Dieses Konto wird künftig zur Verfügung der Bank für internationalen Zahlungsausgleich stehen.

5. Der beigefügte Entwurf sieht auch eine Änderung der Vorschriften über die Verteilung des Jahresgewinnes der Reichsbank vor, auf deren Inhalt jedoch nicht näher eingegangen ist, da wir diese Frage als eine rein innerdeutsche Angelegenheit ansehen.

III.

Das Interesse der Gläubigermächte an der Aufrechterhaltung des Reichsbank-Gesetzes wird dadurch gewahrt daß die Internationale Bank die Befugnis erhält, Änderungen der Vorschriften der Anlage II mit der Begründung zu widersprechen, daß diese mit dem Sachverständigen-Plane in Widerspruch ständen. Eine Formel, die dies zum Ausdruck bringt und gleichzeitig einen schiedsgerichtlichen Austrag von Meinungsverschiedenheiten vorsieht, findet sich in Anlage III. Das Unter-Komitee empfiehlt, diese Formel in die bei der Schlußkonferenz zu treffenden Vereinbarungen aufzunehmen.

IV.

Im Laufe unserer Erörterungen ist von den deutschen Mitgliedern unseres Ausschusses die Frage einer Verlangsamung der Tilgung des zur Zeit noch bestehenden Umlaufes an Rentenbankscheinen aufgeworfen worden. Wir sind zu dem Ergebnis gelangt, daß diese Frage streng genommen nicht in den Rahmen unserer Aufgabe gehört, und verweisen dieserhalb auf den als Anlage IV beigefügten Schriftwechsel.

V.

Für den Bericht ist der deutsche und französische Text, für den Gesetzentwurf nur der deutsche Text maßgebend.

Baden-Baden, den 12. November 1929.

gez. C. S. Addis. gez. Hans Schäffer.
gez. J. M. Marx. gez. Dr. Wilhelm Vocke.

Anlage 11.

Reichsbank.

In der Generalversammlung der Anteilseigner am 15. Februar 1930 ist beschlossen worden, den Anteilseignern eine Gegenleistung für die Neuregelung der Gewinnverteilung infolge Abänderung des § 37 des Bankgesetzes in der Weise anzubieten, daß

auf je 4 Anteile über je RM 100.—

erstens: ein junger Reichsbankanteil über RM 100.—,
zweitens: eine Golddiskontbankaktie über £ 10.—.—

— beide mit Gewinnberechtigung für die Zeit vom 1. Januar 1930 ab — gratis bezogen werden können.

In Ausführung dieses Beschlusses fordern wir die Anteilseigner auf, von diesem Bezugsrecht unter den nachstehenden Bedingungen Gebrauch zu machen:

1. Das Bezugsrecht ist in der Zeit

vom 12. Januar bis 17. April 1931 einschließlich
bei der Zeichnungs-Abteilung des Kontors
der Reichshauptbank für Wertpapiere,
Berlin SW 111, Hausvogteiplatz 14,
auszuüben.

Außerdem vermitteln sämtliche mit Kasseneinrichtung versehenen Reichsbankanstalten das Bezugsgeschäft innerhalb der angegebenen Frist.

2. Das Bezugsrecht ist gegen Einreichung der Mäntel der Reichsbankanteile auszuüben.

Bezugsberechtigt sind diejenigen Personen, die zur Zeit der Vorlegung der Mäntel in den Stammbüchern der Reichsbank als Anteilseigner eingetragen oder ihre Eintragung nach Maßgabe der Satzung zu verlangen berechtigt sind. Die Reichsbank ist zur Prüfung der Legitimation der Anteilseigner zwar berechtigt, aber nicht verpflichtet.

Bei der Vorlegung der Mäntel ist eine vom Bezugsberechtigten unterschriebene Anmeldung unter Verwendung des hierfür vorgesehenen Vordrucks mit einzureichen; der Anmeldung ist ein zahlenmäßig geordnetes Nummernverzeichnis in dreifacher Ausfertigung beizufügen. Ferner ist bei der Anmeldung auf dem hierfür vorgesehenen Vordruck anzugeben, auf welchen Namen die jungen Reichsbankanteile ausgestellt werden sollen. Die Vordrucke können bei den obengenannten Stellen in Empfang genommen werden.

Die zum Bezug eingereichten Mäntel werden nach Abstempelung über die Ausübung des Bezugsrechts baldmöglichst zurückgegeben. Gleichzeitig werden die zu beziehenden Stücke, und zwar die auf den Namen lautenden jungen Reichsbankanteile und die auf den Inhaber lautenden Aktien der Deutschen Golddiskontbank, geliefert. Die Zuteilung erfolgt durch die Reichsbank. Wünsche wegen der Stückelung der jungen Reichsbankanteile, die in Abschnitten von RM 1000.— und RM 100.— ausgegeben werden, und wegen der Stückelung der Golddiskontbankaktien, die in Abschnitten von £ 50.—.— und £ 10.—.— zur Ausgabe gelangen, werden nach Möglichkeit berücksichtigt werden. Im Zusammenhang hiermit machen wir auf das Barangebot unter Ziffer 5 aufmerksam.

3. Solche Anteilseigner, welche nicht durch 400 teilbare Nennbeträge der alten Reichsbankanteile einreichen, erhalten auf die Anmeldung

für jeden alten Reichsbankanteil von RM 100.—, der über einen durch 400 teilbaren Nennbetrag hinaus eingeliefert wird,

einen auf den Inhaber lautenden Zwischenschein zu einem Viertel eines jungen über RM 100.— lautenden Reichsbankanteils und einen auf den Inhaber lautenden Zwischenschein zu einem Viertel einer über £ 10.—.— lautenden Aktie der Deutschen Golddiskontbank.

Ebenso erhalten die Anteilseigner, die weniger als RM 400.— alte Anteilscheine einreichen, für je RM 100.— die entsprechenden Zwischenscheine.

4. Die ausgegebenen Zwischenscheine zu einem Viertel eines über RM 100.— lautenden jungen Reichsbankanteils und zu einem Viertel einer über £ 10.—.— lautenden Deutschen Golddiskontbankaktie werden in der Zeit vom 18. April bis 1. Mai 1931 in die endgültigen Werte umgetauscht werden.

Der Umtausch dieser Zwischenscheine kann jedoch nur erfolgen, wenn von demselben Einreicher eine durch 4 teilbare Anzahl von Stücken jeder Gattung dieser Zwischenscheine eingeliefert wird. Zum Bezug ganzer Reichsbankanteilscheine und ganzer Golddiskontbankaktien etwa fehlende Zwischenscheine können hinzugekauft, nicht zum Bezuge benötigte Zwischenscheine verkauft werden. Die Reichsbank kauft und verkauft die Zwischenscheine zum Kassakurs für junge Reichsbankanteile oder zum Kassakurs für Golddiskontbankaktien.

Bei der Bezugsanmeldung gestellte Anträge auf Verkauf der zu beziehenden Werte können erst nach Prüfung der Bezugsberechtigung ausgeführt werden.

Bei Einreichung der Zwischenscheine zum Umtausch ist bezüglich der zu beziehenden endgültigen Reichsbankanteilscheine anzugeben, mit welchem Namen sie in die Stammbücher der Reichsbank eingetragen werden sollen.

Die für dies Umtauschgeschäft erforderlichen Vordrucke sind bei den obengenannten Stellen von Anfang April ab erhältlich.

5. Wir erklären uns hierdurch bereit, den Bezugsberechtigten nach ihrer Wahl an Stelle der auf sie ent-

fallenden Golddiskontbankaktien nebst Dividendenscheinen und der auf sie entfallenden Zwischenscheine über Golddiskontbankaktien einen Barbetrag in Höhe von RM 224.40 für je £ 10 Deutsche Golddiskontbankaktien zu vergüten. Durch diese Barzahlung wird zugleich die voraussichtlich 4 v. H. nicht übersteigende Dividende für das Geschäftsjahr 1930 mit abgegolten. Die Bezugsberechtigten haben sich bei der Ausübung des Bezugsrechtes zu erklären, ob sie dieses Angebot annehmen. Die Erklärung über die Ausübung des Wahlrechtes ist unwiderruflich. Das Angebot erlischt am 17. April 1931. Die Auszahlung der Barbeträge erfolgt gleichzeitig mit der Aushändigung der abgestempelten Mäntel und der jungen Reichsbankanteile und Zwischenscheine.

6. Die Einführung der jungen Reichsbankanteile und der Aktien der Deutschen Golddiskontbank zum Börsenhandel wird alsbald erfolgen. Nach Einführung der jungen Reichsbankanteile können Geschäfte in diesen auch durch Lieferung der abgestempelten alten Reichsbankanteile erfüllt werden.

7. Für die Ausübung des Bezugs berechnet die Reichsbank keine Provision. Die Kosten für die Einsendung der alten Anteile an die Reichsbank tragen die Einreicher. Die Kosten für die Rücksendung der alten Anteile sowie für die Zusendung der bezogenen Werte trägt die Reichsbank.

Der Bezug der jungen Reichsbankanteile ist börsenumsatzsteuerfrei gemäß § 36 KVG., wenn die Berechtigten den Bezug bei der Reichsbank unmittelbar anmelden oder wenn bei Vermittlung ihrer Anmeldung durch ein Bankinstitut ihr Name der Reichsbank mitgeteilt wird. Die für den Bezug der Golddiskontbankaktien fällige Börsenumsatzsteuer trägt die Reichsbank.

Berlin, den 18. Dezember 1930.

Reichsbank-Direktorium.
Luther. Dreyse.

Anlage 12 a.

Entwurf eines Gesetzes zur Änderung des Bankgesetzes.

Der Reichstag hat das folgende Gesetz beschlossen, das mit Zustimmung des Reichsrats hiermit verkündet wird:

Artikel I.

Das Bankgesetz vom 30. August 1924 (Reichsgesetzbl. II S. 235) wird wie folgt geändert:

§ 1.

Im § 21 wird hinter Ziffer 2 folgender Zusatz eingefügt:

„2a. vom Reiche begebene Schatzwechsel, welche nach spätestens drei Monaten fällig sind und aus denen außer dem Reiche noch ein weiterer als zahlungsfähig bekannter Verpflichteter haftet, zu diskontieren, zu kaufen und zu verkaufen.

Der jeweilige Bestand der auf Grund dieser Vorschrift durch Diskontierung oder Kauf erworbenen und der gemäß Ziffer 3g beliehenen Schatzwechsel des Reichs darf zusammen 400 Millionen Reichsmark nicht übersteigen."

§ 2.

Im § 21 hinter Ziffer 3f wird folgende Vorschrift eingefügt:

„g) innerhalb der in Ziffer 2a Abs. 2 vorgesehenen Begrenzung gegen vom Reiche begebene Schatzwechsel, welche nach spätestens drei Monaten fällig sind, mit einem Abschlag von mindestens 5 vom Hundert ihres Kurswerts."

Artikel II.

Dieses Gesetz tritt mit dem auf die Verkündung folgenden Tage in Kraft.

Berlin, den 12. Juni 1926.

Der Reichswirtschaftsminister.
Curtius.

Begründung.

Vor dem Kriege hat die Reichsfinanzverwaltung vorübergehenden Geldbedarf dadurch befriedigt, daß sie durch Vermittlung der Reichsbank dem Geldmarkt kurzfristige Reichsschatzwechsel zur Verfügung stellte, die je nach dem Stande der Kassenlage bei Eingang der fälligen Steuern wieder abgedeckt wurden. Die Reform der Währungsgesetzgebung, die nach Abschluß der Inflationsperiode einsetzte, hat diese Möglichkeit der Befriedigung vorübergehender Kreditbedürfnisse des Reichs ausgeschaltet, da es für notwendig erachtet wurde, zum Schutze der Währung besonders starke Kautelen gegen eine Verquickung der Tätigkeit des Zentralnoteninstituts mit der Finanzgebarung des Reichs zu errichten. Nach § 25 Satz 2 des jetzt geltenden Reichsbankgesetzes darf die Bank dem Reiche Betriebskredite höchstens auf drei Monate und nur bis zum Höchstbetrage von 100 Millionen Reichsmark zur Verfügung stellen. Am Ende des Geschäftsjahrs darf keinerlei Verschuldung des Reichs bei der Bank vorhanden sein. Mit dieser sehr eng gezogenen Möglichkeit, sich Betriebsmittel zu verschaffen, konnte die Reichsfinanzverwaltung sich bisher abfinden, da die Finanzgebarung des Reichs eine genügende Flüssigkeit der Kassenbetriebsmittel zur Folge hatte, so daß sich eine Ausgabe von Schatzwechseln bisher nicht als erforderlich erwies.

Die zum Schutze der Währung erforderlichen scharfen Kreditrestriktionen der letzten Jahre haben die deutsche

Wirtschaft in einen Zustand so starker Spannung versetzt, daß die Reichsregierung es für nötig gehalten hat, der Wirtschaft durch ein Programm besonderer Steuerermäßigungen zu Hilfe zu kommen. Dieses Programm ist bereits in Vollzug gesetzt und wird naturgemäß einen entsprechenden Rückgang der Steuereinnahmen zur Folge haben. Hieraus wird sich die Notwendigkeit ergeben, wie in Friedenszeiten den vorübergehenden Geldbedarf der Kassenverwaltung des Reichs bis zum Eingang bzw. bis zum Freiwerden der Steuern durch Ausgabe kurzfristiger Schatzwechsel zu befriedigen. Diese Erwägungen haben im Einvernehmen mit dem Reichsbankdirektorium dazu geführt, eine Änderung des Bankgesetzes in dem Sinne ins Auge zu fassen, daß die Rediskontmöglichkeit für Schatzwechsel des Reichs vorgesehen werden soll. Hierbei sind folgende Gesichtspunkte von besonderer Bedeutung:

Es handelt sich nicht darum, die Kreditgewährung der Reichsbank an das Reich, für die im § 25 des Bankgesetzes die Voraussetzungen und Grenzen gezogen sind, weiter auszudehnen. Vielmehr ist das Ziel der hier ins Auge gefaßten Gesetzesänderung eine Erweiterung der Kreditmöglichkeiten des Reichs durch Schaffung günstiger Bedingungen für die Unterbringung von Reichsschatzwechseln am Markte. Solche vom Reiche einmal begebenen und vom Markte aufgenommenen Schatzwechsel sollen im Wege des Rediskonts zur Reichsbank gelangen können. Als Wechsel im Sinne der Wechselordnung müssen sie zu diesem Zwecke an die Reichsbank giriert werden.

Unberührt bleibt hierbei die Regelung des § 25, welche die Möglichkeit einer direkten Kreditinanspruchnahme der Reichsbank durch das Reich vorsieht.

Voraussetzung für die Rediskontierung von Schatzwechseln des Reichs ist demnach, daß die Begebung und Unterbringung endgültig erfolgt ist, und zwar soll die

Rediskontierung nur dann zugelassen werden können, wenn der Rediskontant seinerseits die wechselmäßige Verpflichtung der Reichsbank gegenüber übernimmt. Die Reichsschatzwechsel müssen daher, um rediskontfähig zu sein, wenigstens eine gute private Unterschrift tragen.

Eine wesentliche Voraussetzung für die Einführung der Rediskontmöglichkeit für Reichsschatzwechsel ist eine feste Limitierung der Beträge, die die Reichsbank aufnehmen darf. Der Entwurf sieht eine Höchstgrenze von 400 Millionen RM vor, was den besonderen Bedürfnissen der Reichsfinanzverwaltung genügen dürfte, ohne irgendwie nachteiligen Einfluß auf die Gestaltung des Geldmarktes oder der Währung zu haben.

Wenn die Rediskontierung von Schatzwechseln im Wege der Gesetzesänderung ermöglicht werden soll, so liegt es nahe, in diesem Zusammenhang auch gleichzeitig über die Lombardierung von solchen Schatzwechseln Bestimmung zu treffen. Diese muß zweckmäßigerweise eine Lombardierung zum gleichen Satze vorsehen wie bei der Lombardierung von Handelswechseln, d. h. mit einem Abschlag von 5 v. H. vom Kurswert, wobei als Kurswert der Nennbetrag des Wechsels, vermindert um den Diskontbetrag, anzusehen ist. Auch für die Lombardierung muß eine absolute Grenze vorgesehen werden, und zwar zweckmäßigerweise dahingehend, daß der obengenannte Betrag von 400 Millionen RM den Höchstbetrag der Schatzwechsel darzustellen hat, die, sei es im Wege des Rediskonts, sei es im Wege der Lombardierung, von der Reichsbank aufgenommen werden.

Das Bankgesetz vom 30. August 1924 gehört zu denjenigen Gesetzen, bezüglich deren im Zusammenhange mit der Ingangsetzung des Dawes-Planes auf der Londoner Konferenz internationale Bindungen gegenüber den Alliierten eingegangen worden sind. Zu seiner Abänderung war es erforderlich, sich der Stellungnahme der Reparationskommission zu vergewissern. Diese hatte unter der Voraussetzung des Einverständnisses des Generalrats der Reichsbank keine Bedenken. Auf Grund des einstimmigen Votums des Generalrats der Reichsbank ist diese Zustimmung am 1. Juni 1926 erteilt worden.

Anlage 12 b.

Mündlicher Bericht des 5. Ausschusses (Reichshaushalt) über den Entwurf eines Gesetzes zur Änderung des Bankgesetzes — Nr. 2370 der Drucksachen —.

Berichterstatter: Abgeordneter Fischbeck.

Anträge des Ausschusses:

Der Reichstag wolle beschließen:

den vorbezeichneten Gesetzentwurf mit der aus der nachstehenden Zusammenstellung ersichtlichen Änderung, im übrigen unverändert anzunehmen.

Vorlage.

§ 1.

Im § 21 wird hinter Ziffer 2 folgender Zusatz eingefügt:

„2a. vom Reiche begebene Schatzwechsel, welche nach spätestens drei Monaten fällig sind und aus denen außer dem Reiche noch ein weiterer als zahlungsfähig bekannter Verpflichteter haftet, zu diskontieren, zu kaufen und zu verkaufen.

Der jeweilige Bestand der auf Grund dieser Vorschrift durch Diskontierung oder Kauf erworbenen und der gemäß Ziffer 3 g beliehenen Schatzwechsel des Reichs darf zusammen 400 Millionen Reichsmark nicht übersteigen."

Beschlüsse des Ausschusses.

§ 1.

Im § 21 wird hinter Ziffer 2 folgender Zusatz eingefügt:

„2a. vom Reiche begebene Schatzwechsel, welche nach spätestens drei Monaten fällig sind und aus denen außer dem Reiche noch ein weiterer als zahlungsfähig bekannter Verpflichteter haftet, zu diskontieren, zu kaufen und zu verkaufen.

Der jeweilige Bestand der auf Grund dieser Vorschrift durch Diskontierung oder Kauf erworbenen und der gemäß Ziffer 3 g beliehenen Schatzwechsel des Reichs darf zusammen 400 Millionen Reichsmark nicht übersteigen.

Er ist in den wöchentlichen Veröffentlichungen (§ 36 Abs. 2) auszuweisen und gilt nicht als Notendeckung im Sinne des § 28."

Berlin, den 28. Juni 1926.

Der 5. Ausschuß (Reichshaushalt).

Heimann, Vorsitzender. Fischbeck, Berichterstatter.

Anlage 13.

Dem Reichstag beehren wir uns, den

Entwurf eines Gesetzes zur Änderung des Bankgesetzes vom 30. August 1924

nebst Begründung nach Zustimmung des Reichsrats zur Beschlußfassung vorzulegen.

Zwischen der Reichsregierung und dem Reichsrat ist über den § 21 des Entwurfs, Ziffer 3 b und c, keine Übereinstimmung zustande gekommen. Die abweichenden Auffassungen sind in dem Gesetzentwurfe gegenübergestellt. Der Standpunkt der Reichsregierung ist in der Begründung zu § 21 dargelegt.

Berlin, den 7. Februar 1930.

Der Reichsminister der Finanzen.
Dr. Moldenhauer.

Der Reichswirtschaftsminister.
Schmidt.

An den Reichstag.

Entwurf eines Gesetzes zur Änderung des Bankgesetzes.

Vom .. .. 1930.

Der Reichstag hat das folgende Gesetz beschlossen, das mit Zustimmung des Reichsrats hiermit verkündet wird.

Artikel I.

Das Bankgesetz vom 30. August 1924 (Reichsgesetzbl. II S. 235) wird wie folgt geändert:

I.

Im § 5 werden im Abs. 1 die Worte „wobei das so festgestellte Grundkapital mindestens 300 Millionen Reichsmark betragen soll“ gestrichen. Desgleichen wird Abs. 2 gestrichen.

II.

§ 6 Abs. 4 erhält folgende Fassung:

Der Präsident wird vom Generalrat nach Anhörung des Reichsbankdirektoriums in der Weise gewählt, daß eine Mehrheit von sieben Stimmen vorhanden sein muß. Die Wahl bedarf der Bestätigung durch den Reichspräsidenten, der die Ernennungsurkunde unterzeichnet. Mit der Aushändigung der Urkunde ist der gewählte Präsident rechtmäßig bestellt.

Abs. 5 des § 6 wird gestrichen.

Der bisherige Abs. 6 des § 6 erhält folgende Fassung:

Die Ernennung der Mitglieder des Direktoriums erfolgt nach Zustimmung des Generalrats durch den Präsidenten. Die Zustimmung des Generalrats muß mit dem Stimmenverhältnis zustande gekommen sein, das für die Präsidentenwahl vorgeschrieben ist. Die Ernennung bedarf der Bestätigung durch den Reichspräsidenten. Mit der Aushändigung der Bestätigungsurkunde ist das Mitglied rechtmäßig bestellt. Die Ernennung erfolgt auf einen Zeitraum von 12 Jahren, jedoch mit der Maßgabe, daß jedes Mitglied des Direktoriums bei Erreichung eines Lebensalters von 65 Jahren ausscheidet.

Der bisherige Abs. 9 des § 6 erhält folgenden Zusatz:

Die Zustimmung gilt als versagt, wenn zwei Drittel der Mitglieder gegen den zu Wählenden gestimmt haben.

Der bisherige Abs. 10 des § 6 erhält folgenden Zusatz:

Die Abberufung des Präsidenten oder eines Mitgliedes des Direktoriums bedarf der Bestätigung durch den Reichspräsidenten.

III.

§ 12 Abs. 2 erhält folgende Fassung:

Die Generalversammlung beschließt ferner nach Vorschlag des Reichsbankdirektoriums mit Zustimmung des Generalrats über die Satzung der Bank und über Satzungsänderungen. Die Satzung und deren Änderungen sind vom Reichsbankdirektorium im Reichsanzeiger zu veröffentlichen.

IV.

§ 14 erhält folgende Fassung:

Bei der Reichsbank wird ein Generalrat gebildet, der aus zehn Mitgliedern besteht. Die Mitglieder müssen deutsche Reichsangehörige sein.

V.

§ 15 erhält folgende Fassung:

Der Präsident des Reichsbankdirektoriums ist eines der Mitglieder und zugleich Vorsitzender des Generalrats.

Die Amtsdauer der Mitglieder des Generalrats mit Ausnahme des Präsidenten beträgt 3 Jahre.

VI.

§ 16 erhält folgende Fassung:

Die Mitglieder des Generalrats mit Ausnahme des Präsidenten werden im Wege der Kooptation durch die jeweils im Amt befindlichen Mitglieder des Generalrats gewählt vorbehaltlich der Bestätigung durch die die deutsche Reichsangehörigkeit besitzenden Anteilseigner. Vor der Wahl findet durch den Vorsitzenden des Generalrats oder seinen Stellvertreter eine Fühlungnahme mit der Reichsregierung statt.

VII.

§ 17 erhält folgende Fassung:

Zu Mitgliedern des Generalrats dürfen nicht bestellt werden:

a) unmittelbare Staatsbeamte des Deutschen Reichs oder eines deutschen Landes, es sei denn, daß sie sich im dauernden Ruhestand befinden,

b) Personen, die vom Deutschen Reiche oder einem deutschen Lande eine Bezahlung erhalten. Als Bezahlung gilt nicht eine Vergütung für frühere Dienstleistung.

VIII.

§ 18 erhält folgende Fassung:

Der Generalrat faßt seine Beschlüsse mit einfacher Stimmenmehrheit; bei Stimmengleichheit entscheidet die Stimme des Vorsitzenden. Diese Vorschrift findet keine Anwendung auf die Wahl des Präsidenten und die Zustimmung zur Ernennung von Mitgliedern des Direktoriums.

In jeder seiner Sitzungen und wenigstens einmal im Vierteljahr soll der Generalrat die Berichte prüfen, die ihm von dem Präsidenten vorgelegt worden sind. Er faßt Beschluß über alle Vorschläge, die ihm von dem Präsidenten gemacht worden sind, jedoch ohne daß die dem Reichsbankdirektorium vorbehaltenen Rechte der Verwaltung der Bank dadurch beeinträchtigt werden dürfen.

IX.

§ 19 wird gestrichen.

X.

Vorlage der Reichsregierung:

§ 21 Ziffer 3 c erhält folgende Fassung:

Gegen zinstragende oder spätestens nach einem Jahre fällige und auf den Inhaber lautende Schuldverschreibungen des Reichs oder eines deutschen Landes oder gegen spätestens nach einem Jahre fällige und auf den Inhaber lautende Schuldverschreibungen inländischer kommunaler Körperschaften oder gegen zinstragende, auf den Inhaber lautende Schuldverschreibungen, deren Zinsen vom Reiche oder einem deutschen Lande gewährleistet sind, zu höchstens drei Viertel des Kurswertes;

Beschluß des Reichsrats:

Im § 21 Ziffer 3 b ist im letzten Satze bei den Worten „diesen Pfandbriefen stehen gleich die auf den Inhaber lautenden Schuldverschreibungen öffentlich-rechtlicher Bodenkreditinstitute des Inlandes . . .“ der Wortbestandteil „Boden-“ zu streichen.

§ 21 Ziffer 3 c erhält folgende Fassung:

Gegen zinstragende oder spätestens nach einem Jahre fällige und auf den Inhaber lautende Schuldverschreibungen des Reichs, eines deutschen Landes oder einer inländischen kommunalen Körperschaft oder gegen zinstragende, auf den Inhaber lautende Schuldverschreibungen, deren Zinsen vom Reiche oder einem deutschen Lande gewährleistet sind, zu höchstens drei Viertel des Kurswertes;

§ 21 Ziffer 3 letzter Absatz wird gestrichen.

§ 21 erhält folgenden Schlußabsatz:

Alle nach dem Neuen Plan des Haager Abkommens vom 20. Januar 1930 entweder den Zentralbanken allgemein oder einzelnen von ihnen besonders zugewiesenen Aufgaben und Verpflichtungen werden in Deutschland von der Reichsbank wahrgenommen. Alle nach dem Neuen Plan entweder den Präsidenten der Zentralbanken allgemein oder einzelnen von ihnen besonders zugewiesenen Aufgaben und Verpflichtungen obliegen in Deutschland dem Präsidenten des Reichsbankdirektoriums.

XI.

§ 24 erhält folgenden Abs. 2:

Die Bank ist berechtigt, Aktien der Bank für den Internationalen Zahlungsausgleich zu erwerben und zu veräußern sowie die Garantie für die Zeichnung solcher Aktien zu übernehmen.

XII.

Im § 25 Abs. 2 Satz 2 werden die Worte „Am Ende des Geschäftsjahres" ersetzt durch:

„Am 15. Juli jeden Jahres".

XIII.

§ 26 Abs. 1 Satz 2 wird gestrichen.

Abs. 2 des § 26 wird gestrichen.

XIV.

§ 27 Abs. 1 bis 3 erhalten folgende Fassung:

Die An- und Ausfertigung, die Ausgabe, Einziehung und Vernichtung der Banknoten erfolgt unter der Kontrolle des jeweiligen Präsidenten des Rechnungshofes des Deutschen Reichs als Kommissar.

Die Kontrolle der Notenausgabe besteht in der zahlenmäßigen Feststellung des Vorhandenseins der vorgeschriebenen Notendeckung. Die Prüfung ist für die Tage vorzunehmen, für die die Bank nach § 36 Abs. 1 ihre Ausweise regelmäßig veröffentlicht. Die Berichte hierüber sind dem Generalrat zu jedem seiner Sitzungstermine einzureichen. Eine Prüfung oder Erörterung der Kredit-, Diskont- und Währungspolitik der Bank ist mit der Kontrolle nicht verbunden.

Dem Kommissar sind täglich Nachweisungen über die Notendeckung und über die im Umlauf befindlichen Noten vorzulegen.

XV.

§ 38 Abs. 4 erhält folgende Fassung:

Während der Dauer des Notenprivilegs kann die Reichsbank nur mit Zustimmung der Reichsregierung in Liquidation treten. Bevor sie in einem späteren Zeitpunkt in Liquidation tritt, hat sie die Reichsregierung hiervon rechtzeitig zu benachrichtigen.

XVI.

1. Im § 39 werden die Worte „einer Geldstrafe ..." bis „... beträgt" durch die Worte „Geldstrafe von fünftausend bis zu einhunderttausend Reichsmark bestraft" ersetzt.

2. Im § 41 werden

a) in der Nr. 1 das Wort „wissentlich" gestrichen;

b) in der Nr. 2 die Worte „einer Geldstrafe ..." bis „... beträgt" durch die Worte „Geldstrafe von fünftausend bis zu einhunderttausend Reichsmark bestraft" ersetzt.

XVII.

§§ 42 und 43 werden gestrichen.

XVIII.

Im § 44 wird Abs. 1 Ziffer 10 gestrichen; ferner wird Abs. 2 gestrichen.

Artikel II.

Die beim Inkrafttreten dieses Gesetzes im Amt befindlichen Mitglieder des Direktoriums und deutschen Mitglieder des Generalrats verbleiben im Amt. Für die Berechnung ihrer Amtsdauer gelten die Bestimmungen des § 6 Abs. 7 und des § 15 Abs. 2 des Bankgesetzes vom 30. August 1924.

Die nach Inkrafttreten dieses Gesetzes neu in den Generalrat eintretenden Mitglieder werden hinsichtlich ihrer ersten Amtsperiode auf die bestehenden drei Gruppen der bisherigen deutschen Mitglieder verteilt. In der ersten Sitzung des Generalrats nach Inkrafttreten dieses Gesetzes wird die Zuteilung auf die verschiedenen Gruppen durch das Los bestimmt.

Artikel III.

Einer besonderen gesetzlichen Regelung bleibt vorbehalten, die Gewinnverteilungsvorschriften des § 37 mit Wirkung erstmalig für das Geschäftsjahr 1930 abzuändern.

Artikel IV.

Den Zeitpunkt des Inkrafttretens dieses Gesetzes bestimmt die Reichsregierung.

Begründung.

A. Allgemeines.

Die Veranlassung zur Abänderung des Bankgesetzes vom 30. August 1924 ist die im Artikel IX des Haager Abkommens vom 20. Januar 1930 niedergelegte Verpflichtung der Deutschen Regierung, die erforderlichen Maßnahmen zu treffen zum Zwecke des Erlasses des Gesetzes über die Abänderung des Bankgesetzes vom 30. August 1924 gemäß Anlage V des Haager Abkommens.

Die Vorarbeiten für den vorliegenden Gesetzentwurf finden sich in dem Bericht vom 12. November 1929, den der nach dem Sachverständigenplan eingesetzte Unterausschuß zur Anpassung des Bankgesetzes erstattet hat. Entsprechend den im Sachverständigenplan vom 7. Juni 1929 für die Anpassung des Bankgesetzes aufgestellten drei Grundsätzen:

1. Wegfall der ausländischen Kontrollorgane der Reichsbank,
2. Unabhängigkeit der Reichsbank,
3. Aufrechterhaltung der Münzparität,

hat der Unterausschuß das zur Zeit geltende Bankgesetz sowie einen von den deutschen Mitgliedern ausgearbeiteten Entwurf zur Änderung des Bankgesetzes (Anlage I des Ausschußberichts) daraufhin geprüft und ferner seine Erwägungen für eine etwaige Änderung derjenigen Bestimmungen, an deren Aufrechterhaltung ein internationales Interesse besteht (Anlage II des Ausschußberichts), seinen Bericht als Anlage III beigefügt.

Die Vorschläge des Unterausschusses sind in zwei Punkten durch das Haager Abkommen abgeändert worden, nämlich durch Hinzufügung eines neuen Schlußabsatzes zu § 21 des Bankgesetzes und durch Abänderung der vorerwähnten Anlage III des Berichts gemäß Anlage Va des Haager Abkommens.

Von besonderer Bedeutung ist die vom Unterausschuß vorgenommene Einteilung der Vorschriften des Bankgesetzes in zwei Gruppen, nämlich in solche, welche die grundlegenden Garantien für die Aufrechterhaltung der Währung enthalten, zu denen auch die Vorschriften über die Unabhängigkeit der Reichsbank gehören, und in solche

Vorschriften, die die erwähnten Hauptprinzipien des Sachverständigenplans nicht berühren und nach seinem Inkrafttreten ein internationales Interesse nicht mehr beanspruchen können.

Die Vorschriften der ersteren Art sind, wie bereits erwähnt, in der Anlage II des Berichts in der Fassung, die sie durch Anlage V des Haager Abkommens erhielten, besonders zusammengestellt und als Anlage A hier beigefügt. Während die übrigen Vorschriften des Bankgesetzes und der Novelle einer Abänderungsmöglichkeit auf dem normalen gesetzlichen Wege unterliegen, gilt für eine Abänderung der in dieser Anlage zusammengestellten Vorschriften die in Anlage Va des Haager Abkommens getroffene besondere Regelung, deren Wortlaut als Anlage B hier beigefügt ist.

Der vorliegende Entwurf bringt außer den durch den Neuen Plan gebotenen Änderungen noch Vorschriften über eine Änderung der Befugnisse der Generalversammlung bezüglich der Satzung der Bank, der Bestimmungen über die Lombardierung von Anleihen des Reiches und der Länder, des Stichtages für die Abdeckung des Betriebskredites des Reichs, der Gewinnverteilung, der Höhe des Grundkapitals und des Reservefonds, der Liquidation und der Strafvorschriften. Näheres hierüber ist aus der besonderen Begründung ersichtlich.

B. Im einzelnen.

Zu Artikel I.

Zu § 5.

An der im Sachverständigenbericht vom 16. August 1924 vorgesehenen Ermächtigung, das Grundkapital der Reichsbank bis auf 400 Millionen RM zu erhöhen, ist festzuhalten. Dagegen entsprechen die Vorschriften in Abs. 1 „wobei das so festzustellende Grundkapital mindestens 300 Millionen RM betragen soll" sowie der Abs. 2 des § 5 nicht mehr den gegenwärtigen Bedürfnissen.

Zu § 6.

Die Neufassung des § 6 war erforderlich einmal infolge des im Neuen Plan vorgesehen Wegfalls der ausländischen Mitglieder des Generalrats (§ 14 des Entwurfs) sowie, um der Reichsregierung die ihr im allgemeinen Reichsinteresse zukommende Einflußnahme bei der Bestellung der Leitung der Bank ausreichender als bisher sicherzustellen. Hierbei war an dem bisherigen Grundsatz der Unabhängigkeit der Leitung der Bank festzuhalten, zumal nach Wegfall der Schutzbestimmungen des Dawes-Planes die wichtigste Garantie für die Aufrechterhaltung der deutschen Währung in der Reichsbankleitung selbst liegt.

Die Wahl des Präsidenten durch den Generalrat war daher beizubehalten, wobei dem Reichsbankdirektorium entsprechend seiner kollegialen Verfassung das Recht, vorher gehört zu werden, neu zugestanden worden ist. Ebenso erfolgt auch weiterhin die Ernennung der Mitglieder des Reichsbankdirektoriums nach Zustimmung des Generalrats durch den Präsidenten. Bei voller Wahrung des Grundsatzes der Unabhängigkeit der Reichsbank erschien es jedoch angebracht, das bisherige beschränkte Bestätigungsrecht des Reichspräsidenten bei der Ernennung des Reichsbankpräsidenten in ein echtes Bestätigungsrecht umzuwandeln; ebenso ist die Bestellung der Mitglieder des Reichsbankdirektoriums fortan von der Bestätigung durch den Reichspräsidenten abhängig gemacht worden. Auf denselben Erwägungen beruht der Zusatz zu Abs. 10 dieses Paragraphen, wonach die Abberufung des Präsidenten oder eines Mitgliedes des Direktoriums der Bestätigung durch den Reichspräsidenten bedarf.

Während die schon bisher für eine Zuwahl oder Ergänzung des Reichsbankdirektoriums durch Wahl eines neuen Kandidaten erforderliche Zustimmung des Reichsbankdirektoriums auf Grund eines einfachen Mehrheitsbeschlusses (§ 6 Abs. 3) erteilt oder versagt werden konnte, soll jetzt die Zustimmung nur dann als versagt gelten, wenn zwei Drittel der Mitglieder gegen den zu Wählenden gestimmt haben. Diese Abweichung von der für die Beschlußfassung des Reichsbankdirektoriums allgemein geltenden Abstimmungsmethode erscheint angesichts des Umstandes vertretbar, daß vorher bereits zwei andere Stellen innerhalb der Reichsbank (Generalrat und Präsident) sich über die Wahl geeinigt haben müssen und daß überdies die endgültige Entscheidung in der Hand des Reichspräsidenten ruht.

Zu § 12.

Nach den bisher geltenden Vorschriften hatte das Organisationskomitee die erste Satzung zu erlassen (§ 44 Abs. 2), und die Generalversammlung hatte nur über Abänderungen der Satzung nach Vorschlag des Reichsbankdirektoriums mit Zustimmung des Generalrats zu beschließen (§ 12 Abs. 2). Letztere Befugnis ist nach Wegfall der ausländischen Einwirkungsrechte auch auf die Beschlußfassung über die Satzung selbst ausgedehnt worden. Die Bestimmung des Satzes 2 entspricht dem bisherigen § 44 Abs. 2.

Zu § 14.

Entsprechend dem im Sachverständigenplan vorgesehenen Wegfall der ausländischen Kontrollorgane der Reichsbank ändert sich die Zusammensetzung des Generalrats dahin, daß Ausländer in ihm nicht mehr mitzuwirken haben. Um dies gesetzlich sicherzustellen, bestimmt Satz 2, daß die Mitglieder deutsche Reichsangehörige sein müssen.

Eine Beschränkung des Generalrats auf 7 Mitglieder,

die durch den einfachen Wegfall der ausländischen Mitglieder eingetreten wäre, erschien nicht zweckmäßig, schon weil jede zufällige Verhinderung einiger Mitglieder die Handlungsfähigkeit des Generalrats in Frage stellen könnte. Andererseits schien die bisherige Zahl von 14 Mitgliedern nach Wegfall der ausländischen Mitglieder nicht mehr erforderlich.

Zu § 15.

Die neue Fassung beruht auf dem in § 14 vorgesehenen Wegfall der ausländischen Mitglieder des Generalrats.

Die Amtsdauer der auf Grund des § 14 zu wählenden drei neuen Mitglieder des Generalrats regelt sich nach den im Artikel II dieses Gesetzes getroffenen Bestimmungen.

Zu § 16.

Im Gegensatz zu den ausländischen Mitgliedern des Generalrats verbleiben seine deutschen Mitglieder in ihren Ämtern; dies wird noch besonders durch Artikel II des Gesetzes klargestellt. Die Ergänzung der deutschen Mitglieder erfolgte schon bisher nach Gesetz und Satzung in der Weise, daß die vorhandenen deutschen Mitglieder eine Zuwahl vornahmen, die später durch die im Besitz der deutschen Reichsangehörigkeit befindlichen Anteilseigner zu betätigen war. Die neue Bestimmung, wonach eine Fühlungnahme des Vorsitzenden des Generalrats oder seines Stellvertreters mit der Reichsregierung über die vom Generalrat für die Wahl in Aussicht genommenen Mitglieder vorgesehen ist, bezweckt, der Reichsregierung die Möglichkeit zur Stellungnahme und zur Äußerung etwaiger Wünsche über die Stellenbesetzung zu geben.

Zu § 17.

Nach der bisherigen Vorschrift konnten zu Mitgliedern des Generalrats auch solche unmittelbare Beamte des Reichs oder eines Landes nicht bestellt werden, die sich im dauernden Ruhestand befinden, oder solche Personen, die für eine frühere Dienstleistung eine Vergütung vom Deutschen Reich oder einem deutschen Lande beziehen. Bei dieser Rechtslage waren beispielsweise Personen der genannten Art auch dann ausgeschlossen, wenn sie nach ihrem Ausscheiden aus dem Reichs- oder Staatsdienst eine führende Stellung in der Wirtschaft erlangt haben. Derartigen Personen trotz bester Eignung für eine Mitarbeit an den Aufgaben der Reichsbank von vornherein lediglich wegen früherer öffentlicher Dienstleistung die Wählbarkeit zum Generalrat zu versagen, liegt kein triftiger Grund vor. Die vorgeschlagene Änderung bezweckt eine Beseitigung dieses gegenwärtigen unbefriedigten Zustandes.

Zu den §§ 18 und 19.

Die in § 18 bisheriger Fassung vorgesehene qualifizierte Mehrheit von mindestens zehn Stimmen war erforderlich, um eine Majorisierung der deutschen Mitglieder zu verhindern. Mit dem Fortfall der ausländischen Generalratsmitglieder ist die Notwendigkeit einer qualifizierten Mehrheit fortgefallen. Die Vorschrift, daß ein an der Sitzung nicht teilnehmendes Mitglied sich durch ein anwesendes Mitglied vertreten lassen kann, ist als nicht zweckmäßig gestrichen worden. Es sollen also fortan nur die anwesenden Mitglieder zur Ausübung des Stimmrechts berechtigt sein. Die Erfahrung hat ferner ergeben, daß es genügt, die bisher allmonatlich vorgeschriebenen regelmäßigen Sitzungen einmal im Vierteljahr stattfinden zu lassen, zumal es vorbehalten bleibt, im Bedarfsfalle außerordentliche Zusammenkünfte einzuberufen.

Mit Rücksicht auf den im Sachverständigenplan vorgesehenen Wegfall der ausländischen Kontrollorgane der Reichsbank ist die bisherige Vorschrift des § 19 zu streichen.

Die Kontrolle der Notenausgabe ist nach näherer Maßgabe des § 27 einem nicht vom Generalrat zu wählenden und ihm nicht angehörenden deutschen Organ, dem jeweiligen Präsidenten des Rechnungshofes des Deutschen Reichs, übertragen. Deshalb sind auch die Worte „und dem Kommissar“ in § 18 Abs. 2 Satz 1 und 2 zu streichen.

Zu § 21.

Durch die neue Fassung des § 21 Ziffer 3 fallen die bisherigen, die Lombardfähigkeit der Schuldverschreibungen des Reichs und der Länder einschränkenden Bestimmungen fort. Für sie wird demnach der Zustand des Bankgesetzes vom 14. März 1875 wiederhergestellt. Es sind also von jetzt ab sowohl langfristige wie spätestens nach einem Jahre fällige Inhaberschuldverschreibungen des Reichs und der Länder sowie zinstragende Inhaberschuldverschreibungen, deren Zinsen vom Reiche oder einem deutschen Lande gewährleistet sind, ohne besondere Beschränkungen hinsichtlich des Darlehnsnehmers, der Gestellung eines Garanten und bei langfristigen Reichsanleihen außerdem hinsichtlich des Höchstbetrages der hiergegen gewährten Darlehen bei der Reichsbank wieder beleihbar.

Hinsichtlich der Schuldverschreibungen kommunaler Körperschaften und öffentlich-rechtlicher Kreditinstitute sollte nach dem Vorschlag der Regierung eine Änderung gegen den jetzigen Zustand nicht eintreten. Die Abänderung der Bestimmungen der Ziffern 3 b und 3 c in der vom Reichsrat vorgeschlagenen Form ist gegen den Widerspruch der Reichsregierung erfolgt. Die beantragte Änderung der Ziffer 3 b bezweckt, in Erweiterung der seit Bestehen der Reichsbank geltenden Vorschriften außer den Inhaberschuldverschreibungen öffentlich-rechtlicher Boden kreditinstitute auch solche der zahlreichen sonstigen öffentlich-rechtlichen Kreditanstalten zum Lombardverkehr neu zuzulassen. Durch Abänderung der Regierungsvorlage hinsichtlich der Ziffer 3 c sollen die langfristigen inländischen Kommunalanleihen, wie es bis zum Inkrafttreten des Bankgesetzes vom 30. August 1924 der Fall war, wieder lombardfähig werden.

Die Reichsregierung steht — ebenso wie die Reichsbank — der Zulassung dieser Schuldverschreibungen zum Lombardverkehr bei der Zentralnotenbank nicht grundsätzlich ablehnend gegenüber, sie hält es jedoch für richtig, die Ergänzung der Bestimmungen nach dem Vorschlage des Reichsrats zurückzustellen im Hinblick auf die gegenwärtige Finanzlage einer Reihe kommunaler Körperschaften und Kreditanstalten sowie auf die erst nach der Neuordnung der Reichsfinanzen zu erwartende Entlastung der Reichsbank von der unmittelbaren und mittelbaren Inanspruchnahme durch das Reich. Eine schon jetzt erfolgende Änderung der Bestimmungen nach dem Vorschlage des Reichsrats würde daher gegenwärtig kaum den beabsichtigten praktischen Erfolg haben können; denn die Reichsbank muß bei Gewährung von Lombarddarlehen, die bekanntlich nicht zu den zur Notendeckung zugelassenen Anlagen gehören, in erster Linie Rücksicht auf die ihr und dem Geldmarkt für derartige Anlagen zur Verfügung stehenden Mittel nehmen, die zur Zeit in beträchtlichem Umfange für die Finanzbedürfnisse des Reichs bereitgehalten werden müssen; weiter aber hat die Reichsbank in jedem Einzelfall die Pflicht, zu prüfen, ob die Bonität des Anleiheschuldners die Zulassung der Anleihe zum Lombardverkehr bei dem Zentralnoteninstitut rechtfertigt. Eine etwa notwendige Ablehnung des Antrages aber würde voraussichtlich eine schwere Beeinträchtigung des Kredites nicht nur für den Anleiheschuldner zur Folge haben, sondern auch nicht ohne Rückwirkung auf den gesamten öffentlichen Kredit bleiben. Die Durchführung des Vorschlages wird daher bis zu einer allgemeinen Besserung der Lage der öffentlichen Finanzen zurückgestellt werden müssen.

Entsprechend dem in der II. Konferenz im Haag getroffenen Abkommen soll durch Hinzufügung des neuen Schlußsatzes des § 21 die Mitarbeit der Zentralbank Deutschlands und ihres Präsidenten bei der Bank für den Internationalen Zahlungsausgleich im Rahmen der Bestimmungen des Neuen Plans sichergestellt werden.

Zu § 24.

Die Vorschrift war erforderlich, um der Reichsbank die Beteiligung an der Bank für Internationalen Zahlungsausgleich zu ermöglichen.

Zu § 25 Abs. 2 Satz 2.

Da die Zahlungsbedürfnisse des Reichs am Jahresschlusse erfahrungsgemäß in besonderem Maße sich häufen, mußte der Zwang, den Betriebskredit zu diesem Termin zurückzuzahlen, die Dispositionen des Reichs besonders erschweren. Um diesem Übelstande abzuhelfen, erschien es zweckmäßig, die Glattstellung auf einen anderen Zeitpunkt zu verlegen.

Zu § 26.

Die Streichung des Absatzes 1 Satz 2 ist veranlaßt durch den Wegfall der Reparationskommission. Da ferner eine Begrenzung des Sonderkontos für die Zukunft nicht vorgesehen ist, ist auch der Abs. 2 gestrichen.

Zu § 27.

Die im Neuen Plan vorgesehene Beseitigung des ausländischen Einflusses bedingt den Fortfall des ausländischen Notenkommissars. Indessen erschien es zweckmäßig, eine dem Reichsorganismus angehörige, jedoch unabhängige Stelle, wie sie im Präsidenten des Rechnungshofes des Deutschen Reichs gegeben ist, mit der Kontrolle der An- und Ausfertigung, der Ausgabe, Einziehung und Vernichtung der Banknoten zu betrauen.

Die Obliegenheiten und Befugnisse des Kommissars sind in Abs. 2 und 3 des näheren festgelegt.

Zu § 38 Abs. 4.

Die Rücksicht auf das Interesse des Reichs an dem Bestehen der Reichsbank läßt es als geboten erscheinen, daß für den — wenn auch unwahrscheinlichen — Fall einer etwa beabsichtigten Liquidation der Reichsbank während der Dauer des Notenprivilegs diese Liquidation von der Zustimmung der Reichsregierung abhängig gemacht wi d. Aus dem gleichen Grunde ist die Reichsregierung rechtzeitig zu benachrichtigen, wenn die Reichsbank nach Ablauf der Dauer des Notenprivilegs in Liquidation treten sollte.

Zu §§ 39 und 41.

Die vorgeschlagenen Änderungen entsprechen den allgemeinen Grundsätzen des Entwurfs zum Allgemeinen Deutschen Strafgesetzbuch, wie sie auch für das sonstige Strafrecht des Reichs und der Länder nach dem Entwurf eines Einführungsgesetzes zum Allgemeinen Strafgesetzbuch zur Anwendung gelangen werden. Irgendeine materielle Änderung des bisherigen Rechtszustandes soll durch die Streichung des Wortes „wissentlich“ nicht herbeigeführt werden.

Zu § 42.

Ein Bedürfnis für die Aufrechterhaltung dieser auf Vorschlag der Sachverständigen seinerzeit in das Bankgesetz vom 30. August 1924 aufgenommenen Vorschrift besteht nicht mehr, zumal eine Verletzung der dem Präsidenten und dem Reichsbankdirektorium gegenüber bestehenden Auskunftspflicht nach den allgemeinen disziplinarrechtlichen Vorschriften geahndet werden kann.

Zu § 43.

Die Strafbestimmungen des Bankgesetzes lauten jetzt entsprechend dem Entwurf zum Allgemeinen Deutschen Strafgesetzbuch durchweg, soweit sie eine Geldstrafe androhen, auf Reichsmark. Daher erscheint die Streichung dieser Vorschrift geboten.

Zu § 44.

Da § 16 über die Wahl der Mitglieder des Generalrats neue Bestimmungen trifft, war Ziffer 10 zu streichen. Die Streichung des Abs. 2 erfolgt mit Rücksicht auf die neue Fassung des § 12 Abs. 2.

Zu Artikel II.

Der Artikel II stellt in seinem ersten Satze die sich aus § 6 Abs. 6 und aus § 16 ergebende Folgerung ausdrücklich klar, daß die jetzigen Mitglieder des Reichsbankdirektoriums und die jetzigen deutschen Mitglieder des Generalrats in ihren Ämtern verbleiben. Auch hinsichtlich der Amtsdauer bewendet es bei dem bisherigen Rechtszustand, wie Abs. 1 Satz 2 zum Ausdruck bringt.

Zu Artikel III.

Die durch das Haager Abkommen vom 20. Januar 1930 geschaffene Lage hat die Reichsregierung veranlaßt, eine Änderung der Gewinnverteilungsvorschriften des Bankgesetzes ins Auge zu fassen. Die Reichsbankleitung wird zu diesem Zwecke der zum 15. Februar 1930 einberufenen Generalversammlung der Anteilseigner entsprechende Vorschläge machen. Es erscheint zweckmäßig, die gesetzliche Änderung der Gewinnverteilungsvorschriften erst unmittelbar nach dieser Generalversammlung vorzunehmen.

Anlage V des Haager Abkommens.

Vorschriften, die in das deutsche Bankgesetz einzufügen oder darin beizubehalten sind.

§ 1.

Bleibt unverändert.

§ 2.

Bleibt unverändert.

§ 3.

Bleibt unverändert (in Verbindung mit § 5 des Münzgesetzes vom 30. August 1924).

§ 6.

Die Bank wird verwaltet durch das Reichsbankdirektorium, das aus einem Präsidenten als Vorsitzenden und der erforderlichen Anzahl von Mitgliedern besteht. Das Reichsbankdirektorium bestimmt insbesondere die Währungs-, Diskont- und Kreditpolitik der Bank.

Präsident und Mitglieder müssen deutsche Reichsangehörige sein.

Das Reichsbankdirektorium faßt seine Beschlüsse mit einfacher Stimmenmehrheit; bei Stimmengleichheit entscheidet die Stimme des Präsidenten.

Der Präsident wird vom Generalrat nach Anhörung des Reichsbankdirektoriums in der Weise gewählt, daß eine Mehrheit von 7 Stimmen vorhanden sein muß. Die Wahl bedarf der Bestätigung durch den Reichspräsidenten, der die Ernennungsurkunde unterzeichnet. Mit der Aushändigung der Urkunde ist der gewählte Präsident rechtmäßig bestellt.

Die Ernennung der Mitglieder des Direktoriums erfolgt nach Zustimmung des Generalrats durch den Präsidenten. Die Zustimmung des Generalrats muß mit dem Stimmenverhältnis zustande gekommen sein, das für die Präsidentenwahl vorgeschrieben ist. Die Ernennung bedarf der Bestätigung durch den Reichspräsidenten. Mit der Aushändigung der Bestätigungsurkunde ist das Mitglied rechtmäßig bestellt. Die Ernennung erfolgt auf einen Zeitraum von 12 Jahren, jedoch mit der Maßgabe, daß jedes Mitglied des Direktoriums bei Erreichung eines Lebensalters von 65 Jahren ausscheidet.

Für die erstmalige Ernennung des Direktoriums gilt folgende Besonderheit: Die Zahl der Mitglieder des Direktoriums mit Ausnahme des Präsidenten wird in 3 Gruppen geteilt, von denen die ersten beiden gleich groß sein müssen und die dritte entweder ebenfalls die gleiche Größe haben muß wie die beiden ersten oder, wenn das rechnerisch nicht geht, kleiner sein kann, aber so nahe als möglich an die Größe jeder der ersten beiden Gruppen herankommen muß. In die erste Gruppe werden die an Lebensalter jüngsten, in die dritte Gruppe die an Lebensalter ältesten, in die zweite Gruppe die übrigen zu Ernennenden eingereiht. Die Mitglieder der ersten Gruppe werden auf 12 Jahre, die der zweiten Gruppe auf 8 Jahre und die der dritten Gruppe auf 4 Jahre ernannt. Die Altersgrenze von 65 Jahren gilt auch bei der erstmaligen Wahl.

Die Amtsdauer des Präsidenten beträgt 4 Jahre. Der Präsident und die Mitglieder sind wieder wählbar.

Wenn eine Zuwahl oder Ergänzung des Reichsbankdirektoriums durch Wahl eines neuen Kandidaten stattfindet, so bedarf der zu Wählende der Zustimmung des Reichsbankdirektoriums. Die Zustimmung gilt als versagt, wenn zwei Drittel der Mitglieder gegen den zu Wählenden gestimmt haben.

Aus wichtigem Grunde kann der Präsident oder ein Mitglied des Direktoriums jederzeit abberufen werden, unter Wahrung der ihnen vertraglich zustehenden Ansprüche. Diese Abberufung aus wichtigem Grunde erfolgt gegenüber dem Präsidenten durch den Generalrat mit der im Abs. 4 vorgesehenen Stimmenmehrheit, gegenüber einem Mitglied des Direktoriums gleichfalls durch den Generalrat mit der gleichen Stimmenmehrheit, jedoch nur mit Zustimmung des Präsidenten. Die Abberufung des Präsidenten oder eines Mitgliedes des Direktoriums bedarf der Bestätigung durch den Reichspräsidenten.

§ 9 Absatz 1.

Bleibt unverändert.

§ 10.

Bleibt unverändert.

§ 12.

Die Generalversammlung empfängt jährlich den Verwaltungsbericht. Sie beschließt über die Bilanz und Gewinnverteilung nach Maßgabe dieses Gesetzes.

Die Generalversammlung beschließt ferner nach Vorschlag des Reichsbankdirektoriums mit Zustimmung des Generalrats über die Satzung der Bank und über Satzungsänderungen. Die Satzung und deren Änderungen sind vom Reichsbankdirektorium im Reichsanzeiger zu veröffentlichen.

§ 14.

Bei der Reichsbank wird ein Generalrat gebildet, der aus zehn Mitgliedern besteht. Die Mitglieder müssen deutsche Reichsangehörige sein.

§ 15.

Der Präsident des Reichsbankdirektoriums ist eines der Mitglieder und zugleich Vorsitzendes des Generalrats.

Die Amtsdauer der Mitglieder des Generalrats mit Ausnahme des Präsidenten beträgt drei Jahre.

§ 16.

Die Mitglieder des Generalrats mit Ausnahme des Präsidenten werden im Wege der Kooptation durch die jeweils im Amt befindlichen Mitglieder des Generalrats gewählt, vorbehaltlich der Bestätigung durch die die deutsche Reichsangehörigkeit besitzenden Anteilseigner. Vor der Wahl findet durch den Vorsitzenden des Generalrats oder seinen Stellvertreter eine Fühlungnahme mit der Reichsregierung statt.

§ 17.

Zu Mitgliedern des Generalrats dürfen nicht bestellt werden:

a) unmittelbare Staatsbeamte des Deutschen Reiches oder eines deutschen Landes, es sei denn, daß sie sich im dauernden Ruhestand befinden,

b) Personen, die vom Deutschen Reiche oder einem deutschen Lande eine Bezahlung erhalten. Als Bezahlung gilt nicht eine Vergütung für frühere Dienstleistung.

§ 18.

Der Generalrat faßt seine Beschlüsse mit einfacher Stimmenmehrheit; bei Stimmengleichheit entscheidet die Stimme des Vorsitzenden. Diese Vorschrift findet keine Anwendung auf die Wahl des Präsidenten und die Zustimmung zur Ernennung von Mitgliedern des Direktoriums.

In jeder seiner Sitzungen und wenigstens einmal im Vierteljahr soll der Generalrat die Berichte prüfen, die ihm von dem Präsidenten vorgelegt worden sind. Er faßt Beschluß über alle Vorschläge, die ihm von dem Präsidenten gemacht worden sind, jedoch ohne daß die dem Reichsbankdirektorium vorbehaltenen Rechte der Verwaltung der Bank dadurch beeinträchtigt werden dürfen.

§ 21 (Schlußabsatz).

Alle nach dem Neuen Plan des Haager Abkommens vom Januar 1930 entweder den Zentralbanken allgemein oder einzelnen von ihnen besonders zugewiesenen Aufgaben und Verpflichtungen werden in Deutschland von der Reichsbank wahrgenommen. Alle nach dem Neuen Plan entweder den Präsidenten der Zentralbanken allgemein oder einzelnen von ihnen besonders zugewiesenen Aufgaben und Verpflichtungen obliegen in Deutschland dem Präsidenten der Reichsbank.

§ 22.

Bleibt unverändert.

§ 25.

Die Reichsbank ist verpflichtet, für das Reich durch ihre sämtlichen hierzu ihrer Natur nach geeigneten Niederlassungen auf Verlangen der Reichsbehörden Zahlungen anzunehmen oder zu leisten und den bargeldlosen Verkehr zwischen den Kassen des Reiches zu besorgen.

Die Bank darf dem Reiche unbeschadet der Vorschrift des Abs. 4 Betriebskredite gewähren, jedoch jeweils höchstens auf drei Monate und nur bis zum Höchstbetrage von 100 Millionen Reichsmark. Am 15. Juli jeden Jahres darf keinerlei Verschuldung des Reiches bei der Reichsbank vorhanden sein.

Abs. 3 bis 6 bleiben unverändert.

§ 27.

Die An- und Ausfertigung, die Ausgabe, Einziehung und Vernichtung der Banknoten erfolgt unter der Kontrolle des jeweiligen Präsidenten des Rechnungshofes des Deutschen Reiches als Kommissar.

Die Kontrolle der Notenausgabe besteht in der zahlenmäßigen Feststellung des Vorhandenseins der vorgeschriebenen Notendeckung. Die Prüfung ist für die Tage vorzunehmen, für die die Bank nach § 36 Abs. 1 ihre Ausweise regelmäßig veröffentlicht. Die Berichte hierüber sind dem Generalrat zu jedem seiner Sitzungstermine einzureichen. Eine Prüfung oder Erörterung der Kredit-, Diskont- und Währungspolitik der Bank ist mit der Kontrolle nicht verbunden.

Dem Kommissar sind täglich Nachweisungen über die Notendeckung und über die im Umlauf befindlichen Noten vorzulegen.

Abs. 4 und 5 bleiben unverändert.

§ 28.

Bleibt unverändert.

§ 29.

Bleibt unverändert.

§ 31.

Bleibt unverändert.

§ 38 Absatz 4.

Während der Dauer des Notenprivilegs kann die Reichsbank nur mit Zustimmung der Reichsregierung in Liquidation treten. Bevor sie in einem späteren Zeitpunkt in Liquidation tritt, hat sie die Reichsregierung hiervon rechtzeitig zu benachrichtigen.

§ 45.

Bleibt unverändert.

§ 46.

Bleibt unverändert.

Anlage B zur Begründung.

Anlage Va zum Haager Abkommen.

Verfahren für die Abänderung von gewissen Bestimmungen des deutschen Bankgesetzes.

Jeder Änderungsvorschlag, der auf die in Anlage V enthaltenen Vorschriften sachlich einwirken würde, ist von der Deutschen Regierung dem Verwaltungsrat der Bank für Internationalen Zahlungsausgleich vorzulegen.

Dieser kann gegen die vorgeschlagenen Änderungen mit der Begründung, daß sie mit dem Neuen Plan unvereinbar seien, falls ein Einverständnis nicht erzielt werden kann, binnen 2 Monaten bei einem im beiderseitigen Einverständnis gewählten Schiedsrichter oder mangels solchen Einverständnisses bei dem in diesem Abkommen vorgesehenen Gericht im Wege der Klage Einspruch erheben. Die Entscheidung dieses Schiedsrichters oder diese Schiedsgerichts ist endgültig und bindend für die Deutsche Regierung, die Bank für Internationalen Zahlungsausgleich und die den gegenwärtigen Vertrag unterzeichnenden Mächte.

Anlage 14.

Dem Reichstag beehren wir uns, den

Entwurf eines Gesetzes zur Änderung des Bankgesetzes vom 30. August 1924

nebst Begründung nach Zustimmung des Reichsrats zur Beschlußfassung vorzulegen.

Der Entwurf war bereits in derselben Fassung und mit gleichlautender Begründung am 5. Juni 1930 dem vorigen Reichstag vorgelegt (vgl. Drucksachen IV. Wahlperiode Nr. 2131), jedoch auf Beschluß des 5. Ausschusses vom 15. Juli 1930 (187. Sitzung) bis zur Vorlage des Gesetzentwurfs über die Deutsche Golddiskontbank zurückgestellt worden. Da die Vorlage des letztgenannten Entwurfs heute gleichfalls erfolgt (vgl. Schreiben des Reichswirtschaftsministers vom 28. November — I B Nr. 10187/30 —), wären wir wegen des engen Zusammenhangs zwischen beiden Gesetzen für gleichzeitige und baldige Behandlung dankbar.

Berlin, den 28. November 1930.

Der Reichsminister der Finanzen.
H. Dietrich.

Der Reichswirtschaftsminister.
Mit Wahrnehmung der Geschäfte beauftragt:
Trendelenburg,
Staatssekretär.

An den Reichstag.

Entwurf eines Gesetzes zur Änderung des Bankgesetzes.

Der Reichstag hat das folgende Gesetz beschlossen, das mit Zustimmung des Reichsrats hiermit verkündet wird.

Artikel I.

§ 37 des Bankgesetzes vom 30. August 1924 (Reichsgesetzbl. II S. 235) wird wie folgt geändert:

Abs. 1 erhält folgende Fassung:

Von dem jährlichen Reingewinn sollen 10 vom Hundert so lange einem Reservefonds zugeführt werden, bis dieser die Höhe des eingezahlten Grundkapitals erreicht.

Abs. 3 erhält folgende Fassung:

Der nach Ausschüttung dieser Dividende verbleibende Restbetrag des Reingewinns wird wie folgt verteilt: Von den ersten 25 Millionen Reichsmark erhalten das Reich 75 vom Hundert, die Anteilseigner 25 vom Hundert. Von den nächsten 20 Millionen erhalten das Reich 90 vom Hundert, die Anteilseigner 10 vom Hundert. Von dem dann noch etwa verbleibenden Restbetrag erhalten das Reich 95 vom Hundert, die Anteilseigner 5 vom Hundert. Die hiernach den Anteilseignern zufließenden Beträge werden nach Vorschlag des Direktoriums entweder als Zuschlag zu der Dividende gezahlt oder einem Spezialreservefonds für künftige Dividendenzahlung zwecks Aufrechterhaltung einer gleichmäßigen Dividende zugeführt.

Artikel II.

Diese Vorschrift findet erstmalig auf das Geschäftsjahr 1930 Anwendung.

Artikel III.

Den Zeitpunkt des Inkrafttretens dieses Gesetzes bestimmt die Reichsregierung.

Begründung.

Der Entwurf sieht hinsichtlich der Verteilung des Reingewinns nach dreierlei Richtung eine Änderung der gegenwärtigen Rechtslage vor:

1. Die jährliche Zuweisung an den gesetzlichen Reservefonds (Abs. 1) erfährt eine Verminderung von 20 auf 10 v. H., ferner ist die obere Begrenzung des Reservefonds geändert. Die bei Erlaß des Bankgesetzes vom 14. März 1875 vorgesehene Regelung ist in der Folgezeit mehrfachen Änderungen unterworfen worden. In den letzten Jahren vor dem Kriege war auf Grund der Novelle von 1909 dem Reservefonds nach Abzug einer Vordividende von 3½ v. H. ein Zehntel des verbleibenden jährlichen Reingewinns zuzuführen, eine Höchstgrenze für den Fonds war nicht festgesetzt. Er war bei einem Grundkapital von 180 Millionen ℳ bis zum Jahre 1914 auf rund 80 Millionen ℳ angewachsen.

Angesichts der schwierigen Wirtschaftslage Deutschlands wurde durch das Bankgesetz vom 30. August 1924 zur Sicherung der Währung eine besondere Stärkung der Eigenmittel der Bank durch die Festsetzung eines hohen Grundkapitals und durch Bestimmungen über eine stärkere Auffüllung des gesetzlichen Reservefonds vorgesehen. Nach dem bisher geltenden § 37 sollen von dem jährlichen Reingewinn 20 v. H. so lange dem Reservefonds zugeführt werden, als dieser weniger als 12 v. H. des Notenumlaufs der Bank beträgt, gerechnet nach dem Durchschnitt der letzten sechs Monate. Bei einem Notenumlauf von beispielsweise 5 Milliarden RM sollte der Fonds also bis auf 600 Millionen RM anwachsen.

Die seit dem Jahre 1924 erfolgte sehr beträchtliche Stärkung der Eigenmittel der Bank läßt es als unbedenklich erscheinen, die Dotierung des Reservefonds von 20 auf 10 v. H. des jährlichen Reingewinns herabzusetzen. Der gesetzliche Reservefonds, Ende 1929 mit rund 54 Millionen RM ausgewiesen, hat zwar den Stand des Jahres 1914 (rund 80 Millionen ℳ) noch nicht erreicht; bei einem Vergleich ist jedoch der in der letzten Bilanz mit rund 45,8 Millionen RM ausgewiesene „Spezialreservefonds für künftige Dividendenzahlung" zu berücksichtigen, der in der Vorkriegszeit nicht bestand, dessen Aufgaben aber früher dem gesetzlichen Reservefonds mit zufielen (§ 24 des Gesetzes vom 14. März 1875).

Die Erfahrungen der vergangenen Jahre rechtfertigen ferner eine Senkung der für den Reservefonds festgesetzten Höchstgrenze auf den Betrag des eingezahlten Grundkapitals. Nach Durchführung des in der Generalversammlung der Reichsbank vom 15. Februar 1930 von den Anteilseignern angenommenen Ausgleichsvorschlags steht eine Erhöhung des bisher begebenen Kapitals der Reichsbank von 122 788 100 RM um ein Viertel in Aussicht, so daß nach deren Durchführung das gesamte begebene Kapital vorbehaltlich einer später etwa vorzunehmenden Abrundung 153 485 125 RM betragen wird.

2. Der Entwurf trägt weiterhin der allgemein anerkannten Notwendigkeit einer stärkeren Beteiligung des Reichs am Reingewinn der Reichsbank Rechnung.

Eine vergleichende Übersicht der Verteilungsvorschriften für den Reingewinn nach der bei Kriegsausbruch für die Verteilung maßgebenden Bankgesetznovelle von 1909 sowie nach dem Gesetz vom 30. August 1924 und nach dem vorliegenden Entwurf gibt Anlage A. Die Auswirkungen des Verteilungsverhältnisses nach der gegenwärtigen und der in Aussicht genommenen Regelung ergeben sich im übrigen aus der vergleichenden Übersicht der Anlage B.

Die bisherige Regelung der Gewinnverteilung beruhte darauf, daß man bei der Neuregelung im Jahre 1924 davon ausging, daß eine weitere Erhöhung des Grundkapitals der Reichsbank auf 300 bis 400 Millionen RM erforderlich werden würde. Da bei einem Grundkapital von 300 Millionen RM allein 24 Millionen RM als Mindestdividende (8 v. H.) aufgebracht werden müßten, glaubte man für die Anteilseigner möglichst hohe Beträge bereitstellen zu müssen. Diese anfänglich geplante Erhöhung des Grundkapitals brauchte indessen angesichts der günstigen Entwicklung der Reichsbank nicht vorgenommen zu werden. Es konnte zunächst bei dem anläßlich der Umstellung auf Goldmark festgestellten Grundkapital von 90 Millionen RM verbleiben. Die spätere Erhöhung auf rund 122,8 Millionen RM erfolgte fast ausschließlich bei der Übernahme von Aktien der Golddiskontbank seitens der Reichsbank.

Die im Entwurf vorgesehene Regelung stellt sich als eine Berichtigung des unter den nicht eingetretenen Voraussetzungen zustande gekommenen, inzwischen allgemein als unbillig anerkannten Verteilungsschlüssels dar. Um den Anteilseignern für diese Kürzung ihrer Dividendenaussichten einen Ausgleich zu gewähren, hat die Generalversammlung vom 15. Februar 1930 unter Billigung der im vorliegenden Gesetzentwurf getroffenen Regelung auf Vorschlag des Reichsbankdirektoriums folgendes beschlossen: Unter Beibehaltung der 8prozentigen Mindestdividende wird den Anteilseignern als Ausgleich auf je 4 Altanteile zu je 100 RM ein Gratisbezugsrecht auf einen neuen Reichsbankanteil zu 100 RM und auf eine Golddiskontbankaktie zu 10 £, beide mit Gewinnberechtigung für die Zeit vom 1. Januar 1930 ab, gewährt. Die Einräumung dieses Bezugsrechts kann angesichts der Kursentwicklung der Anteile als angemessener Ausgleich betrachtet werden.

3. Der Entwurf trifft schließlich auch in dem letzten Satze des dritten Absatzes, in dem die Worte „nach Vorschlag des Direktoriums" eingefügt sind, eine Änderung gegenüber der bisherigen Rechtslage. Die den Anteilseignern außer der Mindestdividende zufließenden Beträge

werden, wie bisher, entweder als Zuschlag zu der Vordividende gezahlt oder einem Spezialreservefonds für künftige Dividendenzahlung zugeführt. Der Entwurf räumt hierbei dem Reichsbankdirektorium ausdrücklich ein Vorschlagsrecht ein, so daß die nach der bisherigen Regelung gemäß § 12 Abs. 1 für die Generalversammlung bestehende Möglichkeit, entgegen dem Vorschlag des Direktoriums die Verwendungsart nach freiem Ermessen zu bestimmen, entfällt. Es kann so etwaigen Bestrebungen, die dahin gehen könnten, die Ausschüttung einer unangemessen hohen Dividende in einem Jahre auf Kosten späterer Dividendenzahlungen durch Mehrheitsbeschluß der Generalversammlung herbeizuführen, von vornherein begegnet und damit die auch schon bisher gesetzlich festgelegte Zweckbestimmung dieses Fonds, der Aufrechterhaltung einer gleichmäßigen Dividende zu dienen, innerhalb der Grenze des tatsächlich Möglichen sichergestellt werden.

Anlage A.

Verteilungsbestimmungen für den Reingewinn der Reichsbank.

I. Nach der Banknovelle vom 1. Juni 1909 (§ 24)

1. zunächst den Anteilseignern eine ordentliche Dividende von dreieinhalb vom Hundert des Grundkapitals,
2. von dem verbleibenden Rest den Anteilseignern ein Viertel, der Reichskasse drei Viertel; jedoch werden von diesem Rest zehn Hundertstel dem Reservefonds zugeschrieben, die je zur Hälfte auf Anteilseigner und Reich entfallen.

Erreicht der Reingewinn nicht volle dreiundeinhalb vom Hundert des Grundkapitals, so ist das Fehlende aus dem Reservefonds zu ergänzen.

II. Nach § 37 des Bankgesetzes vom 30. August 1924

1. 20 % dem gesetzlichen Reservefonds, solange er nicht weniger als 12 % des Notenumlaufs beträgt;
2. 8 % Mindestdividende an die Anteilseigner;
3. von dem Rest,
   a) solange dieser 50 Millionen RM nicht übersteigt, Reich und Anteilseigner je 1/2,
   b) von den nächsten 50 Millionen RM Reich 3/4, Anteilseigner 1/4,
   c) von dem etwaigen Restbetrag Reich 9/10, Anteilseigner 1/10.

Zu 3 a—c wird der auf die Anteilseigner entfallende Betrag entweder als Dividendenzuschlag verteilt oder dem Spezialreservefonds für künftige Dividendenzahlungen zugeführt.

III. Nach dem gegenwärtigen Gesetzentwurf

1. 10 % dem gesetzlichen Reservefonds;
2. 8 % Mindestdividende an die Anteilseigner;
3. der Rest wird wie folgt verteilt:
   a) von den ersten 25 Mill. RM erhält das Reich 75 %, die Anteilseigner 25 %,
   b) von den nächsten 20 Mill. RM erhält das Reich 90 %, die Anteilseigner 10 %,
   c) von dem Restbetrag erhält das Reich 95 %, die Anteilseigner 5 %.

Zu 3 a—c wird der auf die Anteilseigner entfallende Betrag entweder als Dividendenzuschlag verteilt oder dem Spezialreservefonds für künftige Dividendenzahlungen zugeführt.

Anlage B.

Vergleichstabelle für die Verteilung der Reingewinne der Reichsbank.

Bei einem Reingewinn von ... Millionen Reichsmark	nach dem **bisherigen** Schlüssel des Bankgesetzes vom 30. August 1924				nach dem **neuen** Schlüssel							
	bei 122,8 Millionen RM Grundkapital werden zugeführt an				bei 122,8 Millionen RM Grundkapital werden zugeführt an				bei dem auf 153,5 Millionen RM erhöhten Grundkapital werden zugeführt an			
	Reservefonds	Reich	Anteilseigner		Reservefonds	Reich	Anteilseigner		Reservefonds	Reich	Anteilseigner	
	Millionen Reichsmark			% des Grundkapitals	Millionen Reichsmark			% des Grundkapitals	Millionen Reichsmark			% des Grundkapitals
25	5,0	5,1	14,9	12,1	2,5	9,5	13,0	10,6	2,5	7,7	14,8	9,7
30	6,0	7,1	16,9	13,8	3,0	12,9	14,1	11,5	3,0	11,0	16,0	10,4
35	7,0	9,1	18,9	15,4	3,5	16,3	15,2	12,4	3,5	14,4	17,1	11,1
40	8,0	11,1	20,9	17,0	4,0	19,8	16,2	13,2	4,0	17,8	18,2	11,9
45	9,0	13,1	22,9	18,7	4,5	23,9	16,6	13,6	4,5	21,7	18,8	12,3
50	10,0	15,1	24,9	20,3	5,0	27,9	17,1	13,9	5,0	25,7	19,3	12,6
55	11,0	17,1	26,9	21,9	5,5	32,0	17,5	14,3	5,5	29,8	19,7	12,9
60	12,0	19,1	28,9	23,5	6,0	36,0	18,0	14,6	6,0	33,8	20,2	13,2
65	13,0	21,1	30,9	25,2	6,5	40,3	18,2	14,9	6,5	37,9	20,6	13,4
70	14,0	23,1	32,9	26,8	7,0	44,5	18,5	15,0	7,0	42,2	20,8	13,6
75	15,0	25,1	34,9	28,4	7,5	48,8	18,7	15,2	7,5	46,5	21,0	13,7
80	16,0	27,1	36,9	29,2	8,0	53,1	18,9	15,4	8,0	50,7	21,3	13,9

Anlage 15.

Bekanntmachung.

Die Satzung der Reichsbank ist nach Zustimmung des Generalrats durch Beschluß der am 29. April 1931 stattgefundenen ordentlichen Generalversammlung der Anteilseigner wie folgt geändert worden:

1. Der Absatz 2 des § 11 erhält folgende Fassung:

   „Die Sitzungen des Generalrats finden in jedem Kalendervierteljahr wenigstens einmal statt."

2. Der § 28 der Satzung wird gestrichen.

3. Der bisherige § 29 der Satzung wird § 28, der bisherige § 30 wird § 29.

Berlin, den 4. Mai 1931.

Reichsbank-Direktorium.

Luther. Dreyse.

II.

Änderungen

zu dem

Gesetz über die Liquidierung des Umlaufs an Rentenbankscheinen

Erläutert

von

Fritz Dreyse

Vizepräsident des Reichsbankdirektoriums

1.

Einleitung.

Schon in den Jahren 1925 und 1926 hatten Bestrebungen eingesetzt, der Landwirtschaft Erleichterungen bezüglich der Bezahlung der Rentenbankgrundschuldzinsen zu gewähren. Der Reichstag hatte wiederholt ihre Aufhebung gefordert, zuletzt durch Annahme der Resolution, Bericht des 8. und 22. Ausschusses (Drucks. Nr. 189 S. 15 A 5),

> die Reichsregierung zu ersuchen, Maßnahmen zu treffen, die die Landwirtschaft von der Aufbringung der Rentenbankzinsen so bald wie irgend möglich, spätestens am 1. April 1930, befreien.

Die Verhandlungen über den Young-Plan gaben Anlaß, die schon lange erwogene Frage zu erörtern, ob es möglich ist, nach der Annahme des Plans die in schwerster Notlage befindliche deutsche Landwirtschaft von der jährlichen Zahlung der 100 Millionen Reichsmark Rentenbankzinsen zu befreien. Diese Frage ist bejaht worden. Die Verzögerung der Liquidierung des Umlaufs an Rentenbankscheinen konnte um so weniger Bedenken hervorrufen, als der Umlauf zur Zeit der Beschlußfassung der Reichsregierung nur etwa 450 Millionen Reichsmark betrug und gegenüber dem Umlauf an Reichsbanknoten nicht wesentlich ins Gewicht fiel. Im Laufe der Erörterungen des Unterausschusses zur Änderung des Bankgesetzes ist von den deutschen Mitgliedern des Ausschusses die Frage der Verlangsamung der Tilgung der Rentenbankscheine ebenfalls erörtert worden und ist dort keinen Bedenken begegnet (vgl. die Anlagen 3 und 4). Am 16. Juni 1930 wurde dem Reichstag nach Zustimmung des Reichsrats der Entwurf eines Gesetzes zur Änderung des Gesetzes über die Liquidierung des Umlaufs an Rentenbankscheinen vorgelegt. Nachdem das Gesetz in zwei Lesungen angenommen war, wurde seine endgültige Verabschiedung durch vorzeitige Auflösung des Reichstags verhindert. Durch die Verordnung des Reichspräsidenten zur Sicherung von Wirtschaft und Finanzen vom 1. Dezember 1930 (6. Teil Kap. III) wurde es rückwirkend vom 1. April 1930 in Kraft gesetzt.

Die Änderungen des Liquidierungsgesetzes bedingten auch den Abschluß eines neuen Vertrages zwischen dem Reich, der Reichsbank, der Deutschen Rentenbank und der Deutschen Rentenbank-Kreditanstalt zwecks interner Regelung der vom Gesetz nicht erfaßten Angelegenheiten. Der im Anschluß an das Gesetz vom 30. August 1924 ohne die Deutsche Rentenbank-Kreditanstalt geschlossene sogenannte dreieckige Vertrag vom 27. Juni 1925 wurde aufgehoben.

An seiner Stelle wurde unter dem 31. März/4. April 1930 ein neuer Vertrag unter Einbeziehung der Deutschen Rentenbank-Kreditanstalt — sogenannter viereckiger Vertrag — geschlossen. Er trat gleichzeitig mit dem neugefaßten Liquidierungsgesetz in Kraft. Nach diesem Vertrage übernimmt das Reich mit Wirkung vom 1. April 1930 ab den auf 70 082 498,29 RM festgestellten Zinsanteil der Reichsbank (§ 11 Abs. 4 LiquidG. vom 30. August 1924) als Alleinschuldner. Die Restschuld des Reichs aus den gemäß §§ 16 und 17 der Verordnung über die Errichtung der Deutschen Rentenbank dieser geschuldeten Darlehen wird mit Wirkung vom 1. April 1930 ab auf 451,6 Millionen Reichsmark festgesetzt. Dieser Betrag entspricht dem Umlauf an Rentenbankscheinen zu diesem Zeitpunkt. Als Rückzahlungen auf dieses Darlehn gelten die in den Tilgungsfonds fließenden Anteile des Reichs am Reingewinn der Reichsbank, die noch eingehenden Grundschuldzinsen sowie ein eventuell gemäß § 7 Abs. 3 des Liquidierungsgesetzes in der Fassung vom 1. Dezember 1930 für den Fall vom Reich zu leistender Zuschuß, daß der bis 31. Dezember 1942 in den Tilgungsfonds geflossene Gesamtbetrag zur Einlösung der noch umlaufenden Rentenbankscheine nicht ausreicht.

Eine weitere für die Deutsche Rentenbank und die Deutsche Rentenbank-Kreditanstalt wesentliche Vertragsbestimmung verpflichtet erstere, je 25 Millionen Reichsmark jeweils nach Abschluß der Geschäftsjahre 1929 und 1930 aus ihrem Vermögen auf die Deutsche Rentenbank-Kreditanstalt zu übertragen. Das Reich hat sich verpflichtet, die in § 9 des Gesetzes vom 1. Dezember 1930 vorgesehene Zustimmung hierzu zu geben. Diese Regelung war erforderlich, um das Vermögen der Rentenbank-Kreditanstalt innerhalb des aus den früheren Bestimmungen des Liquidierungsgesetzes sich ergebenden Zeitraumes auf den Betrag von 500 Millionen Reichsmark zu bringen, ein Erfordernis, das aus den Anleiheverträgen der Rentenbank-Kreditanstalt hervorging. Der Inhalt der genannten Verträge ist aus der Anlage ersichtlich, die der Begründung der Liquidierungsnovelle (Anlage 2) beigefügt ist.

2.

Gesetzestext.

Verordnung des Reichspräsidenten zur Sicherung von Wirtschaft und Finanzen.

Vom 1. Dezember 1930 (RGBl. Teil I S. 517 Nr. 47).

Sechster Teil.

Reichsbank, Golddiskontbank, Rentenbank

Kapitel III.

Liquidierung der Rentenbankscheine (Teil I S. 592.)

Artikel 1.

Das Gesetz über die Liquidierung des Umlaufs an Rentenbankscheinen vom 30. August 1924 (Reichsgesetzbl. II S. 252) ist in folgender Fassung anzuwenden:

1. § 4 Abs. 3 erhält folgende Sätze 3 und 4:

   Die am 1. April 1930 und später gesetzlich fällig werdenden Zinsen werden außer Hebung gesetzt. Die Reichsregierung ist jedoch mit Zustimmung des Reichsrats und eines Ausschusses des Reichstags ermächtigt, die Erhebung der Zinsen vom nächstfolgenden gesetzlichen Fälligkeitstage wieder anzuordnen.

2. § 5 erhält folgende Fassung:

(1) Die Reichsbank hat den Gesamtbetrag der ausgegebenen Rentenbankscheine gemäß den Bestimmungen dieses Gesetzes spätestens bis 31. Dezember 1942 zu liquidieren.

(2) Die Deutsche Rentenbank hat, sobald dem Tilgungsfonds seit dem 1. April 1930 ein Betrag zugeflossen ist, der dem gemäß § 7 Abs. 4 dieses Gesetzes vom Reichsminister der Finanzen bekanntgemachten Betrage der umlaufenden Rentenbankscheine gleichkommt, spätestens jedoch am 1. Januar 1943, die etwa noch im Umlauf befindlichen Rentenbankscheine mit einer Frist von sechs Monaten zur Einziehung und zum Umtausch in gesetzliche Zahlungsmittel aufzurufen. Die Reichsbank hat den Umtausch aus den ihr auf Grund des § 7 zur Verfügung gestellten Mitteln an ihren Kassen vorzunehmen.

3. § 7 erhält folgende Fassung:

(1) In den Tilgungsfonds fließt der dem Reiche auf Grund des § 37 des Bankgesetzes jährlich anfallende Gewinnanteil so lange, bis die sämtlichen am 1. April 1930 in Umlauf befindlich gewesenen Rentenbankscheine getilgt sind, längstens jedoch bis zum 31. Dezember 1942.

(2) Für den Fall, daß auf Grund der im § 4 Abs. 3 Satz 4 erteilten Ermächtigung die Erhebung der Zinsen wieder angeordnet wird, hat die Deutsche Rentenbank alle die auf Grund des § 4 dieses Gesetzes von den Grundschuldverpflichteten zufließenden Einnahmen an den Tilgungsfonds abzuführen. Diese Zahlungen sind von den Zahlungsstellen (Finanzämtern) un-

mittelbar dem Tilgungsfonds bei der Reichsbank zuzuführen.

(3) Reicht der Gesamtbetrag der dem Tilgungsfonds bis zum 31. Dezember 1942 zugeflossenen Beträge zur Tilgung des Gesamtumlaufs an Rentenbankscheinen nicht aus, so wird das Reich der Reichsbank jeweils auf Anfordern die erforderlichen Mittel zur Verfügung stellen, soweit die Deutsche Rentenbank hierzu nicht in der Lage ist.

(4) Der Betrag der am 1. April 1930 in Umlauf befindlich gewesenen Rentenbankscheine wird vom Reichsminister der Finanzen bekanntgemacht.

4. § 9 erhält folgende Fassung:

Die Deutsche Rentenbank ist berechtigt, mit Zustimmung der Reichsregierung ihr Vermögen oder Teile davon auf die Deutsche Rentenbank-Kreditanstalt zu übertragen.

5. Die §§ 8, 10 und 12 sind nicht anzuwenden.

6. § 13 erhält folgende Fassung:

Ein nach Ablauf der Aufrufsfrist (§ 5 Abs. 2) etwa im Tilgungsfonds verbleibender Rest fließt dem Reiche zu.

7. § 14 Abs. 2 erhält folgende Fassung:

Nach Ablauf der Aufrufsfrist (§ 5 Abs. 2) tritt die Deutsche Rentenbank in Liquidation. Mit Beendigung der Liquidation erlöschen die Grundschulden der Grundschuldverpflichteten. Das nach Beendigung der Liquidation vorhandene Vermögen der Deutschen Rentenbank fällt dem Reiche zu. Die näheren Bestimmungen über die Durchführung der Liquidation erläßt die Reichsregierung. Sie wird den Zeitpunkt der Beendigung der Liquidation bekanntgeben.

8. Als § 22 wird angefügt:

Die nach dem 1. April 1930 noch eingehenden rückständigen Grundschuldzinsen fließen in den Tilgungsfonds.

Artikel 2.

§ 18 des Gesetzes über die Errichtung der Deutschen Rentenbank-Kreditanstalt vom 18. Juli 1925 (Reichsgesetzbl. I S. 145, 156) ist nicht anzuwenden.

Artikel 3.

§ 15 der Verordnung über die Errichtung der Deutschen Rentenbank vom 15. Oktober 1923 (Reichsgesetzbl. I S. 963) ist nicht anzuwenden.

Artikel 4.

Die Vorschriften dieses Kapitels treten mit Wirkung vom 1. April 1930 in Kraft.

3.

Kommentierung.

Zu Art. 1 Ziff. 1 (§ 4 Abs. 3).

Zur allmählichen Beseitigung der Rentenbankscheine ist bei der Reichsbank ein Tilgungsfonds geschaffen worden, in den, abgesehen von Zahlungen, die das Reich zu leisten hat, die Zinsen fließen, die die Eigentümer der mit der Rentenbankgrundschuld belasteten Grundstücke in Höhe von 5 v. H. dieser Grundschuld an die Deutsche Rentenbank zu entrichten haben. Die jährliche Zinsleistungspflicht der Landwirtschaft beläuft sich auf etwa 100 Millionen Reichsmark. Auf Grund der Bestimmungen des Liquidierungsgesetzes wären die Rentenbankscheine in etwa zehn Jahren seit dem Inkrafttreten des erwähnten Gesetzes getilgt worden. Um die in schwerer Notlage befindliche deutsche Landwirtschaft von der jährlichen Zahlung dieser 100 Millionen Reichsmark Rentenbankzinsen zu befreien, bestimmt Art. 1 Ziff. 1, daß die am 1. April 1930 und später gesetzlich fällig werdenden Zinsen außer Hebung gesetzt werden.

Die Außerhebungsetzung ist keine Stundung, sondern geht weiter als diese; sie bedeutet, daß die an den Fälligkeitstagen nach den bisherigen Vorschriften geschuldeten Zinsleistungen nicht zur Hebung gelangen. Die Reichsregierung hat aber das Recht, mit Zustimmung des Reichsrates und eines Ausschusses des Reichstages anzuordnen, daß die Zinsen mit Wirkung vom nächstfolgenden gesetzlichen Fälligkeitstage an wieder erhoben werden. Wie die Begründung hierzu ausführt, wird die Reichsregierung von diesem Rechte nur Gebrauch machen, soweit dies zur Erfüllung der Verpflichtung der Deutschen Rentenbank zur Liquidierung des Umlaufs an Rentenbankscheinen erforderlich ist.

Mit der Außerhebungsetzung ist die Bestimmung des § 2 des Gesetzes über wirtschaftliche Hilfe für Ostpreußen vom 18. Mai 1929 (RGBl. I S. 97), wonach die in den Jahren 1929 bis 1931 gesetzlich fällig werdenden Grundschuldzinsen für Grundstücke, die in Ostpreußen liegen, zu erlassen und die entsprechenden Beträge vom Reiche an den Tilgungsfonds bei der Reichsbank zu entrichten sind, hinfällig geworden. Sollten die Rentenbankgrundschuldzinsen vor Ablauf des Rechnungsjahres 1931 wieder zur Hebung gelangen, so würde selbstverständlich der erwähnte § 2 des Ostpreußengesetzes zur Anwendung gelangen.

Die Außerhebungsetzung berührt die Sicherheit der Rentenbankscheine in keiner Weise, da die Grundschulden auf den im Gesetze näher bezeichneten Grundstücken auch weiterhin zugunsten der Deutschen Rentenbank bestehen bleiben und überdies der zugunsten der Reichsregierung ausgesprochene Vorbehalt, die Wiedererhebung der Grundschuldzinsen anzuordnen, die Einlösbarkeit der Rentenbankscheine sicherstellt.

Zu Art. 1 Ziff. 2 (§ 5).

1. Zu Abs. 1. Die Tilgung der Rentenbankscheine wird wie bisher durch die Reichsbank vorgenommen. Infolge

der Außerhebungsetzung der Rentenbankzinsen wird der Zeitpunkt, bis zu dem die Tilgung beendet sein muß, hinausgeschoben, und zwar spätestens bis zum 31. Dezember 1942. Die Hinausschiebung des Endtermins für die Tilgung der Rentenbankscheine ist notwendig, weil in Zukunft der Tilgungsfonds lediglich durch den Anteil des Reichs am Reingewinn der Reichsbank gespeist werden soll, die Haushaltszahlungen des Reichs (vgl. § 7 Buchstabe b des Gesetzes vom 30. August 1924) also fortfallen.

2. Zu Abs. 2. Die Vorschrift des Abs. 2 entspricht der bisherigen Vorschrift des § 12 Abs. 1. Es finden daher die zu § 12 Abs. 1 des bisherigen Gesetzes gegebenen Erläuterungen sinngemäß Anwendung. Um Zweifel auszuschließen, ist die Vorschrift über den Umtausch bei der Reichsbank dahin ergänzt worden, daß diese den Umtausch aus ihr auf Grund des § 7 zur Verfügung gestellten Mitteln vorzunehmen hat.

Zu Art. 1 Ziff. 3 (§ 7).

Zu Abs. 1. § 7 enthält die näheren Bestimmungen über die Speisung des Tilgungsfonds. Nach § 7 Abs. 1 fließt in den Tilgungsfonds der jährliche Anteil des Reichs am Reingewinn der Reichsbank, und zwar so lange, bis sämtliche im Zeitpunkt des Inkrafttretens des Gesetzes im Umlauf befindliche Rentenbankscheine getilgt sind, längstens jedoch bis zum 31. Dezember 1942. In Zukunft wird also der Tilgungsfonds lediglich durch den Anteil des Reiches am Reingewinn der Reichsbank gespeist werden; es fallen also weg

1. die bisherigen Grundschuldzinsen (Zweck des neuen Gesetzes),
2. ferner aber auch die Haushaltszahlungen des Reichs (vgl. § 7 Buchstabe b des Gesetzes vom 30. August 1924).

Dadurch tritt zwar zunächst für das Reich eine Entlastung ein; es ist aber zu beachten, daß bei unverändertem Fortbestehen des Liquidierungsgesetzes sämtliche Zahlungen des Reichs spätestens im Jahre 1934 aufgehört haben würden; das Reich hätte dann also auch über seinen Anteil am Reingewinn der Reichsbank frei verfügen können. Im Ergebnis erwächst also für das Reich im Vergleich mit dem bisherigen Rechtszustand eine höhere Gesamtlast, der jedoch eine längere Erstreckung der Einlösungsfristen gegenübersteht. Falls der Gesamtbetrag der dem Tilgungsfonds bis zum 31. Dezember 1942 zugeflossenen Beträge zur Tilgung des Gesamtumlaufs an Rentenbankscheinen nicht ausreichen sollte, sei es, daß der Anteil des Reichs am Reingewinn der Reichsbank hinter den Erwartungen zurückgeblieben ist, sei es, daß erhebliche nicht entdeckte Fälschungen an Rentenbankscheinen vorgekommen sind, so sieht Abs. 3 vor, daß das Reich der Reichsbank jeweils auf Anfordern die erforderlichen Mittel zur Verfügung stellen wird, soweit das Vermögen der Deutschen Rentenbank hierzu nicht ausreichen sollte.

Die subsidiäre Haftung des Reichs tritt also nicht nur für solche Fehlbeträge ein, die zur Tilgung der im Zeitpunkt des Inkrafttretens dieses Gesetzes umlaufenden Rentenbankscheine (Abs. 4) dienen, sondern bezieht sich auch auf solche Beträge, die zur Tilgung eines über den bekanntgegebenen Betrag hinausgehenden Umlaufs erforderlich werden. Dies gilt insbesondere für den Fall, daß sich herausstellen sollte, daß der Umlauf von Rentenbankscheinen infolge von Unterschlagungen, Diebstahl, Veruntreuungen bei den Druckereien, Einlösung unerkannter Fälschungen usw. größer ist, als nach der vorgesehenen Bekanntmachung anzunehmen ist.

Abs. 2 regelt den Fall, daß die Grundschuldzinsen wieder zur Hebung gelangen; die Regelung ist die gleiche wie die bisher im § 7 Buchstabe a des Liquidierungsgesetzes getroffene.

Abs. 4 entspricht dem § 1 Abs. 3 des alten Gesetzes.

Zu Art. 1 Ziff. 4 (§ 9).

1. Zur Streichung des Satzes 1 des alten § 9. § 9 des Liquidationsgesetzes vom 30. August 1924 sah vor, daß die Deutsche Rentenbank ihre verfügbaren Mittel einer mit Zustimmung der Reichsregierung zu begründenden landwirtschaftlichen Kreditanstalt überweist, und daß dieser landwirtschaftlichen Kreditanstalt seitens der Reichsbank auch diejenigen Beträge bis zu 25 Millionen

Rentenmark jährlich zufließen, die an Grundschuldzinsen über 60 Millionen Rentenmark hinaus eingehen. Als dieses landwirtschaftliche Kreditinstitut ist die Deutsche Rentenbank-Kreditanstalt gegründet worden; ihr sind jährlich die erwähnten 25 Millionen Reichsmark überwiesen worden. Da die Grundschulden außer Hebung gesetzt sind, können auch nicht mehr wie bisher der Deutschen Rentenbank-Kreditanstalt 25 Millionen Reichsmark zur Verfügung gestellt werden. Infolgedessen mußte Satz 1 des alten § 9 fortfallen.

2. Um zu vermeiden, daß durch den Fortfall dieser Überweisungen an die Deutsche Rentenbank-Kreditanstalt die Rechte von ausländischen Gläubigern der Rentenbank-Kreditanstalt, die ihnen anläßlich der Aufnahme von Auslandsanleihen verbrieft sind, berührt werden könnten, enthält die neue Fassung des § 9 die Ermächtigung für die Deutsche Rentenbank, ihr Vermögen oder Teile davon auf die Deutsche Rentenbank-Kreditanstalt zu übertragen (vgl. hierzu die ausführlichen Erläuterungen der allgemeinen Begründung). Bedenken gegen diese Ermächtigung zu einer Vermögensübertragung bestehen nicht, denn auch im Falle einer etwaigen Vermögensübertragung stehen die gemäß § 4 des Gesetzes bestehenden Grundschulden auch fernerhin der Deutschen Rentenbank zu, da sie gemäß § 4 Abs. 4 von der Deutschen Rentenbank nicht übertragen werden können.

Zu Art. 1 Ziff. 5.

Infolge der durch das neue Gesetz getroffenen Neuregelung der Tilgung der Rentenbankscheine haben die §§ 8, 10 und 12 Abs. 2 ihre Bedeutung verloren. § 12 Abs. 1 ist in dem neuen Abs. 2 des § 5 enthalten.

Zu Art. 1 Ziff. 6.

§ 13 sieht vor, daß ein nach Ablauf der Aufruffrist im Tilgungsfonds verbleibender Rest dem Reiche zufließt. Diese Regelung ist gerechtfertigt, da nunmehr das Reich allein die Rentenbankscheine tilgen muß, das damit eine im Vergleich zur bisherigen Regelung erheblich höhere Last auf sich genommen hat.

Zu Art. 1 Ziff. 7.

Die Haftung der Deutschen Rentenbank für die Verbindlichkeiten aus den Rentenbankscheinen und aus den Rentenbankbriefen bleibt bis zum Ablauf der Aufrufsfrist der Rentenbankscheine bestehen unbeschadet der in § 9 vorgesehenen Berechtigung der Deutschen Rentenbank, mit Zustimmung der Reichsregierung ihr Vermögen oder Teile davon auf die Deutsche Rentenbank-Kreditanstalt zu übertragen.

Abs. 2 enthält in seiner neuen Fassung Bestimmungen über die Liquidation der Deutschen Rentenbank.

Zu Art. 1 Ziff. 8.

Die nach Inkrafttreten dieses Gesetzes noch eingehenden rückständigen Grundschuldzinsen können in den Tilgungsfonds fließen, da die Deutsche Rentenbank-Kreditanstalt die ihr nach den bisherigen gesetzlichen Bestimmungen zustehenden 25 Millionen Reichsmark für das Geschäftsjahr 1929 bereits erhalten hat.

Zu Art. 2.

§ 18 des Gesetzes über die Errichtung der Deutschen Rentenbank-Kreditanstalt vom 18. Juli 1925 lautete:

> „Die für die Deutsche Rentenbank begründeten Grundschulden (§ 4 des Gesetzes über die Liquidierung des Umlaufs an Rentenbankscheinen) erlöschen mit dem Zeitpunkt der Beendigung der Liquidation der Deutschen Rentenbank.
>
> Im übrigen werden die im § 19 des Gesetzes über die Liquidierung des Umlaufs an Rentenbankscheinen vorgesehenen Bestimmungen durch besonderes Gesetz getroffen."

An sich gehörte dieser Paragraph nicht in das Rentenbank-Kreditanstalt-Gesetz. Da jedoch im Gesetz über die Liquidierung des Umlaufs an Rentenbankscheinen eine entsprechende endgültige Bestimmung fehlte, wurde sie aus Zweckmäßigkeitsgründen in das Rentenbank-Kreditanstalt-Gesetz mit aufgenommen. Die Rentenbank-Kreditanstalt war an den Grundschulden nur insofern interessiert, als sie aus den in Höhe von 100 Millionen Reichsmark einkommenden Grundschuldzinsen bis zur Auffüllung des Tilgungsfonds jährlich bis zu 25 Millionen Reichsmark überwiesen erhielt (vgl. oben zu § 9), während der Rest zu Rentenmarktilgungszwecken verwandt wurde (Liquidierungsgesetz § 2).

Im Hinblick auf die Neufassung des § 14 Abs. 2 des Liquidierungsgesetzes konnte der § 18 des Rentenbank-Kreditanstalt-Gesetzes aufgehoben werden.

Zu Art. 3.

Die Begründung äußert sich hierzu wie folgt:

§ 15 der Verordnung über die Errichtung der Deutschen Rentenbank legte der Deutschen Rentenbank die Verpflichtung auf, die von ihr ausgegebenen Rentenbankscheine jederzeit auf Verlangen derart gegen ihre Rentenbriefe einzulösen, daß auf 500 Rentenmark ein Rentenbrief über 500 Goldmark mit Zinsenlauf vom nächsten Fälligkeitstermin ab gewährt wird. Wenn auch nicht damit gerechnet zu werden braucht, daß die Deutsche Rentenbank aus der erwähnten Verpflichtung irgendwie in nennenswertem Umfang in Anspruch genommen wird, so erschien es doch im Hinblick darauf, daß die Deutsche Rentenbank ihr Vermögen zum größten Teil auf die Deutsche Rentenbank-Kreditanstalt wird übertragen müssen, zweckmäßig, diese Bestimmung aufzuheben. Währungspolitische Bedenken bestehen gegen eine derartige Regelung nicht.

<u>**Anlage 1.**</u>

4.

Bekanntmachung.

Auf Grund der Verordnung des Reichspräsidenten zur Sicherung von Wirtschaft und Finanzen vom 1. Dezember 1930 (RGBl. I S. 517), Sechster Teil, Kapitel III Ziffer 3 Abs. 4 wird hiermit bekanntgemacht, daß am 1. April 1930

451 588 767 Rentenmark

im Umlauf befindlich gewesen sind.

Berlin, den 13. Dezember 1930.

Der Reichsminister der Finanzen.

J. A.: Graf Schwerin von Krosigk.

Anlage 2.

5.

Begründung
zum Entwurf eines Gesetzes zur Änderung des Gesetzes über die Liquidierung des Umlaufs an Rentenbankscheinen.

(Enthalten in der Reichstagsdrucksache Nr. 2140, ausgegeben am 17. Juni 1930.)

Der Zusammenbruch der alten Währung im Jahre 1923 erforderte die Schaffung einer neuen Währung und ein neues wertbeständiges Zahlungsmittel. Diese Notwendigkeit führte im Oktober 1923 zur Schaffung der Rentenmark und zur Gründung der Deutschen Rentenbank, die als autonome Währungsbank die Rentenbankscheine in den Verkehr brachte (zu vgl. die Verordnung über die Errichtung der Deutschen Rentenbank vom 15. Oktober 1923, RGBl. I S. 963). Die Rentenbankscheine sind gedeckt durch auf Goldmark lautende Rentenbriefe. Deren Deckung wiederum bestand in der durch die erwähnte Verordnung bestimmten Belastung einerseits der landwirtschaftlich, forstwirtschaftlich oder gärtnerisch genutzten Grundstücke, anderseits der industriellen, gewerblichen und Handelsbetriebe einschließlich der Banken. Die Rentenmark war also überwiegend auf dem Grund und Boden, einer nur einen Notbehelf darstellenden Deckung, fundiert und konnte schon aus diesem Grunde lediglich einen zwischenzeitlichen Charakter haben.

Sie bildete die Brücke zur endgültigen neuen Währung, die im Zusammenhange mit dem Dawes-Plan auf der normalen Grundlage der Deckung durch Gold und Devisen hergestellt wurde. Trägerin dieser Währung wurde die Reichsbank. Sie erhielt als Zentralnoteninstitut das ausschließliche Notenausgaberecht (abgesehen von den schon bestehenden, dem Betrage nach begrenzten Notenausgaberechten der vier Privatnotenbanken). Die Rentenbankscheine waren allmählich aus dem Verkehre zu ziehen, um zu einer einheitlichen, von der Reichsbank getragenen Währung zu kommen.

Verwirklicht wurde dieser Gedanke durch das Gesetz über die Liquidierung des Umlaufs an Rentenbankscheinen vom 30. August 1924 (RGBl. II S. 252), das im Rahmen der Gesetze erlassen wurde, die der Durchführung des Dawes-Gutachtens dienten. Das Liquidierungsgesetz war damit international gebunden.

Durch das Gesetz wurde die bis dahin bestehende Belastung von Industrie, Handel und Gewerbe aufgehoben und das Kapital der Deutschen Rentenbank von ursprünglich 3,2 Milliarden auf 2 Milliarden Reichsmark herabgesetzt. Die Rentenbankbelastung blieb nunmehr ausschließlich in Form von Grundschulden auf dem landwirtschaftlich, forstwirtschaftlich und gärtnerisch genutzten Grundbesitz in Höhe von 5 v. H. des Wehrbeitragswerts zugunsten der Deutschen Rentenbank bestehen (vgl. § 4 Abs. 2 des Liquidierungsgesetzes vom 30. August 1924). Zur allmählichen Beseitigung der Rentenbankscheine wurde bei der Reichsbank ein Teilungsfonds geschaffen, in den, abgesehen von Zahlungen, die das Reich zu leisten hat, die Zinsen fließen, die die Eigentümer der mit der Rentenbankgrundschuld belasteten Grundstücke in Höhe von 5 v. H. dieser Grundschuld an die Deutsche Rentenbank zu entrichten haben. Die jährliche Zinsleistungspflicht der Landwirtschaft beläuft sich auf etwa 100 Millionen Reichsmark. Auf Grund der Bestimmungen des Liquidierungsgesetzes wären die Rentenbankscheine in etwa zehn Jahren seit dem Inkrafttreten des erwähnten Gesetzes getilgt worden.

Die Verhandlungen über den „Neuen Plan“ haben Anlaß gegeben, die schon lange erwogene Frage zu erörtern, ob es möglich ist, nach der Annahme des Planes die in schwerster Notlage befindliche deutsche Landwirtschaft von der jährlichen Zahlung von 100 Millionen Reichsmark Rentenbankzinsen zu befreien. Die Frage ist bejaht worden. Infolgedessen bestimmt der vorliegende Gesetzentwurf, daß die am 1. April 1930 und später gesetzlich fällig werdenden Zinsen außer Hebung gesetzt werden. Die Sicherheit der Rentenbankscheine wird hierdurch nicht berührt, da die Grundschulden auf den im Gesetze näher bezeichneten Grundstücken auch weiterhin zugunsten der Deutschen Rentenbank bestehen bleiben. Die Tilgung der Rentenbankscheine wird, wie bisher, durch die Reichsbank vorgenommen. Infolge der Außerhebungsetzung der Rentenbankzinsen wird der Zeitpunkt, bis zu dem die Tilgung beendet sein muß, hinausgeschoben, und zwar spätestens bis zum 31. Dezember 1942.

Die Hinausschiebung des Endtermins für die Tilgung der Rentenbankscheine ist notwendig, weil in Zukunft der Tilgungsfonds lediglich durch den Anteil des Reichs am Reingewinn der Reichsbank gespeist werden soll, die Haushaltszahlungen des Reichs (vgl. § 7 Buchstabe b des Gesetzes vom 30. August 1924) also fortfallen. Dadurch tritt zwar für den Augenblick für das Reich eine Entlastung ein; es ist aber zu beachten, daß bei unverändertem Fortbestehen des Liquidierungsgesetzes sämtliche Zahlungen des Reichs spätestens im Jahre 1934 aufgehört haben würden; das Reich hätte dann also auch über seinen Anteil am Reingewinne der Reichsbank frei verfügen können. Im Ergebnis erwächst also für das Reich im Vergleiche mit dem bisherigen Rechtszustand eine höhere Gesamtlast, der jedoch eine längere Erstreckung der Einlösungsfristen gegenübersteht.

Die Verzögerung in der Liquidierung des Umlaufs an Rentenbankscheinen kann ohne Bedenken hingenommen werden, zumal da der Umlauf zur Zeit nur noch etwa 450 Millionen Reichsmark beträgt und gegenüber dem Umlauf an Reichsbanknoten nicht wesentlich ins Gewicht fällt.

Um ein klares Bild von der finanziellen Auswirkung zu gewinnen, bedarf es einer Darstellung der Vereinbarungen, die im Anschluß an das Liquidierungsgesetz vom 30. August 1924 zwischen dem Reiche, der Reichsbank und der Deutschen Rentenbank durch den als Anlage beigefügten Vertrag vom 27. Juni 1925 *) getroffen worden sind, und die durch einen neuen, gleichfalls als Anlage beigefügten Vertrag *) ersetzt worden sind, der unter der Bedingung, daß der vorliegende Entwurf verabschiedet wird, zwischen dem Reiche, der Reichsbank und der Deutschen Rentenbank und der Deutschen Rentenbank-Kreditanstalt abgeschlossen worden ist. Der Vertrag vom 27. Juni 1925 — sogenannter dreieckiger Vertrag — war erforderlich, weil das Liquidierungsgesetz nur diejenigen Fragen ordnete, deren Regelung nach dem Sachverständigengutachten notwendig war, das zur Zustimmung zu diesem Gesetze berufene Organisationskomitee aber Wert darauf legte, daß alle anderen Fragen der internen Regelung zwischen Reich, Reichsbank und der Deutschen Rentenbank vorbehalten blieben. Zu diesen Fragen gehörte die Übernahme der Verpflichtung aus § 11 Abs. 4 des Liquidierungsgesetzes auf das Reich. Nach dieser Vorschrift hatte die Rentenbank der Reichsbank einen auf höchstens $^{7}/_{10}$ des Reichsbankdiskonts bemessenen Anteil an den Zinsen zu gewähren, die aus der Abwicklung der der Privatwirtschaft gegebenen Rentenmarkkredite anfielen. Diese Verpflichtung der Rentenbank hat das Reich durch § 4 Abs. 1 des vorerwähnten Vertrags übernommen. Der Grund hierfür lag darin, daß das Reich, das bis dahin insgesamt 1100 Millionen Rentenmark als Kredit von der Rentenbank erhalten hatte, einen weiteren, und zwar k u r z-

---

*) Die Verträge vom 27. Juni 1925 und vom 31. März/4. April 1930 sind in der Reichstagsdrucksache Nr. 2140, ausgegeben am 17. Juni 1930, enthalten.

fristigen, Kredit von 100 Millionen Reichsmark erhielt, den es normalerweise binnen zwei Monaten hätte abdecken müssen. Die Rentenbank fand sich bereit, diesen Kredit in einen langfristigen umzuwandeln und damit in den Abwicklungsprozeß des Liquidierungsgesetzes einzubeziehen, wenn das Reich den von der Reichsbank verlangten Zinsanteil in Höhe von $^{7}/_{10}$ des Reichsbankdiskonts auf sich übernahm.

Wäre diese Vereinbarung nicht zustande gekommen, so hätte das Reich

a) 100 Millionen Reichsmark sofort zu zahlen gehabt, was bei der damaligen Kassenlage unmöglich gewesen wäre,

b) im Laufe der Jahre die Hälfte von 1100 Millionen = 550 Millionen Reichsmark als Anteil an der Tilgung der Rentenbankscheine zahlen müssen.

Statt dessen hatte das Reich den für das Reich damals unentbehrlichen Kredit von 100 Millionen langfristig erhalten und hatte somit planmäßig 600 Millionen Reichsmark in zehn Jahren zu tilgen; dazu kam der damals auf etwa 70 Millionen Reichsmark geschätzte Betrag der $^{7}/_{10}$ Zinsanteil, für den aber irgendwelche Leistungen vor endgültiger Tilgung der Rentenbankscheine nicht in Betracht kamen, da die Reichsbank den Betrag bis zu diesem Zeitpunkt zinslos gestundet hatte. Der Betrag sollte nach der Tilgung der Rentenbankscheine auf die bis dahin gesetzmäßig gezahlten Anteile des Reichs am Reingewinne der Reichsbank angerechnet werden; für den Fall, daß diese Anteile geringer waren als die obenerwähnten $^{7}/_{10}$ zuzüglich des nach der Beendigung der Einziehung der Rentenbankscheine etwa festgestellten Gewinns aus nicht zur Einziehung gelangten Rentenbankscheinen, war vertragsgemäß vorgesehen, daß die Reichsbank auf die die Anteile übersteigenden Beträge verzichtete.

Im übrigen war ein Grund für die Übernahme der obenerwähnten Schuld der Rentenbank der, daß in dem Vertrag ein ausdrücklicher Verzicht der Rentenbank auf jede Zahlung von Kapital über die vom Reiche nach dem Liquidierungsgesetze zu leistenden 600 Millionen hinaus (1200 Millionen weniger 600 Millionen) und auf jede Verzinsung der gesamten Schuld enthalten war. Ein entsprechender Schulderlaß war in dem Liquidierungsgesetze nicht vorgesehen, so daß durch den Vertrag eine klare Rechtslage geschaffen wurde.

Der neue Vertrag zwischen dem Reiche, der Reichsbank, der Deutschen Rentenbank und der Deutschen Rentenbank-Kreditanstalt — sogenannter viereckiger Vertrag — stellt den mehrfach erwähnten Zinsanteil der Reichsbank auf 70 082 498,29 RM fest. Das Reich übernimmt diese Schuld nunmehr als Alleinschuldner, da die Deutsche Rentenbank nach Erfüllung der von ihr in § 8 des Vertrags übernommenen, weiter unten behandelten Verpflichtung kein nennenswertes Vermögen mehr besitzen wird, also nicht in der Lage ist, den genannten Betrag zu bezahlen. Die Reichsbank hat sich bereit erklärt, diese Summe dem Reiche zinslos bis zum 31. Dezember 1943 zu stunden. Im übrigen enthält der Vertrag neben Bestimmungen, die sich bereits im dreieckigen Vertrage befanden (§§ 3, 4 Abs. 1, 7), Vereinbarungen, die durch die in dem vorliegenden Gesetzentwurfe getroffene Neuregelung erforderlich wurden. Hierbei ist vor allem auf folgendes hinzuweisen: § 9 des Liquidierungsgesetzes vom 30. August 1924 sah vor, daß die Deutsche Rentenbank ihre verfügbaren Mittel einer mit Zustimmung der Reichsregierung zu begründenden landwirtschaftlichen Kreditanstalt überweist, und daß dieser landwirtschaftlichen Kreditanstalt seitens der Reichsbank auch diejenigen Beträge bis zu 25 Millionen Rentenmark jährlich zufließen, die an Grundschuldzinsen über 60 Millionen

Rentenmark hinaus eingehen. Als dieses landwirtschaftliche Kreditinstitut ist die Deutsche Rentenbank-Kreditanstalt gegründet worden; ihr sind jährlich die erwähnten 25 Millionen Reichsmark überwiesen worden. Diese Überweisungen sollen nunmehr aufhören. Die Deutsche Rentenbank-Kreditanstalt hat aber seinerzeit mit Genehmigung der Reichsregierung ausländische Anleihen aufgenommen. In den Vereinbarungen mit den ausländischen Geldgebern ist u. a. die Bestimmung enthalten, daß Summen, die auf die Grundschuld eingehen, in Beträgen bis zu 25 Millionen Reichsmark jährlich an die Deutsche Rentenbank-Kreditanstalt eingezahlt und daß diese Zahlungen aufhören werden, wenn die Grundschuld mit der endgültigen Liquidation der ursprünglichen Rentenbank erloschen ist. Als spätester Zeitpunkt für das Aufhören der Zahlungen ist in diesen Vereinbarungen der 11. Oktober 1934 angegeben, bis zu dem nach dem bisherigen Rechtszustande die Liquidierung der Rentenbankscheine beendet sein mußte. Den Geldgebern ist seinerzeit die Erklärung abgegeben worden, daß durch diese Überweisungen das Kapital der Deutschen Rentenbank-Kreditanstalt im Jahre 1934 den im § 11 Abs. 6 des Rentenbank-Kreditanstalt-Gesetzes genannten Betrag von 500 Millionen Reichsmark erreichen werde. Ein höheres Kapital als 500 Millionen Reichsmark können die Geldgeber der Deutschen Rentenbank-Kreditanstalt also nicht verlangen; andererseits haben sie ein Anrecht darauf, daß dieser Kapitalbetrag bis zum Jahre 1934 erreicht wird. Da das Kapital der Deutschen Rentenbank-Kreditanstalt am 31. März 1930 voraussichtlich rund 421,5 Millionen Reichsmark betragen wird, müssen ihm bis zum Jahre 1934 noch rund 78,5 Millionen Reichsmark zugeführt werden. Dies soll auf folgende Weise geschehen: Die Deutsche Rentenbank wird aus ihrem Vermögen auf die Deutsche Rentenbank-Kreditanstalt einen Betrag bis zu 50 Millionen Reichsmark übertragen, und zwar jeweils nach Abschluß der Geschäftsjahre 1929 und 1930 in Höhe bis zu je 25 Millionen Reichsmark (§ 8 des Vertrages). Außerdem wird die Deutsche Rentenbank-Kreditanstalt ihre jährlichen Reingewinne aus den Geschäftsjahren 1929 bis einschließlich 1933 abzüglich der zu einer etwaigen Dotierung ihrer Sonderrücklagen nach Maßgabe des § 11 Abs. 3 des Gesetzes über die Errichtung der Deutschen Rentenbank-Kreditanstalt erforderlichen Beträge ausschließlich zur Verstärkung ihres Kapitals und der sonstigen Rücklagen verwenden, bis Kapital und Rücklagen zusammen den Betrag von 500 Millionen Reichsmark erreicht haben (§ 9 des Vertrages). Sollte die vorerwähnte beabsichtigte Verstärkung des Kapitals und der Rücklagen der Deutschen Rentenbank-Kreditanstalt nicht ausreichen, um Kapital und Rücklagen bis zum 1. April 1934 auf zusammen 500 Millionen Reichsmark anwachsen zu lassen, so wird das Deutsche Reich den Unterschiedsbetrag am 1. April 1934 der Deutschen Rentenbank zur Verfügung stellen mit der Auflage, daß diese ihn alsbald auf die Deutsche Rentenbank-Kreditanstalt überträgt. Die Deutsche Rentenbank-Kreditanstalt verpflichtet sich, dem Deutschen Reiche etwa geleistete Zahlungen vom 1. April 1935 an in jährlichen, jeweils am 1. April fällig werdenden Beträgen in Höhe von mindestens 10 v. H. des im Vorjahr erzielten bilanzmäßigen Reingewinns, jedoch von nicht über 1,5 Millionen Reichsmark jährlich zu erstatten und in Höhe des jeweiligen Reichsbankdiskontsatzes zu verzinsen (§§ 10 und 11).

Im einzelnen ist folgendes zu bemerken:

Zu Artikel I.

Zu 1. Um keinen Zweifel an der Einlösbarkeit der Rentenbankscheine aufkommen zu lassen, hat die Reichsregierung sich das Recht vorbehalten, die Erhebung der Zinsen mit Wirkung vom nächstfolgenden gesetzlichen

Fälligkeitstag an mit Zustimmung des Reichsrats und eines Ausschusses des Reichstags wieder anzuordnen. Sie wird von diesem Rechte nur Gebrauch machen, soweit dies zur Erfüllung der Verpflichtung der Deutschen Rentenbank zur Liquidierung des Umlaufs an Rentenbankscheinen erforderlich ist.

Mit der Außerhebungsetzung ist die Bestimmung des § 2 des Gesetzes über wirtschaftliche Hilfe für Ostpreußen vom 18. Mai 1929 (RGBl. I S. 97), wonach die in den Jahren 1929 bis 1931 gesetzlich fällig werdenden Grundschuldzinsen für Grundstücke, die in Ostpreußen liegen, zu erlassen und die entsprechenden Beträge vom Reiche an den Tilgungsfonds bei der Reichsbank zu entrichten sind, hinfällig geworden. Sollten die Rentenbank-Grundschuldzinsen vor Ablauf des Rechnungsjahres 1931 wieder zur Hebung gelangen, so würde selbstverständlich der erwähnte § 2 des Ostpreußengesetzes zur Anwendung gelangen.

Zu 2. Die Bestimmung entspricht den Vorschriften des bisherigen § 5 und des bisherigen § 12 Abs. 1.

Zu 3. § 7 enthält die näheren Bestimmungen über die Speisung des Tilgungsfonds. Nach § 7 Abs. 1 fließt in den Tilgungsfonds der jährliche Anteil des Reichs am Reingewinne der Reichsbank, und zwar so lange, bis sämtliche im Zeitpunkt des Inkrafttretens des Gesetzes im Umlauf befindlichen Rentenbankscheine getilgt sind, längstens aber bis zum 31. Dezember 1942. Abs. 2 regelt den Fall, daß die Grundschuldzinsen wieder zur Hebung gelangen; die Regelung ist die gleiche wie die bisher im § 7 Buchstabe a des Liquidierungsgesetzes getroffene. Abs. 3 sieht vor, daß das Reich, falls der Gesamtbetrag der dem Tilgungsfonds bis zum 31. Dezember 1942 zugeflossenen Beträge zur Tilgung des Gesamtumlaufs an Rentenbankscheinen nicht ausreichen sollte, sei es, daß der Anteil des Reichs am Reingewinne der Reichsbank hinter den Erwartungen zurückgeblieben ist, sei es, daß erhebliche nicht entdeckte Fälschungen an Rentenbankscheinen vorgekommen sind, der Reichsbank jeweils auf Anfordern die erforderlichen Mittel zur Verfügung stellen wird, soweit das Vermögen der Deutschen Rentenbank hierzu nicht ausreicht. Abs. 4 entspricht dem § 1 Abs. 3 des alten Gesetzes.

Zu 4. Da die Grundschuldzinsen außer Hebung gesetzt werden, können auch nicht mehr wie bisher der Deutschen Rentenbank-Kreditanstalt 25 Millionen Reichsmark zur Verfügung gestellt werden. Infolgedessen mußte Satz 1 des alten § 9 fortfallen. Die Ermächtigung für die Deutsche Rentenbank zur gänzlichen oder teilweisen Übertragung ihres Vermögens auf die Deutsche Rentenbank-Kreditanstalt ist weiter gefaßt als nach dem bisherigen Rechte. Die Gründe hierfür sind oben in dem allgemeinen Teil der Begründung dargelegt. Bedenken gegen diese Vorschrift bestehen nicht; denn auch im Falle einer etwaigen Vermögensübertragung stehen die gemäß § 4 des Gesetzes bestehenden Grundschulden auch fernerhin der Deutschen Rentenbank zu, da sie gemäß § 4 Abs. 4 von der Deutschen Rentenbank nicht übertragen werden können.

Zu 5. Infolge der durch den vorliegenden Entwurf getroffenen Neuregelung der Tilgung der Rentenbankscheine haben die §§ 8, 10 und 12 Abs. 2 ihre Bedeutung verloren. § 12 Abs. 1 ist in dem neuen Abs. 2 des § 5 (siehe oben zu 2) enthalten.

Zu 6. § 13 sieht vor, daß ein nach Ablauf der Aufrufsfrist im Tilgungsfonds verbleibender Rest dem Reiche zufließt. Diese Regelung ist gerechtfertigt, da nunmehr das Reich allein die Rentenbankscheine tilgen muß und damit eine im Vergleiche zur bisherigen Regelung erheblich höhere Last auf sich genommen hat.

Zu 7. § 14 Abs. 1 bleibt unverändert. Die Haftung der Deutschen Rentenbank für die Verbindlichkeiten aus den Rentenbankscheinen und aus den Rentenbankbriefen bleibt bis zum Ablauf der Aufrufsfrist der Rentenbankscheine bestehen, unbeschadet der im § 9 vorgesehenen Berechtigung der Deutschen Rentenbank, mit Zustimmung der Reichsregierung ihr Vermögen oder Teile davon auf die Deutsche Rentenbank-Kreditanstalt zu übertragen. Abs. 2 enthält in seiner neuen Fassung Bestimmungen über die Liquidation der Deutschen Rentenbank.

Zu 8. Die nach Inkrafttreten dieses Gesetzes noch eingehenden rückständigen Grundschuldzinsen können in den Tilgungsfonds fließen, da die Deutsche Rentenbank-Kreditanstalt die ihr nach den bisherigen gesetzlichen Bestimmungen zustehenden 25 Millionen Reichsmark für das Geschäftsjahr 1929 bereits erhalten hat.

Zu Artikel II.

§ 18 des Gesetzes über die Errichtung der Deutschen Rentenbank-Kreditanstalt kann im Hinblick auf die Neufassung des § 14 Abs. 2 des Liquidierungsgesetzes aufgehoben werden.

Zu Artikel III.

§ 15 der Verordnung über die Errichtung der Deutschen Rentenbank legte der Deutschen Rentenbank die Verpflichtung auf, die von ihr ausgegebenen Rentenbankscheine jederzeit auf Verlangen derart gegen ihre Rentenbriefe einzulösen, daß auf 500 Rentenmark ein Rentenbrief über 500 Goldmark mit Zinsenlauf vom nächsten Fälligkeitstermin ab gewährt wird. Wenn auch nicht damit gerechnet zu werden braucht, daß die Deutsche Rentenbank aus der erwähnten Verpflichtung irgendwie in nennenswertem Umfang in Anspruch genommen wird, so erschien es doch

im Hinblick darauf, daß die Deutsche Rentenbank ihr Vermögen zum größten Teil auf die Deutsche Rentenbank-Kreditanstalt wird übertragen müssen, zweckmäßig, diese Bestimmung aufzuheben. Währungspolitische Bedenken bestehen gegen eine derartige Regelung nicht.

6. Anlage 3.

Auszug aus dem Bericht des Unterausschusses zur Anpassung des Bankgesetzes vom 12. November 1929 (S. 11, IV.).

IV.

Im Laufe unserer Erörterungen ist von den deutschen Mitgliedern unseres Ausschusses die Frage einer Verlangsamung der Tilgung des zur Zeit noch bestehenden Umlaufes an Rentenbankscheinen aufgeworfen worden. Wir sind zu dem Ergebnis gelangt, daß diese Frage, streng genommen, nicht in den Rahmen unserer Aufgabe gehört, und verweisen dieserhalb auf den als Anlage IV beigefügten Schriftwechsel.

7. Anlage 4.

Anlage IV zu dem Bericht des Unterausschusses zur Anpassung des Bankgesetzes vom 12. November 1929 (S. 29 und 31.).

Scheveningen, den 22. August 1929.

1. Herrn Léon Delacroix, Exzellenz,
Scheveningen, Haus Wittebrug.

2. Sir Charles Addis, K. C. M. G.,
Scheveningen, Grand-Hotel.

Zu 1. Euer Exzellenz
erlauben wir uns, im folgenden den in ...

Zu 2. Sehr geehrter Sir Charles!

Im folgenden erlauben wir uns den in unserer Sitzung vom heutigen Tage behandelten Punkt der Entlastung der deutschen Landwirtschaft durch Streckung der Tilgungsfrist für die Rentenbankscheine nochmals schriftlich zur Sprache zu bringen.

Entsprechend den Vorschlägen des Dawes-Plans sieht § 12 des Gesetzes über die Liquidierung des Umlaufs an Rentenbankscheinen vom 30. August 1924 vor, daß spätestens zehn Jahre nach dem Inkrafttreten dieses Gesetzes, also am 11. Oktober 1934, die dann etwa noch umlaufenden Rentenbankscheine innerhalb weiterer sechs Monate aus dem Verkehr gezogen werden sollen. Zu dem Tilgungsfonds, aus dessen Mitteln fortlaufend die Zurückziehung von umlaufenden Rentenbankscheinen erfolgt, steuert die deutsche Landwirtschaft jährlich einen Betrag von zur Zeit etwa 60 Millionen Reichsmark bei, im übrigen erfolgt die Tilgung aus Reichsmitteln. Nach diesem Tilgungssystem ist der Umlauf von über 2 Milliarden auf etwa 512 Millionen Rentenmark reduziert worden.

Wir sind der Meinung, daß mit Rücksicht auf diese starke Verminderung des Rentenmarkumlaufs es von verhältnismäßig geringer Bedeutung ist, ob die restliche Tilgung des noch vorhandenen Umlaufs bis zum Jahre 1934/1935 oder etwa bis Ende 1942 erfolgt, daß aber andererseits die Lage der schwer notleidenden deutschen Landwirtschaft es dringend erwünscht erscheinen läßt, ihre Lasten so weit zu erleichtern, als es möglich ist. Wenn wir daher empfehlen, die Tilgung des Restes des Rentenmarkumlaufs zu verlangsamen und bis Ende 1942 zu erstrecken, indem die dadurch ermöglichte Herabsetzung der jährlichen Tilgungsquote der Landwirtschaft zugute kommen soll, so glauben wir mit diesem Vorschlag auch im Sinne des Young-Planes zu handeln, der entsprechend der Aufhebung der Reparationsbelastung der Industrie einen Ausgleich im Sinne einer Erleichterung der öffentlichen Lasten anderer Wirtschaftszweige im Auge hat.

Wir haben es vom praktischen Gesichtspunkt aus für nützlich und richtig gehalten, diese Frage in dem Organisations-Komitee zur Sprache zu bringen. Es würde für uns von großem Wert sein, hierüber die Auffassung unserer ausländischen Herren Kollegen kennenzulernen, auch wenn diese Frage mit den unserem Unterausschuß nach dem Young-Plan zugewiesenen Aufgaben in keinem unmittelbaren Zusammenhang steht.

Schäffer. Vocke.

Antwort.

Sehr geehrte Herren!

Wir haben Kenntnis genommen von Ihrem Schreiben vom 22. August, betreffend die Maßnahme der Entlastung der deutschen Landwirtschaft durch Verlängerung der Tilgungsfrist der Rentenbankscheine.

Wir würdigen den Wert der in diesem Briefe dargelegten Gründe, jedoch gehört die Frage nicht zur Zuständigkeit unseres Komitees, das ausschließlich mit der Prüfung des Gesetzentwurfs über die Bank betraut ist.

Genehmigen Sie usw. ...

Baden-Baden, den 12. November 1929.

C. S. Addis. J. M. Marx.

III.

Übersicht über die Münzgesetzgebung seit dem 1. Januar 1926.

1. Dritte Verordnung zur Durchführung des Münzgesetzes. Vom 6. Februar 1926.

   Zusatz: Gesetz, betreffend die privatrechtlichen Verhältnisse der Binnenschiffahrt, in der Fassung der Bekanntmachung vom 20. Mai 1898.

2. Bekanntmachung über die Ausprägung von Reichssilbermünzen im Nennbetrag von 3 Reichsmark. Vom 15. Juni 1926.

   „700 Jahre Reichsfreiheit Lübeck 1926."

3. Vierte Verordnung zur Durchführung des Münzgesetzes. Vom 18. Juni 1926.

   Zusätze:

   a) Gebührengesetz für die Auslandsbehörden.
   b) Änderung des Gebührengesetzes für die Auslandsbehörden.
   c) Gesetz zur Ausführung des Abkommens über den Zivilprozeß.
   d) Gesetz über die Konsulargerichtsbarkeit.
   e) Gesetz über das Auswanderungswesen.

4. Bekanntmachung über die Ausprägung von Reichssilbermünzen im Nennbetrag von 3 und 5 Reichsmark. Vom 20. April 1927.

   „Hundert Jahre Bremerhaven."

5. Bekanntmachung über die Ausprägung von Reichssilbermünzen im Nennbetrag von 3 Reichsmark. Vom 16. Mai 1927.

„Jahrtausendfeier der Reichsstadt Nordhausen."

6. Bekanntmachung über die Ausprägung von Reichssilbermünzen im Nennbetrag von 3 und 5 Reichsmark. Vom 12. Juli 1927.

„450 Jahre Universität Tübingen."

7. Bekanntmachung über die Ausprägung von Reichsnickelmünzen im Nennbetrag von 50 Reichspfennig. Vom 15. Juli 1927.

8. Bekanntmachung über die Ausprägung von Reichssilbermünzen im Nennbetrag von 5 Reichsmark. Vom 21. Juli 1927.

Schauseite: Eichbaum.

9. Bekanntmachung über die Ausprägung von Reichssilbermünzen im Nennbetrage von 3 Reichsmark. Vom 25. Juli 1927.

„Marburg 1527 bis 1927."

10. Bekanntmachung über die Ausprägung von Reichssilbermünzen im Nennbetrag von 3 Reichsmark. Vom 27. April 1928.

„Albrecht-Dürer-Gedenkjahr 1928."

11. Bekanntmachung über die Ausprägung von Reichssilbermünzen im Nennbetrag von 3 Reichsmark. Vom 28. Juni 1928.

„Gründungsfeier Naumburg - Saale."

12. Bekanntmachung über die Ausprägung von Reichssilbermünzen im Nennbetrag von 3 Reichsmark. Vom 1. August 1928.

„Tausend Jahre Dinkelsbühl."

13. Verordnung über die Herstellung von Medaillen und Marken. Vom 27. Dezember 1928.

14. Bekanntmachung über die Ausprägung von Reichssilbermünzen im Nennbetrag von 3 und 5 Reichsmark. Vom 26. Januar 1929.

„Gotthold Ephraim Lessing."

15. Bekanntmachung über die Ausprägung von Reichssilbermünzen im Nennbetrag von 3 Reichsmark. Vom 27. März 1929.

„Vereinigung Waldecks mit Preußen."

16. Bekanntmachung über die Ausprägung von Reichssilbermünzen im Nennbetrag von 3 und 5 Reichsmark. Vom 30. Mai 1929.

„1000 Jahre Burg und Stadt Meißen."

17. Bekanntmachung über die Ausprägung von Reichssilbermünzen im Nennbetrag von 3 und 5 Reichsmark. Vom 27. Juli 1929.

„Treu der Verfassung."

18. Verordnung über die Außerkurssetzung der 50-Renten- und Reichspfennigstücke aus Aluminiumbronze. Vom 5. Oktober 1929.

19. Bekanntmachung über die Ausprägung von Reichssilbermünzen im Nennbetrag von 3 und 5 Reichsmark. Vom 24. April 1930.

„Graf Zeppelin" — „Weltflug 1929."

20. Bekanntmachung über die Ausprägung von Reichssilbermünzen im Nennbetrag von 3 Reichsmark. Vom 10. Mai 1930.

„Walther von der Vogelweide."

21. Bekanntmachung über die Ausprägung von Reichssilbermünzen im Nennbetrag von 3 und 5 Reichsmark. Vom 9. Juli 1930.

„Der Rhein, Deutschlands Strom, nicht Deutschlands Grenze."

22. Verordnung zur Aufhebung der Verordnung über die Ausprägung von Münzen im Nennbetrage von 1, 2, 5, 10 und 50 Rentenpfennigen vom 8. November 1923. Vom 6. März 1931.

23. Bekanntmachung über die Ausprägung von Reichssilbermünzen im Nennwert von 3 Reichsmark. Vom 6. Mai 1931.

„Magdeburg 1631—1931."

24. Bekanntmachung über die Ausprägung von Reichssilbermünzen im Nennbetrage von 3 Reichsmark. Vom 2. Juli 1931.

„Freiherr vom Stein."

25. Verordnung des Reichspräsidenten vom 18. Juli 1931.

§ 1. Im § 8 Abs. 1 des Münzgesetzes vom 30. August 1924 (RGBl. II S. 254) wird die Zahl „20" durch die Zahl „30" ersetzt.

26. Vierte Verordnung des Reichspräsidenten zur Sicherung von Wirtschaft und Finanzen und zum Schutze des inneren Friedens. Vom 8. Dezember 1931.

Kapitel VI.

Ausprägung von Vierpfennigstücken.

§ 2 Ziff. 3 des Münzgesetzes vom 30. August 1924 (RGBl. II S. 254) ist in folgender Fassung anzuwenden:

„Stücke über 1, 2, 4, 5, 10 und 50 Reichspfennige."

27. Bekanntmachung über die Ausprägung von Reichssilbermünzen im Nennbetrage von 3 Reichsmark. Vom 12. Dezember 1931.

28. Bekanntmachung über die Ausprägung von Reichskupfermünzen im Nennbetrag von 4 Reichspfennig. Vom 1. Februar 1932.

29. Bekanntmachung über die Ausprägung von Reichssilbermünzen im Nennbetrage von 3 und 5 Reichsmark. Vom 18. März 1932.

„Goethe."

Sachregister.

(Die Zahlen verweisen auf die Seiten.)

Otto Walter, Buchdruckerei, Berlin S 14

Nachweis wichtiger Gesetzesausgaben

mit und ohne Erläuterungen, größere und kleinere Kommentare, Lehrbücher, Sammelwerke, Entscheidungssammlungen, Zeitschriften

Verlag Walter de Gruyter & Co., Berlin W 10 Genthiner Str. 38

Frühjahr 1932

Inhaltsübersicht

I. Allgemeines, Sammelwerke.

Handwörterbuch der Rechtswissenschaft. Unter Mitberatung von Reichsgerichtspräsident Dr. Dr. E. Bumke, Reichsgerichtsrat Dr. L. Busch, Oberreichsanwalt Prof. Dr. Dr. L. Ebermayer, Geh. Rat Professor Dr. Dr. Fr. Endemann, Geh. Justizrat Professor Dr. Dr. E. Heymann, Senatspräsident am Reichsgericht Dr. O. Strecker, Präsident des Bayerischen Obersten Landesgerichts Staatsrat Dr. K. v. Unzner †, herausgegeben von Dr. jur. **Fritz Stier-Somlo,** o. Professor an der Universität Köln, und Dr. jur. **Alexander Elster,** Berlin. 6 Bände. Lexikon-Oktav. 1926/29. In Halbleder geb. RM. 304.—

Hierzu erschien 1931 ein **Ergänzungsband.** RM. 37.—, in Halbleder geb. RM. 43.—, der nicht weniger als 228 Stichworte enthält.

„Es zeigt sich doch jetzt immer mehr, daß Ihr Handwörterbuch ein ganz großer Wurf war. Wie ich höre, wird es auch in der Praxis in steigendem Maße benutzt." Professor Dr. Nipperdey, Köln.

Die Reichsgerichtspraxis im deutschen Rechtsleben. Festgabe der juristischen Fakultäten zum 50jährigen Bestehen des Reichsgerichts (1. Oktober 1929), unter Mitwirkung der Professoren Gerhard Anschütz, Heidelberg, Ernst Heymann, Berlin, Theodor Kipp, Berlin, Wilhelm Kisch, München, Alfred Schultze, Leipzig, Heinrich Siber, Leipzig, herausgegeben von Otto Schreiber, weiland Professor in Königsberg i. Pr. 6 Bde. Groß-Oktav. 1929.
Geh. RM. 110.—, in Halbfranz geb. RM. 134.—

I. Band: Öffentliches Recht. II. Band: Zivil- und Handelsrecht. III. Band: Zivil- und Handelsrecht (Fortsetzung). IV. Band: Handels- und Wirtschaftsrecht. V. Band: Strafrecht und Strafprozeß. VI. Band: Zivilprozeßrecht.

Die Bände werden einzeln abgegeben.

Mit dieser umfangreichen Festgabe wird eine große, systematisch geordnete Reihe hervorragender Monographien veröffentlicht, die durchweg besonders wichtige und schwierige Fragen aus allen Teilen des Rechts behandeln.

Fünfzig Jahre Reichsgericht am 1. Oktober 1929. Von Dr. Adolf **Lobe,** Senatspräsident am Reichsgericht i. R., M. d. R. unter Mitarbeit von Mitgliedern und Beamten des Reichsgerichts, der Reichsanwaltschaft und der Rechtsanwaltschaft am Reichsgericht. Mit 14 Porträts und 15 Abbildungen. Lexikon-Oktav. VI, 436 Seiten. 1929.
RM. 20.—, in Halbfranz RM. 24.—

Von den beiden Festschriften „Lobe, Fünfzig Jahre Reichsgericht" und der Festgabe der juristischen Fakultäten gibt die vorliegende ein Bild der organisatorischen Gestaltung des Reichsgerichts und seiner Einrichtungen, in deren Schutz sich seine Aufgaben und seine Arbeit gestalten. Ausführlicher Prospekt mit Inhaltsverzeichnis kostenlos.

Bürgerliches Rechtslexikon. (Nach dem Bürgerlichen Gesetzbuch, dem Handelsgesetzbuch und sonstigen Reichs- und Landesgesetzen.) Von E. **Christiani,** weil. Amtsgerichtsrat. Vierte, durchgearbeitete und verbesserte Auflage von Dr. Alexander **Elster,** Rechtsanwalt Dr. Hugo **Hoormann,** Amtsgerichtsrat Georg **Krause,** Lexikon-Oktav. IV, 474 Seiten. 1930 . . . . Geb. RM. 15.—

„Wir kennen kein zweites Werk, das das gleiche Material in so kurzer, trefflicher und verständlicher Weise enthält und das so brauchbar wäre wie das hiermit warm empfohlene Buch."
Zeitschrift für das gesamte Gebiet der direkten Steuern.

Hedemann, J. W., **Einführung in die Rechtswissenschaft.** Zweite, erweiterte und umgestaltete Auflage. Oktav. XXII, 566 Seiten. 1927. (Lehrbücher und Grundrisse der Rechtswissenschaft Bd. IX.)
RM. 14.—, geb. RM. 16.—

„. . . Das Buch Hedemanns, welches die Aufgabe einer Einführung am reichsten und umfassendsten auffaßt und löst . . .“
Juristische Wochenschrift.

Wegner, Arthur, **Einführung in die Rechtswissenschaft.**
I. Band: Aufbau des Rechtes, geschichtlich und systematisch. Rechtswissenschaftliche Arbeitsweise. Bürgerliches Recht. Handelsrecht. Arbeitsrecht. 144 Seiten. 1931. (Sammlung Göschen Bd. 1047.)
Geb. RM. 1.80
II. Band: Drei Bücher Öffentliches Recht: Staat, Völkergemeinschaft, Kirche. 140 Seiten. 1931. (Sammlung Göschen Bd. 1048.)
Geb. RM. 1.80

Schröder, Richard, und **Künßberg**, F., **Lehrbuch der deutschen Rechtsgeschichte.** Siebente Auflage. Groß-Oktav. Mit einer Abbildung im Text und einem Bildnis. 1932. . . . . Im Druck.
Dieses bekannte Lehrbuch hat sich seit langen Jahren bestens bewährt.

Fehr, Hans, **Deutsche Rechtsgeschichte.** Zweite, verbesserte und ergänzte Auflage. Oktav. 416 Seiten. 1925. (Lehrbücher und Grundrisse der Rechtswissenschaft Bd. X.) RM. 13.—, geb. RM. 14.50
Das Buch gibt eine plastische Darstellung der deutschen Rechtsgeschichte, die eine Anhäufung von Stoff ausdrücklich vermeidet, vielmehr das Schwergewicht auf eine mehr ideengeschichtliche Behandlung des Gegenstandes legt.

Schröder, Richard, und **Glitsch**, Heinrich, **Deutsche Rechtsgeschichte.** Zweite Auflage. Neudruck.
I. Bis zum Ende des Mittelalters. 160 Seiten. 1929. (Sammlung Göschen Bd. 621.) . . . . Geb. RM. 1.80
II. Die Neuzeit. 90 Seiten. 1929. (Sammlung Göschen Bd. 664.)
Geb. RM. 1.80
Eine gemeinverständliche kurze Darstellung der deutschen Rechtsgeschichte.

Giese, Friedrich, **Preußische Rechtsgeschichte.** Übersicht über die Rechtsentwicklung der preußischen Monarchie und ihrer Landesteile. Ein Lehrbuch für Studierende. Groß-Oktav. 256 Seiten. 1920.
RM. 5.—, geb. RM. 6.50
„Das Buch ist nicht ein, sondern das (bisher fehlende) Lehrbuch der preußischen Rechtsgeschichte.“
Dr. Karl Strupp im „Verwaltungsarchiv“

von Mayr, Robert, **Römische Rechtsgeschichte.** I. Buch. Die Zeit des Volksrechtes. 1. Hälfte: Das öffentliche Recht. 150 Seiten. 1912. (Sammlung Göschen Bd. 577.) . . . . Geb. RM. 1.80
2. Hälfte: Das Privatrecht. 117 Seiten. 1912. (Sammlung Göschen Bd. 578.) . . . . Geb. RM. 1.80
II. Buch: Die Zeit des Amts- und Verkehrsrechtes. 1. Hälfte: Das öffentliche Recht. 158 Seiten. 1912. (Sammlung Göschen Bd. 645.)
Geb. RM. 1.80
2. Hälfte: Das Privatrecht I. 122 Seiten. 1913. (Sammlung Göschen Bd. 646.) . . . . Geb. RM. 1.80
Das Privatrecht II. 150 Seiten. 1913. (Sammlung Göschen Bd. 647.)
Geb. RM. 1.80
III. Buch. Die Zeit des Reichs- und Volksrechtes. 111 Seiten. 1913. (Sammlung Göschen Bd. 648.) . . . . Geb. RM. 1.80

IV. Buch. Die Zeit der Orientalisierung des römischen Rechtes. 155 Seiten. 1913. (Sammlung Göschen Bd. 697.) . . . . . Geb. RM. 1.80

Schott, Richard, **Hilfsbüchlein für die Vorlesungen über Institutionen, Geschichte und Zivilprozeß des römischen Rechts.** Oktav. 42 Seiten. 1931 . . . . RM. 1.60

„Ein Büchlein, das sehr brauchbares Material bietet. Kein Lehrbuch, kein Grundriß, sondern eine gut aufgebaute und juristisch klar durchgearbeitete Sammlung von Belegstellen und Quellen zur Erleichterung des Studiums des römischen Rechts...“
Der Referendar.

Stammler, Rudolf, **Lehrbuch der Rechtsphilosophie.** Dritte, vermehrte Auflage. Groß-Oktav. XVI, 396 Seiten. 1928.
RM. 13.—, geb. RM. 15.—

„...Ein Werk aus einem Gusse, ein herbes Werk von größter wissenschaftlicher Strenge, eine Schule, durch die jeder gehen muß, der mit den rechtsphilosophischen Problemen der Gegenwart ringt.“
Schweizerische Juristenzeitung.

Stammler, Rudolf, **Rechts- und Staatstheorien der Neuzeit.** Leitsätze zu Vorlesungen. Zweite, vermehrte und verbesserte Auflage. Oktav. IV, 116 Seiten. 1925. . . . . RM. 3.50, geb. RM. 4.50

Ein unentbehrlicher Führer durch die Rechts- und Staatstheorien der Neuzeit.

Stammler, Rudolf, **Wirtschaft und Recht nach der materialistischen Geschichtsauffassung.** Eine sozialphilosophische Untersuchung. Fünfte, durch einen Nachtrag ergänzte Auflage. Oktav. VIII, 704 Seiten. 1924. . . . . RM. 14.—, geb. RM. 16.—

„Das Werk Stammlers darf den Ruhm in Anspruch nehmen, unter allen Büchern, die in der letzten Zeit auf dem hier in Betracht kommenden Gebiet erschienen sind, die stärkste Wirkung hervorgebracht zu haben.“ *Historische Zeitschrift.*

Friedrichs, Karl, **Der Allgemeine Teil des Rechts.** Eine Darstellung der gemeinsamen Lehren des öffentlichen und des privaten Rechts. Groß-Oktav. X, 306 Seiten. 1927. . . . . . RM. 12.—, geb. RM. 13.50

„Eine solche Arbeit fehlte bisher in der juristischen Literatur. Friedrichs ist wie kein anderer berufen, eine grundlegende Arbeit über dieses Gebiet zu schreiben.“ *Mitteilungen des Preuß. Richtervereins.*

Maas, Georg, und **Magnus,** Julius, **Abkürzungsverzeichnis der Rechtssprache.** Abkürzungen der Bezeichnungen von Rechtsquellen, Behörden, Entscheidungen usw. des deutschen und österreichischen Rechts. Oktav. IV, 140 Seiten. 1929. . . . . RM. 4.—

„Bis jetzt fehlte eine Zusammenstellung, die in zuverlässiger Weise die gebräuchlichsten Abkürzungen wiedergab. Diese Lücke füllt das neue Buch in glücklicher Weise aus.“ *Der junge Rechtsgelehrte.*

Endemann, Friedrich, **Grundriß des römischen Privatrechts.** Oktav. X, 256 und 30 Seiten. 1925. (Lehrbücher und Grundrisse der Rechtswissenschaft Bd. XII.) . . . . RM. 9.—, geb. RM. 10.50

„...Die Sprache ist einfach, klar, leicht und verständlich. Anmerkungen, die so oft in anderen Werken stören, sind ganz vermieden... So hat Endemann ein nach jeder Richtung hochstehendes Werk geschaffen.“ *Der junge Rechtsgelehrte.*

Stammler, Rudolf, **Aufgaben aus dem römischen Recht.** Der „Institutionenübungen für Anfänger“ vierte Auflage. Oktav. IV, 92 Seiten. Mit Figuren im Text. 1919 . . . . Geb. RM. 5.—

Zum selbständigen Einarbeiten in das System des römischen Privatrechts.

II. Bürgerliches Recht

1. Bürgerliches Gesetzbuch

Lehmann, Heinrich, **Allgemeiner Teil des Bürgerlichen Gesetzbuches.** Dritte, vermehrte und verbesserte Auflage (9. bis 12. Tausend). Oktav. XIV, 439 Seiten. 1928. (Lehrbücher und Grundrisse der Rechtswissenschaft Bd. I.) . . . . RM. 12.—, geb. RM. 13.50

„Es liegt ein großer pädagogischer Wert in diesem Buch. Es wird sich unter den Studenten rasch großer Beliebtheit erfreuen."
Das Recht.

Leonhard, R., Der Allgemeine Teil des Bürgerlichen Gesetzbuches in seinem Einflusse auf die Fortentwicklung der Rechtswissenschaft. Groß-Oktav. XVI, 537 Seiten. 1900. (Recht des Bürgerlichen Gesetzbuches in Einzeldarstellungen Nr. X.) . . . . RM. 10.—

Die Sammlung „Recht des Bürgerlichen Gesetzbuches" umfaßt systematische Darstellungen des BGB. aus der Feder erster Juristen der Wissenschaft und Praxis.

Oertmann, Paul, **Allgemeiner Teil des Bürgerlichen Gesetzbuches.**
I. Einleitung. Lehre von den Personen und von den Sachen. Dritte, verbesserte Auflage. 136 Seiten. 1926. (Sammlung Göschen Bd. 447.) Geb. RM. 1.80
II. Erwerb und Verlust, Geltendmachung und Schutz der Rechte. Dritte, verbesserte Auflage. 147 Seiten. 1928. (Sammlung Göschen Bd. 448.) . . . . Geb. RM. 1.80

Nach der die Vorgeschichte des BGB. und einzelne für seine Bedeutung und Anwendung wichtige Hauptfragen behandelnden Einleitung bespricht der Verfasser die Lehre von den Personen und von den Sachen. Er verarbeitet den Inhalt der einzelnen Gesetzesparagraphen wissenschaftlich und erörtert dabei auch mehrfach Fragen, die im BGB. selbst nicht geregelt, höchstens gestreift werden.

Plancks Kommentar zum Bürgerlichen Gesetzbuch nebst Einführungsgesetz. Bisher herausgegeben von E. Strohal. Bearbeitet von E. Brodmann, L. Busch, J. Ebbecke, F. Flad, M. Greiff, K. Gunkel, P. Knoke, M. Landois, A. Lobe, Fr. Oegg, H. Siber, O. Strecker, K. von Unzner. Vierte, völlig neubearbeitete Auflage. Lexikon-Oktav. Bisher sind erschienen:
I. Band: Allgemeiner Teil. 606 Seiten. 1913. RM. 15.—, geb. RM. 17.—
II. Band, 1. Hälfte: Recht der Schuldverhältnisse. (Allgemeiner Teil.) 640 Seiten. 1914 . . . . RM. 15.—, geb. RM. 17.—
II. Band, 2. Hälfte: Recht der Schuldverhältnisse. (Besonderer Teil.) 1296 Seiten. 1928 . . . . RM. 49.—, geb. RM. 52.—
III. Band: Sachenrecht. 5. Auflage. 1. Lieferung: Einleitung und §§ 854 bis 902. 321 Seiten. 1931 . . . . RM. 14.—
IV. Band: Familienrecht. 1. Hälfte §§ 1297—1588. 701 Seiten. 1928. RM. 26.—, geb. RM. 28.—
V. Band: Erbrecht. Vierte, völlig neubearbeitete Auflage. Groß-Oktav. XII, 1136 Seiten. 1930 . . RM. 51.—, geb. RM. 54.—

„Für jeden Praktiker, der tiefer in den Rechtsstoff eindringen muß, um die zur Entscheidung stehende Frage zu prüfen, ist Plancks Kommentar immer ein zuverlässiger Ratgeber und seine Erläuterung und Meinung von hohem Wert und Gewicht, stets sorgfältiger Beachtung wert." *Zentralblatt für freiwillige Gerichtsbarkeit.*

Das Bürgerliche Gesetzbuch mit besonderer Berücksichtigung der Rechtsprechung des Reichsgerichts. Erläutert von Dr. Busch, Erler, Dr. Lobe, Michaelis, Oegg, Sayn, Schliewen und Seyffarth, Reichsgerichtsräten und Senatspräsidenten am Reichsgericht. Siebente, unveränderte Auflage. 5 Bände. §§ 1—2385. Lexikon-Oktav. 3182 Seiten. 1928 . . . . In Halbleder geb. RM. 150.— I. Band: Allgemeiner Teil. Recht der Schuldverhältnisse I. (Allgemeiner Teil.) — II. Band: Recht der Schuldverhältnisse II. (Einzelne Schuldverhältnisse.) — III. Band: Sachenrecht. — IV. Band: Familienrecht. — V. Band: Erbrecht. Alphabetisches Sachverzeichnis.

(Das Werk wird nur komplett abgegeben.)

„Eine neue Auflage dieses für die Praxis wertvollsten Kommentars ist ein Ereignis für die Juristenwelt."

Blätter für Rechtspflege im Bezirk des Kammergerichts.

Achilles-Greiff, Bürgerliches Gesetzbuch nebst Einführungsgesetz. Mit Einleitung, Anmerkungen und Sachregister. Nach dem Tode des ersten Herausgebers Dr. A. Achilles in Verbindung mit J. Altstötter, Oberamtsrichter in München, O. Meyer, Oberlandesgerichtspräsident in Celle, Dr. J. Kieckebusch, Land- und Amtsgerichtsrat in Kassel, Dr. O. Strecker, Senatspräsident am Reichsgericht i. R. in Leipzig, herausgegeben von Dr. M. Greiff, Wirkl. Geh. Oberjustizrat, Oberlandesgerichtspräsident i. R. in Berlin. Dreizehnte, vermehrte und verbesserte Auflage. Mit Erläuterungen der Verordnung über das Erbbaurecht, des Gesetzes über die religiöse Kindererziehung und des Gesetzes für Jugendwohlfahrt. Groß-Oktav. XXIII, 1304 Seiten. 1930. (Guttentagsche Sammlung Deutscher Reichsgesetze Bd. 38/39.) . . . . . Geb. RM. 24.—, in Halbleder geb. RM. 26.—

„Das ausgezeichnete Buch, das einer weiteren Empfehlung kaum bedarf, wird seine führende Stellung unter den Handausgaben ohne Zweifel behaupten." *Juristische Rundschau.*

Bürgerliches Gesetzbuch nebst Einführungsgesetz. Vom 18. August 1896 mit Berücksichtigung der bis zum 1. Januar 1928 ergangenen Abänderungen. Textausgabe mit ausführlichem Sachregister. Sechzehnte Auflage. (61. bis 66. Tausend). Taschenformat. 758 Seiten. 1928. (Guttentagsche Sammlung von Textausgaben ohne Anmerkungen mit Sachregister.) . . . . Geb. RM. 2.80

Die vorliegende Ausgabe zeichnet sich durch Vollständigkeit und besondere Ausführlichkeit des Sachregisters aus.

Schulz, F. H., Bürgerliches Gesetzbuch und Einführungsgesetz. Taschenformat. Zweite, unveränderte Auflage. XI, 664 Seiten. 1931. Geb. RM. 5.—

(Lehrausgaben Deutscher Gesetze, Bd. I.)

Dieser Band bringt auch die Bezeichnung der entsprechenden römisch-rechtlichen bzw. gemeinrechtlichen Institute und verwirklicht damit einen Gedanken, der eigentlich wohl schon vor dreißig Jahren hätte ausgeführt werden sollen.

Lindemann, Otto, Ausführungsgesetz zum Bürgerlichen Gesetzbuche vom 20. September 1899 nebst einem Anhang: Verordnung zur Ausführung des Bürgerlichen Gesetzbuchs vom 16. November 1899. Nach dem Tode des früheren Herausgebers Kammergerichtsrat Dr. P. Siméon, erläutert von Geh. Oberjustizrat Otto Lindemann, Ministerialdirektor im Pr. Justizministerium. Vierte Auflage. Taschenformat. 208 Seiten. 1930. (Guttentagsche Sammlung Preußischer Gesetze Bd. 23.) Geb. RM. 5.—

„. . . Der Praxis ist aber mit einer solchen Ausgabe besonders gedient . . . die sich Aufklärung über die Tragweite und die Bedeutung einer Vorschrift des Preuß. AGBGB. verschaffen wollen, finden in Lindemanns Ausführungen einen nie versagenden Führer."

Der junge Rechtsgelehrte.

Juristischer Anschauungsstoff. Herausgegeben von Helmut Rühl, o. Prof. d. Rechte a. d. Univ. Göttingen.

Heft 1:
Rühl, H., **Bürgerliches Recht und Arbeitsrecht.** Groß-Oktav. VIII, 148 Seiten. 1931 . . . . RM. 4.—

In der Sammlung „Juristischer Anschauungsstoff" werden für den Gebrauch im akademischen Unterricht Urkunden aus der Rechtspraxis zusammengestellt. So bringt das erste Heft 140 typische Beispiele für fast jedes Rechtsinstitut des BGB. und des Arbeitsrechts (Registereintragungen, Geschäftsbedingungen, Tarifverträge, Satzungen usf.). Die Anordnung folgt dem Gang des Gesetzes. Die gewählten Beispiele sind für die Praxis kennzeichnend. Sie gewähren einen Einblick in das lebendige Recht und zeigen die Abwandlung des Gesetzes durch die Wirtschaft.

Schück, Richard, **Zivilrechtspraktikum.** Zum Selbststudium und zum Lehrgebrauch. Vierte, vermehrte Auflage. Herausgegeben von Gustav Schreiber. Groß-Oktav. 160 Seiten. 1930.
Geb. RM. 6.—

Das „Schücksche Zivilrechtspraktikum" bringt in einem billigen Band über 600 Fälle aus allen fünf Büchern des BGB. und dem Einführungsgesetz. Es hat sich seit seinem Erscheinen durch seine praktische Auswahl überall durchgesetzt und durch drei Auflagen hindurch bewährt. Die vorliegende vierte Auflage weist eine Anzahl Ergänzungen auf, die aber durch die besondere Art ihrer Einordnung den Gebrauch mehrerer Auflagen nebeneinander nicht stören.

von der Mosel, Heinrich, **Lösungen** zu dem von Kammergerichtsrat Dr. Richard Schück herausgegebenen **Zivilrechtspraktikum.** Nach dem Bürgerlichen Gesetzbuch bearbeitet für Studierende und Referendare. Fünfte Auflage. Oktav. 227 Seiten. 1931.
RM. 6.—, kart. RM. 6.50

Die Lösungen behandeln fast alle in dem Praktikum enthaltenen Fälle.

v. Schwerin, Cl., Frhr., **Grundzüge des deutschen Privatrechts.** Zweite Auflage. Oktav. XII, 342 Seiten. 1928. (Lehrbücher und Grundrisse der Rechtswissenschaft Bd. XIII.) RM. 9.50, geb. RM. 11.—

„Was dem Studenten not tut, ist ein kurzgefaßtes Handbuch. . . . Ein ausgezeichnetes Hilfsmittel dieser Art ist das vorliegende Buch."
Zeitschrift für Rechtspflege in Bayern.

Wegner, Arthur, **Jugendrecht.** Ein Lehrbuch zur Einführung. Oktav. IX, 219 Seiten. 1929 . . . . RM. 6.—, geb. RM. 7.50

Schuldverhältnisse insbesondere

Hedemann, Justus Wilh., **Schuldrecht des Bürgerlichen Gesetzbuches.** Zweite Auflage. Oktav. XXIV, 503 Seiten. 1931. (Lehrbücher und Grundrisse der Rechtswissenschaft Bd. II.)
RM. 14.50, geb. RM. 16.—

„Die Schrift bietet die beste mir bekannte Einführung in das schwierige Recht der Schuldverhältnisse." Staats- und Selbstverwaltung.

Oertmann, Paul, **Schuldrecht.** (BGB. II.)
I. Allgemeine Lehren. Dritte, verbesserte Auflage. 142 Seiten. 1927. (Sammlung Göschen Bd. 323.) . . . . Geb. RM. 1.80
II. Die einzelnen Schuldverhältnisse. Dritte, verbesserte Auflage. 159 Seiten. 1929. (Sammlung Göschen Bd. 324.) . . Geb. RM. 1.80

„In knapper Form und gemeinverständlicher Ausdrucksweise ist ein vorzüglicher Überblick über den Stoff gegeben."
Leipziger Zeitschrift für deutsches Recht.

Meyer, Georg, **Das Recht der Beschlagnahme von Lohn, Gehalt und Diensteinkommen.** Auf Grund des Reichsgesetzes vom 21. Juni 1869, der Verordnung über Lohnpfändung vom 25. Juni 1919 nebst Abänderungen und der Zivilprozeßordnung dargestellt. Siebente, vermehrte Auflage. Taschenformat. 174 Seiten. 1930. (Guttentagsche Sammlung Deutscher Reichsgesetze Bd. 55.) . . Geb. RM. 4.50

„*Das Lohnbeschlagnahmegesetz wird hier in mustergültiger Weise erläutert. Die zahlreichen Zweifelsfragen werden gründlich erörtert.*“ *Hessische Rechtsprechung.*

Seligsohn, Franz, **Kommentar zum Haftpflichtgesetz.** Zweite Auflage. Groß-Oktav. 360 Seiten. 1930 . . . . . RM. 12.—, geb. RM. 13.50

„*Das reiche Material hat der Verfasser mit logischer Schärfe und in knapper Form bearbeitet und damit ein mustergültiges Werk geschaffen, das für die meist veralteten Kommentare zum Reichshaftpflichtgesetz einen wertvollen Ersatz bietet.*“

Blätter für Rechtspflege im Bezirk des Kammergerichts.

Krieg, O., **Mietrecht und Wohnungsmangelgesetzgebung** im Reiche, in Preußen und in Berlin, einschließlich Hauszinssteuer, Kostenwesen und Rechtsentscheiden des Kammergerichts und des Obersten Landesgerichts. Zusammengestellt und mit ausführlichem Schlagwortregister versehen. Vierte Auflage. Taschenformat. XII, 594 Seiten. 1928. (Guttentagsche Sammlung Deutscher Reichsgesetze Bd. 156.) Geb. RM. 10.—

„*Eine solche Ausgabe zu besitzen, ist wertvoll. Diese Ausgabe verdient schon wegen ihrer Vollständigkeit besondere Beachtung. Ein vortreffliches Sachregister ist beigegeben.*“ *Juristische Wochenschrift*

Bloch, Arthur, **Pulvermacher,** Ralph, **Wohnungswirtschaft.** (Siehe „Die Vierte Notverordnung“ Seite 12.)

Stölzle, Hans, **Viehkauf** nach Bürgerlichem Gesetzbuch und ausländischem Recht. Verordnung, betreffend die Hauptmängel und Gewährfristen beim Viehhandel. Von Eugen Fröhner. Sechste, vermehrte und wesentlich verbesserte Auflage. Taschenformat. 699 Seiten. 1926. (Guttentagsche Sammlung Deutscher Reichsgesetze Bd. 50.)

Geb. RM. 15.—

„*Das Buch ist Juristen wie Laien als lichtvoller Ratgeber in allen Fragen nur auf das wärmste zu empfehlen.*“

Deutsche Juristen-Zeitung.

Crisolli, Karl-August, Das Reichsgesetz, betreffend die **Abzahlungsgeschäfte** vom 16. Mai 1894. Mit Einleitung, Anmerkungen und Sachregister. Unter Mitwirkung von Julius Crisolli. Vierte, völlig umgearbeitete Auflage des Werkes von Hoffmann-Wilke. Taschenformat. 413 Seiten. 1931. (Guttentagsche Sammlung Deutscher Reichsgesetze Bd. 34.) . . . . Geb. RM. 8.—

„*. . . Man kann wohl sagen, daß alle Streit- und Zweifelsfragen erschöpfend erörtert sind, so daß jeder, der sich mit diesem zu ungeahnter Bedeutung gekommenen Gesetz zu befassen hat, einen kaum versagenden Führer in diesem ausgezeichneten Kommentar finden wird.*“ *Badische Rechtspraxis.*

Göppert, H., **Gesetz, betreffend die gemeinsamen Rechte der Besitzer von Schuldverschreibungen.** Zweite Auflage, bearbeitet von E. Trendelenburg. Taschenformat. 156 Seiten. 1915. (Guttentagsche Sammlung Deutscher Reichsgesetze Bd. 52.) . . . . . Geb. RM. 1.50

Kruse, Fr. Vinding, **Das Eigentumsrecht.** Aus dem Dänischen übersetzt von Knud Larsen. Groß-Oktav. XXIII, 881 Seiten. 1931.

Geb. RM. 25.—

„*Das gewaltige Werk will eine allgemeine Rechtslehre und überhaupt Gesellschaftslehre unter Ausnützung des geltenden Rechts und der Rechtsgeschichte geben... Die glückliche Verbindung juristischer und ökonomischer Betrachtung, die Fülle des Tatsachenmaterials und Rechtsstoffes lassen das Buch als wertvolle Bereicherung der Literatur gelten...“* *Prager juristische Zeitschrift.*

Beiträge zum ausländischen und internationalen Privatrecht, herausgegeben vom Institut für ausländisches und internationales Privatrecht.
Heft 1:
Nußbaum, Arthur, **Vertraglicher Schutz gegen Schwankungen des Geldwertes.** Goldklauseln und andere Abreden zur Minderung des Valutarisikos. Groß-Oktav. 95 Seiten. 1928 . . . . RM. 5.—
Heft 2:
Wolff, John, **Die Haftung des Verkäufers einer fremden beweglichen Sache** in den Vereinigten Staaten von Amerika in Vergleichung mit dem deutschen bürgerlichen Recht. Groß-Oktav. 84 Seiten. 1930. RM. 4.—
Heft 3:
Friedmann, Wolfgang, **Die Bereicherungshaftung** im anglo-amerikanischen Rechtskreis in Vergleichung mit dem deutschen bürgerlichen Recht. Groß-Oktav. 148 Seiten. 1930 . . . . RM. 7.—
Heft 4:
Raiser, Ludwig, **Die Wirkungen der Wechselerklärungen im internationalen Privatrecht.** Groß-Oktav. 124 Seiten. 1931 . . RM. 9.—
Heft 5:
Rheinstein, Max, **Die Struktur des vertraglichen Schuldverhältnisses** im anglo-amerikanischen Recht. Groß-Oktav. 256 Seiten. 1932. RM. 17.—
Heft 6:
Kessler, Friedrich, **Die Fahrlässigkeit im nordamerikanischen Deliktsrecht** unter vergleichender Berücksichtigung des englischen und des deutschen Rechts. Groß-Oktav. 183 Seiten. 1932 . . . RM. 10.—

Sachenrecht insbesondere

Hedemann, Justus Wilh., **Sachenrecht des Bürgerlichen Gesetzbuches.** Oktav. XXXII, 507 Seiten. 1924. (Lehrbücher und Grundrisse der Rechtswissenschaft Bd. III.) . . . . . RM. 12.—, geb. RM. 13.50
„Ein trotz seiner Kürze ausgezeichnetes und inhaltreiches Lehrbuch, nicht nur für den Studierenden, sondern auch für ältere Juristen. Die Arbeit ist wissenschaftlich tiefgründig und doch gemeinverständlich geschrieben.“ *Zeitschrift des Deutschen Notarvereins.*

Kretzschmar, F., **Sachenrecht.**
I. Allgemeine Lehren. Besitz und Eigentum. Zweite, verbesserte Auflage. 142 Seiten. 1922. (Sammlung Göschen Bd. 480.) Geb. RM. 1.80
II. Begrenzte Rechte. 144 Seiten. 1923. (Sammlung Göschen Bd. 481.) Geb. RM. 1.80
Diese Bändchen bieten die Grundzüge des Sachenrechts in gedrängter und klarer Form.

Lenzen, Georg, **Das Deutsche Pfandleihrecht.** Kommentar zum preußischen Pfandleihgesetz unter Berücksichtigung der außerpreußischen Gesetze. Oktav. XXVI, 266 Seiten. 1929 . . . . Geb. RM. 20.—
„Diese zusammenfassende Darstellung ist die erste ihrer Art und sehr verdienstlich. Das Buch regt zu allerhand Fragen an.“ *Juristische Wochenschrift.*

Günther, Hermann, **Erbbaurecht.** Taschenformat. 167 Seiten. 1919. (Guttentagsche Sammlung Deutscher Reichsgesetze Bd. 135.) Geb. RM. 2.—
„... Der Praxis wird das Werk von hervorragendem Nutzen sein.“ *Beiträge zur Erläuterung des deutschen Rechts.*

Arnheim, Hugo, **Grundbuchordnung.** Kommentar zur Grundbuchordnung für das Deutsche Reich nebst den für Preußen erlassenen Ausführungsbestimmungen. Zweite, völlig neubearbeitete Auflage. Lexikon-Oktav. 959 Seiten. 1913 . . . . RM. 15.—

„Der Band weist außerordentliche Gründlichkeit, Klarheit und Übersichtlichkeit auf. Man kann wohl sagen, daß kaum eine Frage auftauchen wird, die nicht wenigstens berührt wäre."
Zentralblatt für freiwillige Gerichtsbarkeit.

Fischer, Otto, und **Fischer,** Norbert, **Grundbuchordnung für das Deutsche Reich** nebst den preußischen Ausführungsbestimmungen. Neunte, durchgearbeitete und ergänzte Auflage. Taschenformat. 322 Seiten. 1927. (Guttentagsche Sammlung Deutscher Reichsgesetze Bd. 42.)
Geb. RM. 5.—

„Eine der vortrefflichen alteingeführten Handausgaben der Guttentagschen Sammlung, bei der schon die Auflagenziffer für die Brauchbarkeit in der Praxis spricht. Nach wie vor ist das Buch ein vortrefflicher Wegweiser und Berater." *Juristische Wochenschrift.*

Ricks, Gerhard, **Die Grundbuchpraxis.** Ein Handbuch für den täglichen Gebrauch in Grundbuchsachen. Achte Auflage. Mit Nachtrag. Groß-Oktav. XII, 412 Seiten. 1929 . . . RM. 12.—, geb. RM. 14.—

„Das Buch hat einen Anspruch darauf, in der Praxis geradezu verschlungen zu werden. Es ist aus der täglichen Praxis heraus für die Praxis lebensfrisch und unterhaltend geschrieben."
Mitteilg. a. d. Württemb. Notariats-Praxis.

Friedlaender, Martin, **Hypothekenbeschaffung für Wohn- und Geschäftshäuser.** Handbuch für die Praxis der Grundstückswirtschaft. Groß-Oktav. VIII, 151 Seiten. 1929 . . . . . . RM. 6.—, geb. RM. 7.50

„Das Buch gibt einen außerordentlich praktischen Überblick über alle Fragen der Hypothekenbeschaffung." *Deutsche Sparkassen-Zeitung.*

Familienrecht, Erbrecht

Lehmann, Heinrich, **Familienrecht** des Bürgerlichen Gesetzbuches einschließlich Jugendfürsorgerecht. Oktav. XII, 352 Seiten. 1926. (Lehrbücher und Grundrisse der Rechtswissenschaft Bd. IV.)
RM. 11.—, geb. RM. 12.50

„Die Schilderung Lehmanns ist überall anregend und fesselnd. Das Werk kann allen Rechtsstudenten und Referendaren zur Anschaffung dringend empfohlen werden." *Der junge Rechtsgelehrte.*

Titze, Heinrich, **Familienrecht.** (BGB. IV.) 169 Seiten. Neudruck. 1924. (Sammlung Göschen Bd. 305.) . . . . Geb. RM. 1.80

Endemann, Fr., **Erbrecht.** Oktav. XII, 166 Seiten. 1923. (Lehrbücher und Grundrisse der Rechtswissenschaft Bd. V.) RM. 3.—, geb. RM. 4.50

„Dieser Leitfaden behandelt den spröden Stoff des schwierigen Erbrechts in meisterhafter, fesselnder Darstellung."
Zeitschrift des Bundes Deutscher Justizamtmänner.

v. Blume, Wilh., **Erbrecht.** (BGB. V.)
I. Einleitung. Die Grundlagen des Erbrechts. 75 Seiten. 1913. (Sammlung Göschen Bd. 659.) . . . . Geb. RM. 1.80
II. Die Nachlaßbeteiligten. Mit 23 Figuren. 131 Seiten. 1913. (Sammlung Göschen Bd. 660.) . . . . Geb. RM. 1.80

Riesenfeld, S., **Die Erbenhaftung nach dem Bürgerlichen Gesetzbuch.** Groß-Oktav. 2 Bände. 1916 . . . . . RM. 15.—, geb. RM. 18—
I. Band: Die Grundsätze der Haftung. XII, 461 Seiten.
II. Band: Das Inventar und die Mittel der Haftungsbeschränkung. VIII, 455 Seiten.

„Ein hervorragendes Werk, das in allen Teilen die vollständige Beherrschung des schwierigen Stoffes erkennen läßt und sich dabei durch klare und gemeinverständliche Darstellung auszeichnet."
Sächsisches Archiv für Rechtspflege.

Aufwertung

Michaelis, Richard, **Das Aufwertungsrecht** nach den Aufwertungsgesetzen und nach allgemeinem bürgerlichem Rechte. Kommentar zu den Gesetzen vom 16. Juli 1925 über die Aufwertung von Hypotheken und anderen Ansprüchen und über die Ablösung öffentlicher Anleihen sowie systematische Darstellung des Aufwertungsrechts außerhalb dieser Gesetze. Zweite, gänzlich umgearbeitete Auflage des Kommentars zur Dritten Steuernotverordnung vom 14. Februar 1924 (Aufwertung). Mit einer Fristentabelle von H. Hoormann. Groß-Oktav. X, 516 Seiten. 1926. Mit Nachtrag 1927. (de Gruytersche Sammlung Deutscher Gesetze. Handkommentare.) . . . . Geb. RM. 16.—
„Es handelt sich um ein ganz erstklassiges Werk, das sich für jeden Aufwertungsinteressenten als unentbehrlich erweisen wird."
Deutsche Allgemeine Zeitung.

Michaelis, Richard, Die beiden **Aufwertungsnovellen** vom 18. Juli 1930. (Hypotheken-Fälligkeits- und Verzinsungsgesetz; Grundbuchbereinigungsgesetz.) Taschenformat. VI, 202 Seiten. 1930. (Guttentagsche Sammlung Deutscher Reichsgesetze Bd. 178.) . . . . Geb. RM. 4.—
Reichsgerichtsrat Michaelis, der im „Kommentar über das Bürgerliche Gesetzbuch von Reichsgerichtsräten" den Abschnitt „Aufwertung" bearbeitet hat, erläutert in der gleichen autoritativen Art auch die neuen Gesetze, die die Aufwertungsgesetzgebung ändern und abschließen.

Berliner, Ludwig, und **Pfaffenberger,** Ernst, **Aufwertung von Versicherungsansprüchen** mit Durchführungsbestimmungen.
I. Teil. Oktav. 235 Seiten. 1925. (Guttentagsche Sammlung Deutscher Reichsgesetze Bd. 164.) . . . . Geb. RM. 6.50
II. Teil: Sach- und Transportversicherung; Unfall- und Haftpflichtversicherung. Oktav. 112 Seiten. 1926. Mit Nachtrag. (Guttentagsche Sammlung Deutscher Reichsgesetze Bd. 164a.) . . Geb. RM. 3.50
„Eine ganz ausgezeichnete, wohldurchdachte Darstellung und Erläuterung des Aufwertungsrechtes des gesamten Versicherungswesens, eine unentbehrliche Ergänzung zu jedem Gesamtkommentar über das Aufwertungsgesetz." *Zentralblatt für Handelsrecht.*

2. Handelsrecht.

v. Gierke, Jul., **Handelsrecht und Schiffahrtsrecht.** Vierte Auflage. Im Druck.
„. . . ein außerordentlich hochstehendes, immer den neuesten Stand der Lehre und der Rechtsprechung widerspiegelndes Lehrbuch des Handelsrechts im weitesten Sinn." *Der junge Rechtsgelehrte.*

v. Gierke, Jul., **Handelsgesetzbuch** nebst Wechselordnung und Scheckgesetz. Mit systematischen Paragraphenüberschriften und ausführlichem Sachregister. Oktav. VIII, 295 Seiten. 1931. (Lehrausgaben Deutscher Gesetze, Bd. IV.) . . . . Geb. RM. 5.—
Nicht nur dem Lernenden, auch dem Kaufmann, der ohne ermüdende Durcharbeitung des ganzen Gesetzwerkes seine wesentlichen Bestimmungen schnell und sicher kennenlernen und von Fall zu Fall nachlesen will, wird diese Lehrausgabe willkommen sein.

Lehmann, K., und **Hoeniger,** H., **Lehrbuch des Handelsrechts.** Dritte Auflage. Erster Halbband, enthaltend die Lehre vom Handelsstand und von den Handelsgesellschaften. Groß-Oktav. 432 Seiten. 1921 RM. 10.—
Ein großangelegtes Lehrbuch des Handels- und Schiffahrtsrechts.

Lehmann, K., und **Hoeniger,** H., **Deutsches Handelsrecht.**
I. Einleitung. Der Kaufmann und seine Hilfspersonen. Offene Handelsgesellschaft, Kommandit- und stille Gesellschaft. 117 Seiten. 1921. (Sammlung Göschen Bd. 457.) . . . . Geb. RM. 1.80
II. Aktiengesellschaften, Gesellschaften mit beschränkter Haftung, eingetragene Genossenschaften. Handelsgeschäft, 126 Seiten. 1924. (Sammlung Göschen Bd. 458.) . . . . Geb. RM. 1.80

Hein, Joh., **Die Zusammenhänge zwischen Steuerrecht und Handelsrecht und ihre Entwicklung,** untersucht an dem Gewinn und an der Bewertung. Eine bilanzrechtliche und bilanzkritische Darstellung mit praktischen Beispielen. Groß-Oktav. X, 280 Seiten. 1928.
RM. 10.—, geb. RM. 12.—
„Das Buch führt in klarer Gestaltung in die Probleme des Bilanzrechts ein. Eine übersichtliche Gliederung ermöglicht eine schnelle und doch gründliche Einführung. Darüber hinaus stellt das Buch eine wesentliche Förderung für die dringend notwendige wissenschaftliche Behandlung des Steuerbilanzrechts und seiner Zusammenhänge mit den verwandten Rechtsmaterien dar.“ Zeitschrift für Handelsrecht.

Die Vierte Notverordnung. (Vierte Notverordnung des Reichspräsidenten zur Sicherung von Wirtschaft und Finanzen und zum Schutze des inneren Friedens. Vom 8. XII. 1931.) Erläuterte Textausgabe mit Durchführungsverordnungen, bearbeitet von Rechtsanwalt Dr. A. Bloch, Gerichtsassessor Dr. K.-A. Crisolli, Gerichtsassessor Dr. W. Gallas, Rechtsanwalt Th. Heilborn, Rechtsanwalt Dr. A. Hollaender, Direktor im Reichsversicherungsamt Dr. K. Lippmann, Rechtsanwalt Dr. R. Pulvermacher, Amtsgerichtsrat Dr. Th. Rohlfing, herausgegeben von Dr. A. Elster. Taschenformat. (Guttentagsche Sammlung Dtsch. Reichsgesetze, Bd. 180.) . . . . .Geb. RM. 6.—
Diese erläuterte Ausgabe der 4. Notverordnung ist für jeden Staatsbürger von größter Wichtigkeit. Der vielfach nicht ohne weiteres verständliche Text erfordert Erklärungen durch sachkundige Beurteiler aus der Praxis. Diese Erläuterung, die bei den zahlreich zu erwartenden Streitfragen unentbehrlich ist, liegt hier vor. Man wird erstaunt sein, wieviel Wichtiges dieser Schlüssel zum Notrecht bietet. Wohl keine praktische Frage ist übersehen, die Ausdeutung der Bestimmungen ist von größter Klarheit.

Staub's Kommentar zum Handelsgesetzbuch. Zwölfte und dreizehnte **Auflage.** Bearbeitet von Heinrich Koenige, Albert Pinner, Felix Bondi. Vier Bände und ein Registerband. Groß-Oktav. 4000 Seiten. 1927 . . . . Zusammen RM. 157.—, in Halbleder RM. 183.60
Nachtrag zur 12. u. 13. Aufl., enthaltend **die Vorschriften der Verordnung über Aktienrecht** vom 19. September 1931. Verfaßt unter Mitarbeit von Dr. Walter Schmidt und Dr. Heinz Pinner, Rechtsanwälte in Berlin, von Dr. h. c. Albert Pinner, Justizrat in Berlin. Groß-Oktav. 256 Seiten. 1932 . . RM. 10.—, geb. RM. 12.—
Mit dem Erscheinen des Nachtragsbandes gibt Staub's Kommentar zum HGB. wieder eine einheitliche Darstellung des zurzeit geltenden Rechts. Der Nachtragsband ist so angelegt, daß er auch als selbständige Erläuterung der neuen aktienrechtlichen Bestimmungen verwendet werden kann.

Mosse, Albert, und **Heymann,** Ernst, **Handelsgesetzbuch** (ohne Seerecht). Mit den ergänzenden Vorschriften des Bürgerlichen Gesetzbuchs und einem Anhang, enthaltend das Einführungsgesetz, das Depotgesetz, die Bestimmungen über Börsentermin- und Differenzgeschäfte u. a. Nebst Erläuterungen. Im Anschluß an die Textausgabe von F. Litthauer. Siebzehnte Auflage. Unter Mitwirkung von Karl August Crisolli. Oktav. VIII, 693 Seiten. 1926 (Guttentagsche Sammlung Deutscher Reichsgesetze Bd. 4.) . . . . .Geb. RM. 14.—

Diese Ausgabe wurde durch Nachträge ergänzt.

„Die Litthauer-Mossesche Ausgabe des Handelsgesetzbuches hat bei allen Praktikern seit langem den wohlbegründeten Ruf größter Zuverlässigkeit und übersichtlicher Anordnung, die mit möglichster Knappheit des Ausdrucks gepaart sind. Das Buch ist ein zuverlässiger Führer durch das immer schwieriger werdende Gebiet des Handelsrechts." *Vossische Zeitung.*

Handelsgesetzbuch nebst Einführungsgesetz vom 10. Mai 1897, unter Berücksichtigung der bis 15. Juni 1930 ergangenen Novellen. Textausgabe mit Sachregister. Zwölfte Auflage. 370 Seiten. 1930. (Guttentagsche Sammlung von Textausgaben ohne Anmerkungen mit Sachregister.) . . . . Geb. RM. 3.50

Diese Ausgabe wurde durch einen Nachtrag ergänzt.

Baum, G., **Das vertragliche Wettbewerbsverbot** (Konkurrenzklausel). Nebst Kommentar zum Gesetze vom 10. Juni 1914. Taschenformat. XII, 231 Seiten. 1914. (Guttentagsche Sammlung Deutscher Reichsgesetze Bd. 115.) . . . . Geb. RM. 3.—

Gesellschaften

Brodmann, Erich, **Aktienrecht.** Kommentar. Groß-Oktav. XII, 580 Seiten. 1928. (Gewerbe- und Industrie-Kommentar Bd. IV.) RM. 28.—, geb. RM. 30.—

„Mit unvergleichlichem Geschick hat der Verfasser Großartiges geleistet — Brodmann ist Trumpf!" *Zeitschrift für Aktiengesellschaften.*

Brodmann, Erich, **Die Sanierung unseres Aktienwesens.** Groß-Oktav. 46 Seiten. 1931 . . . . RM. 3.—

Pinner, Albert, **Aktiennovelle und Bankenaufsicht.** Verordnung vom 19. 9. 1931. Textausgabe mit Einführung in die Aktiennovelle. Taschenformat. 101 Seiten. 1931. (Guttentagsche Sammlung Deutscher Reichsgesetze Bd. 179.) . . . . Geb. RM. 1.80

Das eindringliche und zuverlässige Orientierungsbuch über die Neuregelung des Aktienwesens führt schnell in die wichtigen Hauptfragen ein. Der Herausgeber ist als hervorragender Kenner des Aktienrechts und Mitarbeiter an Staubs berühmtem HGB.-Kommentar der Fachwelt bekannt.

Hachenburg, Max, **Kommentar zum Gesetz, betr. die Gesellschaften mit beschränkter Haftung.** (Früher **Staub-Hachenburg.**) Fünfte Auflage unter Mitarbeit von Fritz Bing und Walter Schmidt. 2 Bände . . . . RM. 43.—, geb. RM. 47.—

I. Band: §§ 1—34. Groß-Oktav. VI, 527 Seiten. 1926.

II. Band: §§ 35—84. Groß-Oktav. II, 452 Seiten. 1927.

„Was Hachenburg in seinen Neubearbeitungen aus diesem Buche gemacht hat, ist erstaunlich. Sein reiches juristisches Wissen, sein überlegener und kritischer Verstand, seine vorzügliche Gestaltungskraft und seine nur wenigen Juristen eigene vielseitige Auslegungskunst haben etwas Großes, Unvergleichliches geschaffen. Man findet selten ein literarisches Werk, in welchem Rechtsgelehrsamkeit und praktisches Können vereint einem Spezialgesetz so zugute kamen wie hier." *Zeitschrift für Aktiengesellschaften.*

Brodmann, Erich, **Gesetz, betr. die Gesellschaften mit beschränkter Haftung.** Kommentar. Zweite Auflage. Groß-Oktav. VIII, 304 Seiten. 1930. (Gewerbe- und Industrie-Kommentar Bd. I.) RM. 16.—, geb. RM. 18.—

Parisius, Ludolf, und **Crüger,** Hans, **Das Reichsgesetz, betr. die Gesellschaften mit beschränkter Haftung.** Textausgabe mit Anmerkungen und Sachregister. Achtzehnte Auflage, bearbeitet von Adolf Crecelius und Fritz Citron. Taschenformat. 244 Seiten. 1929. (Guttentagsche Sammlung Deutscher Reichsgesetze **Bd. 32.**) Geb. RM. 3.50

„Die äußerst sachkundig erläuterte Ausgabe wird von den interessierten Kreisen freudig begrüßt werden. Wir können das Bändchen der bekannten Sammlung bestens empfehlen."
Badische Wirtschafts-Zeitung.

Starke, Arthur, **Offene Handelsgesellschaften, Kommanditgesellschaften und stille Gesellschaften** von der Errichtung bis zur Auflösung. Nebst Vertrags- und Anmeldeformularen und mit Berücksichtigung des Steuerrechts. Oktav. XIV, 167 Seiten. 1928 . . . . RM. 5.—
Eine systematische Darstellung für Studium und Praxis.

Wechselordnung und Scheckrecht

Staubs Kommentar zur Wechselordnung. Fortgesetzt von J. Stranz und M. Stranz. Zwölfte Auflage, bearbeitet von M. Stranz und Martin Stranz. Groß-Oktav. 432 Seiten. 1929.
RM. 16.—, geb. RM. 18.—
„Staub-Stranz ist der Kommentar zur Wechselordnung. Auch die jüngste Auflage des Kommentars gibt einen echten Staub-Stranz. Weiterer Kommentar dazu ist überflüssig." Juristische Wochenschrift.

Stranz, J., und **Stranz,** M., **Wechselordnung** in der Fassung der Bekanntmachung vom 3. Juni 1908. Kommentar. Dreizehnte, der Neubearbeitung sechste Auflage. Taschenformat. 419 Seiten. 1930. (Guttentagsche Sammlung Deutscher Reichsgesetze Bd. 5.)
Geb. RM. 7.—
Diese Ausgabe enthält nicht etwa nur Hinweise und kurze Erläuterungen, sondern ist ihrer ganzen Anlage nach ein verkürzter Kommentar; außer der Wechselordnung bringt sie auch die bekannten Nebengesetze: sie umfaßt also das gesamte Wechselrecht.

Wechselordnung in der Fassung der Bekanntmachung vom 3. Juni 1908 (RGBl. S. 326 ff.). Mit einem Anhang, enthaltend den Wechselprozeß und Nebengesetze. Textausgabe mit Einleitung und Sachregister. Taschenformat. 102 Seiten. 1928. (Guttentagsche Sammlung von Textausgaben ohne Anmerkungen.) . . . . Geb. RM. 1.50
Vorteilhafte Anordnung, ein zuverlässiges Sachregister, das das Gesetz erschließt, Handlichkeit und sauberer Druck zeichnen auch die neue Auflage der Wechselordnung aus, deren Einleitung den letzten Stand dieser Materie erfaßt und deren Anhang „Nebengesetze" bis auf die letzte Zeit ergänzt ist.

Michaelis, Richard, **Scheckgesetz** mit allen einschlägigen Nebengesetzen, den ausländischen Gesetzen und dem Deutschen Postscheckgesetz mit Postscheckordnung. Kommentar. Groß-Oktav. VII, 339 Seiten. 1927. (Gewerbe- und Industrie-Kommentar Bd. II.) RM. 16.—, geb. RM. 18.—
„Wenn irgendein Buch, so entspricht dieses einem Bedürfnis."
Berliner Tageblatt.

Der Eigentumsvorbehalt in Wirtschaft und Recht. Herausgegeben von der Industrie- und Handelskammer zu Berlin. Oktav. 280 Seiten. 1931 . . . . RM. 4.—, geb. RM. 5.—
Die Industrie- und Handelskammer zu Berlin bringt in diesem Buche zum Thema „Kreditsicherung durch Eigentumsvorbehalt" eine geschlossene Reihe von Kapiteln erster Autoritäten bei, in denen diese zum Eigentumsvorbehalt von allen Gesichtspunkten (z. B. seiner Bedeutung in der Industrie, im Großhandel, im Einzelhandel, im Bankverkehr, im internationalen Verkehr, im Konkursverfahren, im Steuerrecht, im Strafrecht, seiner zweckmäßigsten Formulierung usw.) ausführlich Stellung nehmen. Seiner Zweckbestimmung nach ist dieses Buch gleicherweise nach der praktischen wie nach der wissenschaftlichen Seite hin orientiert.

Schiffahrtsrecht

Schaps, Georg, **Das deutsche Seerecht.** Kommentar zum vierten Buche des Handelsgesetzbuches (als Ergänzung zu Staub's Kommentar) nebst Erläuterungen zu den seerechtlichen Nebengesetzen. Zweite, vollständig umgearbeitete Auflage herausgegeben von Max Mittelstein † und Julius Sebba.
I. Band. (Handelsgesetzbuch: Viertes Buch.) Groß-Oktav. VIII, 1041 Seiten. 1921 . . . . RM. 25.—, geb. RM. 28.—
II. Band. (Seerechtliche Nebengesetze mit Nachtrag zur Ergänzung des I. Bandes nach dem Stand von 1929.) Bearbeitet von J. Sebba. XVI, 1108 Seiten. 1929 . . . . RM. 52.—, geb. RM. 55.—
„Die alte, auf der Staubschen Kommentierungsmethode beruhende Auflage erfreute sich mit Recht schon großen Ansehens. In diesen bewährten Bahnen leistet die zweite Auflage an Vollständigkeit, Übersichtlichkeit und Genauigkeit das Höchste, was Wissenschaft und Praxis nur wünschen können." Juristische Wochenschrift.

Brandis, Otto, **Das deutsche Seerecht** (mit Ausschluß des Seeversicherungsrechts.) I. Allgem. Lehren: Personen und Sachen des Seerechts. 130 Seiten. 1908. II. Die einzelnen seerechtlichen Schuldverhältnisse: Verträge des Seerechts und außervertragliche Haftung. 156 Seiten. 1908. (Sammlung Göschen Bd. 386/87.) . . . . . Geb. je RM. 1.80

Sebba, I., Das öffentliche Seerecht. Taschenformat. XVII, 597 Seiten. 1932. (Guttentagsche Sammlung Deutscher Reichsgesetze Bd. 19.) Geb. RM. 13.—

Sieveking, Gustav, **Das deutsche Seeversicherungsrecht.** Kommentar zum zehnten Abschnitt des vierten Buches des Handelsgesetzbuches. Lexikon-Oktav. 218 Seiten. 1912 . . . . . . RM. 5.—, geb. RM. 6.80

Allgemeine Deutsche Seeversicherungs-Bedingungen. Im Jahre 1919 herausgegeben von den deutschen Seeversicherern nach Beratung mit deutschen Handelskammern und Fachverbänden unter Vorsitz der Handelskammer Hamburg. 16.—20. Tausend. 50 Seiten. 1925 . RM. 2.—

General Rules of Marine. Insurance 1919 adopted by the German Underwriters. Authorised Translation by Dr. Alfred Sieveking, larger in Hamburg. 64 Seiten. 1920 . . . . RM. 3.—

Materialien zu den Allgemeinen Deutschen Seeversicherungs-Bedingungen. Im Auftrag der vereinigten Handelskammern herausgegeben von Prof. Dr. E. Bruck. Groß-Oktav. 2 Bände. 678 Seiten. 1920 . . RM. 10.—

v. Liebig, Eugen, **Die Transportversicherung.** Teil I: Die Seeversicherung. Systematische Darstellung des Seeversicherungswesens. Groß-Oktav. VIII, 226 Seiten. 1914 . . . . RM. 5.—

Bene, F., **Der Begriff des Versicherungsfalles in der Seeversicherung.** (Hamburger Rechtsstudien, herausgegeben von Mitgliedern der Rechts- und Staatswissenschaftlichen Fakultät der Hamburgischen Universität, Heft 1.) Groß-Oktav. 75 Seiten. 1928 . . . . RM. 4.50

Elkan, H. H., **Die Bedeutung des Interesses für die Veräußerung der versicherten Sache.** (Hamburger Rechtsstudien, herausgegeben von Mitgliedern der Rechts- und Staatswissenschaftlichen Fakultät der Hamburgischen Universität, Heft 2.) Oktav. 58 Seiten. 1928 . . RM. 4.—

Makower, H., **Gesetze, betreffend die privatrechtlichen Verhältnisse der Binnenschiffahrt und der Flößerei.** Nach den Materialien erläutert. Sechste, vermehrte Auflage, bearbeitet von E. Loewe. Taschenformat. 458 Seiten. 1923. (Guttentagsche Sammlung Deutscher Reichsgesetze Bd. 36.) . . . . Geb. RM. 4.—
„Das vorzüglich bearbeitete Buch dürfte mit seinen klaren und verständlichen Erläuterungen für jeden, der in irgendeiner Weise mit der Binnenschiffahrt und der Flößerei zu tun hat, ein nie versagender Ratgeber sein." Schiffbau.

Sebba, Jul., Seewasserstraßenordnung. (Polizeiverordnung zur Regelung des Verkehrs auf den deutschen Seewasserstraßen vom 31. März 1927.) Mit Nachtrag, enthaltend die Änderungen vom 31. März 1928 und vom 20. März 1930. Taschenformat. 493 Seiten. 1928. (Guttentagsche Sammlung Deutscher Reichsgesetze Nr. 171.) . . Geb. RM. 8.50

Die vorliegende Ausgabe ist für die an dem Gesetz interessierten beiden Fachgruppen, die der Nautiker und der Juristen, von gleich großer Bedeutung. Diese Verbindung zweier Kenntnisgebiete gibt dem vorliegenden Kommentar seine besondere Note und seinen großen Wert.

Genossenschaften

Parisius, Ludolf, **Crüger**, Hans, **Crecelius**, Adolf, und **Citron**, Fritz, **Das Reichsgesetz, betreffend die Erwerbs- und Wirtschaftsgenossenschaften.** Kommentar zum praktischen Gebrauch für Juristen, Genossenschaften und ihre Mitglieder. Zwölfte, neubearbeitete Auflage. Groß-Oktav. XVI, 605 Seiten. 1932 . . RM. 28.—, geb. RM. 30.—

In der neuen Auflage wurden alle seit Erscheinen der letzten Auflage eingetretenen Änderungen berücksichtigt, so daß der Kommentar in der neuen Form, seiner Aufgabe, dem praktischen Gebrauch für Juristen und Genossenschaften zu dienen, wieder in vollstem Maße gerecht wird.

Parisius, Ludolf, und **Crüger**, Hans, **Das Reichsgesetz, betreffend die Erwerbs- und Wirtschaftsgenossenschaften.** Textausgabe mit Anmerkungen und Sachregister. Zwanzigste, neubearbeitete und erweiterte Auflage von Hans Crüger, Adolf Crecelius und Fritz Citron. Taschenformat. 297 Seiten 1930. (Guttentagsche Sammlung Deutscher Reichsgesetze Bd. 29.) . . . . Geb. RM. 4.—

„In knapper und klarer Form werden die gesetzlichen Bestimmungen abgehandelt und alles zum Verständnis unbedingt Erforderliche in den Anmerkungen beigebracht. Das Werk kann nur empfohlen werden.“ Ministerialblatt f. d. Preuß. innere Verwaltung.

Verschiedenes

Schreiber, Otto, **Handelsrechtliche Nebengesetze.** Taschenformat. VIII, 1002 Seiten. 1926. (Guttentagsche Sammlung Deutscher Reichsgesetze Bd. 162.) . . . . Geb. RM. 14.—

„Die Sammlung ist ein unentbehrliches Hilfsmittel für den Praktiker. Die Zusammenstellung ist sehr zuverlässig; auch das Sachregister von Kleffel verdient volle Anerkennung.“

Zentralblatt für Handelsrecht.

Staffel, W., **Verordnung gegen Mißbrauch wirtschaftlicher Machtstellungen** vom 2. November 1923. Kommentar. Oktav. 108 Seiten. 1927. (Guttentagsche Sammlung Deutscher Reichsgesetze Bd. 167.) Geb. RM. 3.50

„Die für das Wirtschaftsrecht so wichtige Kartellverordnung findet hier eine eingehende Kommentierung. Die Erläuterungen werden daher um so unentbehrlicher für die wirtschaftliche Praxis auf diesem Gebiete sein.“ Industrie- und Handelszeitung.

Lusensky, F., **Gesetz über die Handelskammern.** Taschenformat. (Guttentagsche Sammlung Preußischer Gesetze Bd. 21.)

Neue Auflage in Vorbereitung.

Göppert-Seydel, Hypothekenbankgesetz vom 13. Juli 1899 (mit den Änderungen durch die Gesetze vom 14. Juli 1923, vom 26. Januar 1926 und 21. Dezember 1927). Textausgabe mit Einleitung, Anmerkungen und Sachregister. Dritte Auflage bearbeitet von Dr. **Martin Friedlaender.** Taschenformat. VIII, 202 Seiten. 1929. (Guttentagsche Sammlung Deutscher Reichsgesetze Nr. 51.) . . . . . Geb. RM. 5.—

„. . . *In seiner neuen Gestalt ist der Kommentar eine vollständige, bis ins einzelne gehende, auf den neuesten Stand geführte Bearbeitung und Erläuterung des Gesetzes, die über alle einschlägigen Fragen erschöpfende Auskunft gibt.*" *Berliner Tageblatt.*

Behlert, Heinz, **Der Konnossement-Teilschein.** Groß-Oktav. 79 Seiten. 1930.
(Hamburger Rechtsstudien, Heft 5.) RM. 5.—

Die Schrift löst die Frage, ob ein Konnossement-Teilschein dem Konnossement gleichzusetzen ist, unter Zugrundelegung der Hamburger Verhältnisse und unter Berücksichtigung der Rechtsprechung, der Lehre und des ausländischen Rechtes.

Lion, Robert, **Reine Konnossemente gegen Revers.** Groß-Oktav. 78 Seiten. 1930.
(Hamburger Rechtsstudien, Heft 7.) RM. 5.—

Die Abhandlung beginnt mit einer ausführlichen Darstellung der Entwicklung, Anwendung und Funktion des Konnossementsreverses. Es folgt eine Untersuchung der rechtlichen Probleme, die sich bemüht, die wirtschaftlichen Interessen aller Beteiligten gegeneinander abzuwägen; eine eingehende Übersicht über die Rechtsprechung ist mit ihr verbunden. Den Abschluß bildet eine Darstellung und Würdigung der zahlreichen Reformvorschläge. Wirtschaft und Recht des Auslandes sind in weitestgehendem Umfange berücksichtigt.

Bank und Börse

Koch, R., und **Schacht,** Hjalmar, **Die Reichsgesetzgebung über das Münz- und Notenbankwesen.** Textausgabe mit Anmerkungen und Sachregister. Siebente, völlig neubearbeitete Auflage. Taschenformat. XVIII, 617 Seiten. 1925. (Guttentagsche Sammlung Deutscher Reichsgesetze Bd. 26.) . . . . Geb. RM. 14.—
Nachtrag im Druck.

„Dieser Kommentar zeichnet sich durch Vollständigkeit und Reichhaltigkeit aus und bietet außerdem in der Einleitung einen vortrefflichen Überblick über die Entwicklung des deutschen Noten- und Geldwesens während der letzten Jahrzehnte."
Monatsschrift für Handelsrecht und Bankwesen.

Nußbaum, Arthur, **Bank- und Börsenrecht.** Eine Sammlung von Gesetzen und Geschäftsbedingungen. Taschenformat. XII, 622 Seiten. 1927. (Guttentagsche Sammlung Deutscher Reichsgesetze Bd. 169)
Geb. RM. 11.—

Die vorliegende Sammlung der verstreuten bank- und börsenrechtlichen Vorschriften fehlte bisher in der kaufmännischen und juristischen Bankpraxis ebenso wie im handelsrechtlichen und betriebswirtschaftlichen Unterricht. Ihr Erscheinen wurde daher vielseitig begrüßt. Die Sammlung berücksichtigt auch die dem freien Verkehr entstammenden Rechtsbildungen.

Kommentar zum Börsengesetz. Im Auftrage des Centralverbandes des Deutschen Bank- und Bankiergewerbes (E. V.) bearbeitet von H. Rehm, H. Trumpler, Heinrich Dove, Ernst Neukamp, R. Schmidt-Ernsthausen, James Breit. Mit einem Vorwort von J. Rießer. Lexikon-Oktav. VIII, 464 Seiten. 1909.
RM. 12.—, geb. RM. 13.50

„Einen so guten Kommentar zum Börsengesetz hat es noch nie gegeben. Wer sich darein vertieft, wird reiche Belehrung daraus schöpfen über das Börsenwesen im allgemeinen und über seine Rechtsübung und Rechtsprechung im besonderen."
Sächsisches Archiv für Rechtspflege.

Hemptenmacher, Th., **Börsengesetz.** Dritte Auflage von O. Meyer. Taschenformat. XXIII, 373 Seiten. 1915. (Guttentagsche Sammlung Deutscher Reichsgesetze Bd. 41.) . . . . Geb. RM. 3.50

„Das Bändchen bringt neben einem kurzen Überblick und einem vorteilhaft erweiterten Anhang das Börsengesetz nebst Ausführungsbestimmungen." *Bayrische Handelszeitung.*

Lusensky, F., Gesetz, betreffend die Pflichten der Kaufleute bei Aufbewahrung fremder Wertpapiere (Depotgesetz). Neue Auflage in Bearbeitung. (Guttentagsche Sammlung Deutscher Reichsgesetze Bd. 40.)

Frohner, G., Aktiensonderdepot und Legitimationsübertragung. (Hamburger Rechtsstudien, herausgegeben von Mitgliedern der Rechts- und Staatswissenschaftlichen Fakultät der Hamburgischen Universität, Heft 3.) Groß-Oktav. VII, 114 Seiten. 1929 . . . . RM. 7.—

Schwerin, Frh. Cl. von, Recht der Wertpapiere (einschließlich Wechsel- und Scheckverkehr). Oktav. X, 234 Seiten. 1924. (Lehrbücher und Grundrisse der Rechtswissenschaft Bd. 7.) RM. 7.—, geb. RM. 8.50

„Das Buch löst seine Aufgabe, den Studierenden eine Einführung in die Materie des Wertpapierrechts zu geben, ausgezeichnet, vor allem deshalb, weil es eine gute theoretische Fundierung mit einer dem Lehrzweck entsprechenden Darstellung des praktischen Rechts und der Rechtstatsachen verbindet." *Deutsche Juristenzeitung.*

Hollaender, Adolf, **Preis- und Zinssenkung.** (Siehe „Die Vierte Notverordnung" Seite 12.)

Zeitgemäße Bankrechtsfragen. Festgabe der Rechtsabteilung der Disconto-Gesellschaft zum 70. Geburtstage des Herrn Dr. jur. Arthur Salomonsohn. Quart. 126 Seiten. 1929 . . . RM. 8.—, geb. RM. 10.—

„Der Band enthält 8 vorzügliche Aufsätze. Die Verfasser befassen sich mit Problemen, die in der Rechtsabteilung einer Großbank oft zur Debatte stehen und deren endgültige Klärung ein praktisches Bedürfnis ist." *Wirtschaftl. Nachrichten.*

Verhandlungen des VII. allgemeinen deutschen Bankiertages. Köln 9.—11. September 1928 auf Grund stenographischer Berichte. Groß-Oktav. 436 Seiten. 1928 . . . . RM. 10.—

III. Grenzgebiete des Bürgerlichen Rechts

1. Privat- und Sozialversicherung

Koenige, Heinrich, und **Petersen, A., Gesetz über die privaten Versicherungsunternehmungen** vom 12. Mai 1901. Textausgabe mit Anmerkungen und Sachregister. Dritte, umgearbeitete Auflage. Taschenformat. 856 Seiten. 1927. (Guttentagsche Sammlung Deutscher Reichsgesetze Bd. 62.) . . . . Geb. RM. 20.—

„Für Theorie und Praxis der Privatversicherung ein unentbehrliches Hilfsmittel." *Deutsche Versicherten-Zeitung.*

Ergänzt durch:

Koenige, Heinrich, **Petersen,** A. und **Wirth,** K., **Gesetz über die Beaufsichtigung der privaten Versicherungsunternehmungen und Bausparkassen** vom 6. Juni 1931. Textausgabe, enthaltend den vollständigen, geltenden Gesetzestext sowie Erläuterungen zu den neuen, auf dem Gesetz vom 30. März 1931 beruhenden Vorschriften. Nachtrag zu Koenige-Petersen, Private Versicherungsunternehmungen, dritte Auflage (Bd. 62 der Sammlung). Taschenformat. 238 Seiten. 1931. (Guttentagsche Sammlung Deutscher Reichsgesetze Bd. 62a.) . . . . Geb. RM. 6.—

Die vorliegende Ausgabe enthält den vollständigen Gesetzestext, nicht nur die geänderten und zugefügten Paragraphen. Sie erläutert jedoch nur die in der Neuschöpfung des Gesetzes geänderten Bestimmungen, während hinsichtlich der unverändert gebliebenen gesetzlichen Vorschriften auf den Kommentar von Koenige-Petersen verwiesen wird.

Bruck, E., Reichsgesetz über den Versicherungsvertrag nebst dem zugehörigen Einführungsgesetz vom 30. Mai 1908. Siebente, neubearbeitete Auflage. Taschenformat. 576 Seiten. 1932. (Guttentagsche Sammlung Deutscher Reichsgesetze Bd. 83.) Geb. RM. 14.—

„. . . Obwohl ich mit dem Worte „unentbehrlich" sparsam umgehe, muß ich anerkennen, daß niemand, der in irgendwelcher Art mit Versicherungsgeschäften zu tun hat, den Bruck'schen Kommentar entbehren könnte." Reichsgerichtsrat Schliewen i. d. Jurist. Rundschau.

Moldenhauer, Paul, Das Versicherungswesen.
I. Allgemeine Versicherungslehre. Vierte Auflage. 152 Seiten. 1925. (Sammlung Göschen Bd. 262.) . . . . Geb. RM. 1.80
II. Die einzelnen Versicherungszweige. Zweite Auflage. 130 Seiten. 1923. (Sammlung Göschen Bd. 636.) . . . . Geb. RM. 1.80

„Das Buch ist für jeden, der sich mit dem Versicherungswesen und seinen Zweigen vertraut machen will, ein trefflicher Führer."
Versicherungspost.

Die Entwicklung des privaten Versicherungswesens in dem Jahrfünft 1902—1906. Groß-Oktav. 53 Seiten. Mit 3 Tafeln. 1909. RM. 2.—
— in dem Jahrfünft 1907—1911. Groß-Oktav. 61 Seiten. 1912. RM. 2.50

Veröffentlichungen des Reichs-Aufsichtsamts für Privatversicherung. Groß-Oktav. 30. Jahrgang. Pro Band RM. 40.—, bis RM. 50.—

Gesamtregister zu den Veröffentlichungen des Reichs-Aufsichtsamts für Privatversicherung. 1912—26. 184 Seiten. 1928 . . . . RM. 14.—

Versicherungsstatistik für 1902 über die unter Reichsaufsicht stehenden Unternehmungen. Herausgegeben vom Reichsaufsichtsamt für Privatversicherung. Lexikon-Oktav. LXXVII, 384 Seiten. 1905. RM. 10.—
— für 1903 bis 1917 . . . . Je Jahrgang RM. 10.—
— für 1928 bis 1929. 1930 . . . . RM. 24.—
— für 1930. 1931 . . . . RM. 13.—

v. Liebig, Eugen, Das deutsche Feuerversicherungswesen. Groß-Oktav. 211 Seiten. 1911 . . . . RM. 5.—

„In einer außerordentlich klaren Darstellung gibt der Verfasser einen geschichtlichen Überblick von den Gilden an bis zum gegenwärtigen Stand der Feuerversicherung in Deutschland. Das Buch ist in so flüssiger, schöner Sprache geschrieben, daß auch der Anfänger und selbst der Laie durch die fesselnde Darstellung leicht einen tiefen Einblick in das Wesen der Feuerversicherung gewinnen wird." Archiv für Versicherungswirtschaft.

Weygand, J., Die Grundzüge der Kundenversicherung. (Generalversicherung der Speditions- und Lagergüter.) Mit einer Einleitung über das Interesse als Element der Sachversicherung. Groß-Oktav. 162 Seiten. 1914 . . . . RM. 4.—

„Das interessante Werk bietet namentlich für Juristen wertvolle Hinweise zur Rechtsbehandlung der Kundenversicherungsfrage."
Archiv für Gewerbepolitik und Volkswirtschaft.

Berliner, Ludwig, und Pfaffenberger, Ernst, Aufwertung von Versicherungsansprüchen mit Durchführungsbestimmungen.
I. Teil. Oktav. 235 Seiten. 1926. Mit Nachtrag. (Guttentagsche Sammlung Deutscher Reichsgesetze Bd. 164.) . . . . Geb. RM. 6.50
II. Teil: Sach- und Transportversicherung; Unfall- und Haftpflichtversicherung. Oktav. 112 Seiten. 1926. (Guttentagsche Sammlung Deutscher Reichsgesetze Bd. 164a.) . . . . Geb. RM. 3.50

„Ein bedeutsamer Kommentar, durch den die gesetzlichen Bestimmungen von der juristischen und versicherungstechnischen Seite aus

eingehend erläutert werden. In seinem straffen, systematischen Aufbau, der Geschlossenheit der Darstellung muß man das Buch als ein Standardwerk für das gesamte versicherungsrechtliche Aufwertungsgebiet bezeichnen.

Ein unentbehrlicher Ratgeber in allen interessierten Kreisen."

Versicherungs-Post, Berlin.

Tsirintanis, Alexander, **Die Order-Police.** Groß-Oktav. 95 Seiten. 1930. (Hamburger Rechtsstudien, Heft 6.) RM. 6.—

Der Verfasser behandelt die Frage, inwieweit das Versicherungsrecht, um den heutigen Verkehrsbedürfnissen zu entsprechen, die Orderklausel und das Indossament verwerten kann. Nach einer Darstellung und kritischen Würdigung der Ergebnisse aus der Anorderstellung des Versicherungsscheins in anderen Ländern, insbesondere in Frankreich, versucht der Verfasser die rechtlichen und wirtschaftlichen Folgen aus der Ausstellung von Order-Polizen darzulegen. In einem besonderen Teil wird die Order-Polize mit anderen, auf denselben wirtschaftlichen Erfolg gerichteten Rechtsinstituten, namentlich der Versicherung für Rechnung wen es angeht, verglichen und die vorhandenen Unterschiede gestreift.

Lippmann, Karl, **Die Reichsversicherungsordnung** nebst dem Einführungsgesetze, den wichtigsten Ausführungsvorschriften, den ergänzenden Gesetzen und Verordnungen sowie den Verordnungen über das Verfahren. **Nach dem Stande vom 8. Dezember 1931.** Textausgabe mit Anmerkungen, Einleitung (Übersicht über den Inhalt der Reichsversicherungsordnung) und Sachregister. Taschenformat. XVI, 767 Seiten. 1932. (Guttentagsche Sammlung Deutscher Reichsgesetze, Kommentare und erläuterte Textausgaben, Bd. 161.) . Geb. RM. 18.— Die Ausgabe wird durch Nachträge auf dem laufenden gehalten.

„Das Buch dürfte sich in der Bibliothek eines jeden finden, der sich mit der Reichsversicherungsordnung befaßt. Es gehört zu den praktisch wertvollsten. Deutsche Allgemeine Zeitung.

Lippmann, Karl, **Sozialversicherung und Fürsorge.** (Siehe „Die Vierte Notverordnung" Seite 12.)

Reuß, Max, und **Hense,** Fritz. **Das Reichsknappschaftsgesetz** vom 1. Juli 1926 nebst Einführungsgesetz. 2. Aufl. Taschenformat. XVI, 640 Seiten. 1926. (Guttentagsche Sammlung Deutscher Reichsgesetze Bd. 155.) . . . . Geb. RM. 12.—

„Die Herausgabe des Gesetzes bedarf keiner besonderen Empfehlung. Das Buch kann allen, die auf dem Gebiete des Knappschaftswesens tätig sind, aufs wärmste empfohlen werden."

Zeitschrift für Bergrecht.

Embden, Helmuth, **Versicherung für Rechnung wen es angeht.** Groß-Oktav. VIII, 39 Seiten. 1930 . . . . RM. 3.— (Hamburger Rechtsstudien, Heft 8.)

Im ersten Teil wird der versicherungsrechtliche Interessenbegriff im streng individualistischen Sinne präzisiert. Im Hauptteil versucht dann der Verfasser, die universelle Vertragsform der Versicherung für Rechnung wen es angeht in Einklang mit einer so engen Auffassung des Interessenbegriffs zu bringen.

Angestelltenversicherungsgesetz vom 28. Mai 1924. Zweite Auflage. Taschenformat. 143 Seiten. 1927. Mit Nachtrag. (Guttentagsche Sammlung Deutscher Reichsgesetze. Textausgaben ohne Anmerkungen.) Geb. RM. 2.50

Manes, Alfred, **Sozialversicherung.** 7., ergänzte Aufl. 1928. Kl.-Oktav. 139 Seiten. (Sammlung Göschen Bd. 267.) . . . . Geb. RM. 1.80

„Es gibt keine andere Darstellung der geltenden Sozialversicherung, die in solch erfreulicher Kürze und Sachlichkeit durch die annähernd 2400 Paragraphen führt."

Hanseatische Rechts- und Gerichts-Zeitschrift.

Schmeißer, Herbert, **Das Gesetz über Arbeitsvermittlung und Arbeitslosenversicherung** in der Fassung der Notverordnung vom 1. Dezember 1930. 2 Bände. Taschenformat. Band I: XVI, 639 Seiten. 1931. Band II erscheint im Sommer 1932. (Guttentagsche Sammlung Deutscher Reichsgesetze Bd. 165.) . . . . Geb. RM. 15.—

Der bekannte Verfasser bringt mit diesem Werk einen Kommentar zum gesamten Arbeitsvermittlungs- und Arbeitslosenrecht, das im Laufe der Jahre umfangreichen Änderungen unterworfen war und so unübersichtlich geworden ist, daß eine straffe, übersichtliche und allgemeinverständliche Kommentierung für den Fach- und Nichtfachmann immer dringlicher wird. Der Verfasser berücksichtigt das gesamte einschlägige Material: Rechtsprechung der Arbeitsgerichte, der Spruchbehörden, der Arbeitslosenversicherung und der Beschluß- und Spruchbehörden der RVO. Die grundsätzlichen Entscheidungen des Spruchsenats für die Arbeitslosenversicherung sind bis Ende Januar 1931 verarbeitet, ferner die Begründung zu den Gesetzentwürfen und die Verhandlungen der gesetzgebenden Körperschaften. — Auch die vielen Ausführungsbestimmungen sind erläutert.

2. Arbeitsrecht

Depène, Hans, **Das Arbeitsgerichtsgesetz.** Taschenformat. (Guttentagsche Sammlung Deutscher Reichsgesetze Bd. 168.) 2. Auflage im Druck.

Arbeitsrechtliche Spruchsammlung. Beilage zum Deutschen Handwerksblatt. Herausgegeben von Amtsgerichtsrat Dr. Theodor Rohlfing, hauptamtlicher Vorsitzender beim Arbeitsgericht Berlin.
Pro Quartal RM. 0.90

Die Sammlung berichtet fortlaufend über die obergerichtliche Rechtsprechung auf dem Gebiete des Arbeitsrechts. Sie bildet eine wertvolle Ergänzung der amtlichen Sammlung.

Günther, Adolf, und **Schneider,** Richard, **Arbeiterschutz und Arbeitsrecht. Zweite Auflage. Taschenformat.**

I. Teil: Arbeitszeitschutz. Das Arbeitszeitnotgesetz und die übrige arbeitszeitrechtliche Gesetzgebung des Reichs seit dem 9. November 1918. 386 Seiten. 1927 . . . . Geb. RM. 7.50

„Der Kommentar umfaßt die gesamte arbeitszeitrechtliche Gesetzgebung von der Staatsumwälzung bis zur Gegenwart.
Die Wirtschaftsgenossenschaft.

II. Teil: Gesetz über die Beschäftigung Schwerbeschädigter nebst den einschlägigen gesetzlichen Bestimmungen. 404 Seiten. 1928. (Guttentagsche Sammlung Deutscher Reichsgesetze Bd. 138a/138c.)
Geb. RM. 8.—

„Das Buch stellt nicht nur beim Studium des Gesetzes ein wertvolles Hilfsmittel dar, sondern ist auch für den Handgebrauch des Arbeitsrechtspraktikers unentbehrlich." Berliner Wohlfahrtsblatt.

IV. Teil: **Betriebsstillegungsverordnung.** 240 Seiten. 1929. (Guttentagsche Sammlung Deutscher Reichsgesetze. Bd. 138d.) Geb. RM. 6.50

Rohlfing, Theodor, **Arbeitsrechtliche Vorschriften.** (Siehe „Die Vierte Notverordnung" Seite 12.)

Warneyer, Otto, **Betriebsrätegesetz** vom 4. Februar 1920 nebst der Wahlordnung zum Betriebsrätegesetz, dem Aufsichtsratsgesetz samt Wahlordnung und den Ausführungsverordnungen des Reichs und der Länder. Auf der Grundlage der Güntherschen Textausgabe mit Anmerkungen erläutert unter besonderer Berücksichtigung der Rechtsprechung des Reichsgerichts und des Reichsarbeitsgerichts. Zweite Auflage. Taschenformat. 235 Seiten. 1931. (Guttentagsche Sammlung Deutscher Reichsgesetze Bd. 138b.) . . . . . . Geb. RM. 5.—

Diese Handausgabe ist ihrer Anlage nach ein verkürzter Kommentar, der die Entwicklung des Gesetzes, der Rechtsprechung — vor allem des Reichsarbeitsgerichts! — und der einschlägigen Literatur bis Ende 1930 berücksichtigt.

Tilly, Dr. Helmuth Tczerclas von, **Internationales Arbeitsrecht.** Unter besonderer Berücksichtigung der Internationalen Arbeitsorganisation. 120 Seiten. 1924. (Sammlung Göschen Bd. 882.) . . . . Geb. RM. 1.80

Es ist das erste Werk, das in klarer, kurzer und allen leicht verständlicher Weise das gesamte grundlegende Tatsachenmaterial — und zwar nur dieses — auf dem umfassenden Gebiete des internationalen Arbeiterschutzes von dessen ersten Anfängen bis in die neueste Zeit bietet.

v. Ungern-Sternberg, Die Auflösung und Fusion von Berufsvereinen und ihre arbeitsrechtliche Bedeutung. Oktav. IV, 52 Seiten. 1931. RM. 3.50

Für laufende Tarifverträge ebenso wie für Schlichtungsverfahren haben Auflösung und Fusion von Gewerkschaften bzw. Arbeitgeberverbänden erhebliche Bedeutung. Deshalb lohnt eine zusammenfassende Durchforschung und Darstellung der Materie wohl. An Hand von Literatur und Rechtsprechung werden alle Zweifelsfragen hier geklärt. Die Schrift bringt den Beteiligten wertvolle Unterlagen für die Praxis.

3. Gewerberecht

Hiller, Fr., und **Luppe**, H., **Gewerbeordnung für das Deutsche Reich nebst Kinderschutzgesetz und Hausarbeitsgesetz** sowie den für das Reich und Preußen erlassenen Ausführungsbestimmungen. Einundzwanzigste, veränderte Auflage. (143. bis 148. Tausend.) Taschenformat. 931 Seiten. 1928. Mit Nachtrag vom 11. 2. 1929. (Guttentagsche Sammlung Deutscher Reichsgesetze Bd. 6.) . . . . Geb. RM. 11.—

„Ein Wort der Empfehlung für dieses Buch zu sagen, erübrigt sich. Hervorgehoben sei, daß diese Auflage alle Vorzüge der früheren Auflagen in sich schließt. Die zahlreichen neuen Gesetze sind erschöpfend berücksichtigt.“ Zeitschrift des Deutschen Notarvereins.

Gewerbeordnung für das Deutsche Reich nebst **Gaststättengesetz, Kinderschutzgesetz und Hausarbeitsgesetz.** Textausgabe mit Einleitung und Sachregister. Taschenformat. IV, 200 Seiten. 1932. (Guttentagsche Sammlung von Textausgaben ohne Anmerkungen mit Sachregister . . . . Geb. RM. 3.40

Brassert, H., **Allgemeines Berggesetz** für die preußischen Staaten mit Kommentar. Zweite Auflage, bearbeitet von Hans Gottschalk. Groß-Oktav. XXIX, 1291 Seiten. 1914. RM. 27.—, geb. RM. 30.—

Sonnenfeld, Hugo, **Die reichsrechtlichen Bestimmungen, betreffend den Handel mit Drogen und Giften.** Dritte, veränderte Auflage. Taschenformat. 435 Seiten. 1926. (Guttentagsche Sammlung Deutscher Reichsgesetze Bd. 64.) . . . . Geb. RM. 12.—

„Die Arbeit gehört einem Spezialgebiet an, mit dem nicht jeder Jurist zu tun hat. Wird er einmal genötigt, sich auf dieses Gebiet zu begeben, so ist er um so dankbarer für eine Arbeit, die sofort den Eindruck größter Sachkunde und vollständiger Materialsammlung macht, und deren Führung man sich unbedenklich anvertrauen kann.“ Vossische Zeitung.

Friedrichs, Karl, **Gaststättengesetz** vom 28. April 1930 mit den Durchführungs- und Ausführungsverordnungen des Reichs und Preußens. Taschenformat. VIII, 144 Seiten. 1930. (Guttentagsche Sammlung Deutscher Reichsgesetze, Textausgabe mit Erläuterungen und Sachregister, Band 176.) . . . . RM. 3.50

Eine vollständige und zuverlässige Erläuterung des neuen Gesetzes; die Durch- und Ausführungsverordnungen für das Reich und Preußen sind wörtlich abgedruckt und, soweit notwendig, erläutert.

Lebbin, Georg, **Nahrungsmittelgesetze** mit Erläuterungen. Zweite, stark vermehrte Auflage in zwei Bänden.

I. Band: Das Lebensmittelgesetz vom 5. Juli 1927 mit Nebengesetzen (Margarine, Fleisch, Milch, Süßstoff, Essigsäure usw.). Erläutert von G. Lebbin und R. Gießner. Taschenformat. XVI, 419 Seiten. 1928. Geb. RM. 8.50

II. Band: Getränkegesetze und Getränkesteuergesetze (Wein, Bier, Branntwein, Mineralwasser). Unter Mitarbeit von Rechtsanwalt Dr. Kniebe. Taschenformat. XII, 400 Seiten. 1926. (Guttentagsche Sammlung Deutscher Reichsgesetze Bd. 54b.) . . . . Geb. RM. 10.—

„Das Werk ist für unsere Leser und überhaupt die ganze Fachwelt der Getränkeindustrie unentbehrlich, muß doch jedermann mit den einschlägigen Gesetzesbestimmungen sich soweit wie irgend möglich vertraut machen, wenn er nicht in Nachteile geraten will. Die Anschaffung des Buches kann bestens empfohlen werden."
Branntweinmonopol.

Voß, Werner, **Die reichs- und landesrechtlichen Bestimmungen auf dem Gebiete des Gesundheitswesens.** Taschenformat. 608 Seiten. 1929. (Guttentagsche Sammlung Deutscher Reichsgesetze Bd. 172.) Geb. RM. 11.—

„Das Buch wird seiner Aufgabe, fast den gesamten Gesetzesstoff in einem einzigen kleinen Bande in die Hand zu geben, gewiß gerecht und wird sich schnell als unentbehrliches Hilfsmittel für jeden erweisen, der öfter mit dem Gesundheitswesen zu tun hat." *Reichsverwaltungsblatt.*

4. Geistig-gewerblicher Rechtsschutz.

Elster, Alexander, **Urheber- und Erfinder-, Warenzeichen- und Wettbewerbsrecht.** (Gewerblicher Rechtsschutz.) Zweite, stark erweiterte und völlig umgearbeitete Auflage. Mit Abdruck der Gesetzestexte. Oktav. XII, 611 Seiten. 1928. Mit Nachtrag 1931. (Lehrbücher und Grundrisse der Rechtswissenschaft Bd. VIII.) RM. 18.—, geb. RM. 19.50

„Seit Kohler und Osterrieth endlich wieder das lang entbehrte Lehrbuch. Hier unternimmt ein wahrhaft selbständiger und ideenreicher Kopf den Versuch, eine wirkliche Synthese zu schaffen."
Juristische Rundschau.

Neuberg, J., **Der internationale gewerbliche Rechtsschutz.** 2. Auflage. 128 Seiten. 1923. (Sammlung Göschen Bd. 271.) . . . Geb. RM. 1.80

Daude, Paul, **Die Reichsgesetze über das Urheberrecht an Werken der Literatur und der Tonkunst und das Verlagsrecht** vom 19. Juni 1901 in der Fassung des Gesetzes vom 22. Mai 1910 zur Ausführung der revidierten Berner Übereinkunft. Oktav. VIII, 293 Seiten. 1910. RM. 6.—

„Der Zusammenhang der erläuterten Gesetze mit dem Strafgesetzbuch, dem Bürgerlichen Gesetzbuch und anderen Gesetzen ist in leichtverständlicher Weise praktisch dargestellt. Es wird vorzügliche Dienste leisten." *Deutsche Literatur-Zeitung.*

Lindemann, O., **Gesetz, betr. das Urheberrecht** an Werken der Literatur und der Tonkunst. Vierte Auflage. Taschenformat. 171 Seiten. 1921. (Guttentagsche Sammlung Deutscher Reichsgesetze Bd. 60.) Geb. RM. 1.80

„Die Arbeit ist nicht bloß eine Gesetzesausgabe, sondern ein wertvoller Kommentar des Gesetzes. Das Werk sei jedermann auf das beste empfohlen." *Juristische Wochenschrift.*

Fuld, Ludwig, **Gesetz, betr. das Urheberrecht an Werken der bildenden Künste und der Photographie.** Zweite Auflage. Taschenformat. 192 Seiten. 1925. (Guttentagsche Sammlung Deutscher Reichsgesetze Bd. 81.) . . . . Geb. RM. 6.—

„Der zwar kleine, aber inhaltreiche und daher sehr beliebte Kommentar von Fuld erscheint in zweiter, völlig neubearbeiteter Auflage. Überall ist dem Stande der heutigen Rechtsprechung und wissenschaftlichen Auffassungen Rechnung getragen. In einem Anhang sind die einschlägigen internationalen Übereinkommen abgedruckt. Alle Interessenten werden mit Freuden die neue Auflage begrüßen."
Danziger Juristische Monatsschrift.

Reininger, G., Der Schutz des Urheberrechts im deutschen Rundfunk. Oktav. 88 Seiten. 1929 . . . . RM. 4.—
„Eine interessante, zeitgemäße, namentlich auch für geistige Neuschöpfer wichtige Studie." *Badische Rechtspraxis.*

Giesecke, Hans, **Die juristischen Probleme des Bildfunks.** 1932. Im Druck.

Andritzky, Christoph, **Die Rechtsstellung des Drehbuchautors.** Oktav. XI, 80 Seiten. 1931 . . . . RM. 3.50
Andritzky äußert sich zu den Streitfragen um die Urheberschaft am Film. Er trennt scharf zwischen künstlerischer Leistung und künstlerisch-urheberischer Schöpfung und kommt zu der These: Der Filmurheber ist der Urheber des kurbelfertigen Drehbuches. — Die Verhältnisse beim Tonfilm sind, soweit dies möglich erschien, berücksichtigt.

Heinitz, Ernst, und **Marwitz,** Bruno, **Das Reichsgesetz über das Verlagsrecht.** Textausgabe mit Einleitung, Anmerkungen und Sachregister. Dritte Auflage. Taschenformat. 136 Seiten. 1922. (Guttentagsche Sammlung Deutscher Reichsgesetze Bd. 61.) . . . . Geb. RM. 1.60
„Dieser kurze Kommentar ist durch seine knappen, das Wichtige klar vortragenden Darlegungen dazu berufen, eine Lücke auszufüllen, die sich für den Praktiker des Verlagsrechts seit Jahren ergab. Man darf deshalb das Erscheinen dieser neuen Auflage aus der Feder des Spezialisten des Verlagsrechts mit größter Freude begrüßen."
Börsenblatt für den Deutschen Buchhandel.

Elster, A., Das deutsche Urheber- und Verlagsrecht. 128 Seiten. 1923. (Sammlung Göschen Bd. 863.) . . . . Geb. RM. 1.80
„Erstaunlich ist, wie Elster diese beiden so viel umstrittenen Gesetze auf so engem Raum in vortrefflicher Weise zur Darstellung gebracht hat." *Deutscher Journalistenspiegel.*

Heymann, E., Die zeitliche Begrenzung des Urheberrechts. Oktav. 74 Seiten. 1927. (Sitzungsberichte der Preußischen Akademie der Wissenschaften zu Berlin.) . . . . RM. 5.—

Pietzcker, Eduard, **Patentgesetz und Gebrauchsmusterschutzgesetz.** Kommentar unter Berücksichtigung der vorgeschlagenen und weiter beantragten Abänderungen des Patentgesetzes. Erster Halbband: §§ 1—12 PatG. Groß-Oktav. 427 Seiten. 1929. (Gewerbe- und Industrie-Kommentar Bd. V, 1.) Der zweite, das Werk abschließende Band, wird 1932 erscheinen. . . . . . RM. 26.—, geb. RM. 28.—
„Die überall zutage tretende geistige Leistung macht Pietzckers Kommentar für jeden, der sich mit diesem Rechtsgebiet zu beschäftigen hat, zum unentbehrlichen Rüstzeug."
Markenschutz und Wettbewerb.

Seligsohn, Arnold, **Patentgesetz und Gesetz, betr. den Schutz von Gebrauchmustern.** Siebente Auflage. Oktav. 1932. Im Druck.

Lutter, R., Patentgesetz. Nebst Ausführungsbestimmungen, völkerrechtlichen Verträgen und Patentanwaltsgesetz, unter eingehender Berücksichtigung der Rechtsprechung des Reichsgerichts und der Praxis des Reichspatentamts. Neunte Auflage. Taschenformat. XV, 467 Seiten. 1928. (Guttentagsche Sammlung Deutscher Reichsgesetze Bd. 22.) Geb. RM. 10.—

„Der jetzige Verfasser hat einen völlig neuen Kommentar geschaffen, der in seiner Knappheit und Sparsamkeit dem ursprünglichen Zweck gerecht wird, aber an wissenschaftlicher Durcharbeitung und Gründlichkeit die vorangegangenen Auflagen weit überragt."
Gewerblicher Rechtsschutz und Urheberrecht.

Elster, A., Das deutsche Erfinderrecht. (Patent- und Musterschutzrecht). 118 Seiten. 1924. (Sammlung Göschen Bd. 891.) . . Geb. RM. 1.80
„Die Aufgabe, einen Überblick über das deutsche Erfinderrecht zu geben, ist im Rahmen der kurzen Erörterungen mit viel Geschick gelöst. Deshalb wird das Büchlein auch bei allen Gruppen der am Patentrecht interessierten Personen seine Freunde finden."
Gewerblicher Rechtsschutz und Urheberrecht.

Seligsohn, Jul., Geheimnis und Erfindungsbesitz. Groß-Oktav. 147 Seiten. 1921 . . . . RM. 3.—

Pinner-Elster, Gesetz gegen den unlauteren Wettbewerb. Achte, sehr vermehrte und umgestaltete Auflage. Taschenformat. 254 Seiten. 1927. (Guttentagsche Sammlung Deutscher Reichsgesetze Bd. 37.)
Geb. RM. 5.—
„Das Buch ist mehr als eine bloße ‚Textausgabe mit Anmerkungen', nämlich ein richtiger Kommentar, und wird in der Praxis ausgezeichnete Dienste tun."
Senatspräsident am Reichsgericht Dr. Lobe, Leipzig, i. d. Jurist. Wochenschrift.

Elster, A., Zugaben-Verordnung. (Erster Teil der Verordnung des Reichspräsidenten zum Schutze der Wirtschaft vom 9. März 1932.) Taschenformat. 80 Seiten. 1932 . . . . RM. 2.— (Guttentagsche Sammlung Deutscher Reichsgesetze Nr. 37a.)

Wassermann, Martin, Der unlautere Wettbewerb nach deutschem Recht. I. Generalklausel, Reklameauswüchse, Ausverkaufswesen, Angestelltenbestechung. 160 Seiten. 1911. II. Kreditschädigung, Firmen- und Namenmißbrauch, Verrat von Geheimnissen, Ausländerschutz. 151 Seiten. 1911. (Sammlung Göschen Bd. 339 u. 535.) . . . Geb. je RM. 1.80

Wolff, F., und Crisolli, K.-A., Das Recht der Reklame. Lexikon-Oktav. 424 Seiten. 1929 . . . . RM. 20.—, geb. RM. 22.—
„. . . Mit großer Umsicht ist ein umfänglicher Stoff gesammelt und in gründlicher Arbeit juristisch durchdrungen und dargestellt. Das Buch ist wohl in erster Reihe für Juristen bestimmt, aber auch für wirtschaftliche Kreise und Reklamefachleute wertvoll und jedenfalls für die Beschäftigung mit diesem Sondergebiet ein zuverlässiges Hilfsmittel." *Juristische Rundschau.*

Hagens, Alfred, Warenzeichenrecht. Kommentar. Groß-Oktav. VIII, 408 Seiten. 1927. (Gewerbe- und Industrie-Kommentar Bd. III.)
RM. 22.—, geb. RM. 24.—
„Eine ausführliche Darstellung, die zeigt, daß der Verfasser das gesamte Fachschrifttum und die reichhaltige Rechtsprechung restlos beherrscht. Ich habe gefunden, daß nicht ein einziger Fall von Bedeutung fehlt." *Markenschutz und Wettbewerb.*

Seligsohn, Arnold, Gesetz zum Schutz der Warenbezeichnungen. Dritte Auflage, bearbeitet in Gemeinschaft mit Martin Seligsohn in Berlin. Groß-Oktav. IV, 416 Seiten. 1925. RM. 15.—, geb. RM. 16.50
„Der Kommentar zeigt alle Vorzüge des in der Wissenschaft und Praxis des gewerblichen Rechtsschutzes gleich ausgezeichneten Juristen: volle theoretische und praktische Beherrschung des Stoffes, klare Darstellungsgabe, sorgsame Behandlung und treffsicheres Urteil."
Badische Rechtspraxis.

Freund, G. S., Magnus, Julius, und Jüngel, Friedrich, Das deutsche Warenzeichenrecht. Sechste, neubearbeitete Auflage. Teil I: Die internationalen Verträge. VI, 247 Seiten. Mit 4 Tafeln. 1924. (Guttentagsche Sammlung Deutscher Reichsgesetze Bd. 87a.) Geb. RM. 9.—

„Das ganze Werk mit seiner Fülle von Gesetzen, Verordnungen, Verträgen, Bekanntmachungen bildet eine Quellensammlung für das internationale deutsche Zeichenrecht, ohne die man fortan nicht mehr auskommen kann." Gewerblicher Rechtsschutz und Urheberrecht.

Teil II: Deutsches Recht. Im Druck.

Born, A., Reichspreßgesetz vom 7. Mai 1874 in der jetzt geltenden Fassung nebst den einschlägigen Bestimmungen der Reichsverfassung, des Reichsstrafgesetzbuches, der Gewerbeordnung usw. Mit Kommentar und Sachregister. Vierte, veränderte Auflage. Taschenformat. 234 Seiten. 1931. (Guttentagsche Sammlung Deutscher Reichsgesetze Bd. 53.) . . . . Geb. RM. 6.—

„Das Werk bringt eine sehr reichhaltige Kommentierung des Stoffes, die um so wertvoller ist, als den Entscheidungen der Wortlaut der Urteilsbegründungen beigefügt ist. Sämtliche einschlägigen Bestimmungen der das Pressewesen berührenden Gesetze sind aufgeführt, eingehend besprochen und in Beziehung zueinander gebracht worden. Als Nachschlagewerk in Zweifelsfällen wird das Buch von großem Nutzen sein." Ministerialblatt für die preußische innere Verwaltung.

IV. Zivilprozeß

Fischer, Otto, Lehrbuch des deutschen Zivilprozeß- und Konkursrechts. Groß-Oktav. XII, 488 Seiten. 1918 . . . RM. 8.—, geb. RM. 10.—

Kisch, Wilh., Deutsches Zivilprozeßrecht.

I. Band. Vierte, verbesserte Auflage. 115 Seiten. 1929. (Sammlung Göschen Bd. 428.) . . . . Geb. RM. 1.80

II. Band. Vierte, verbesserte Auflage. 168 Seiten. 1929. (Sammlung Göschen Bd. 430.) . . . . Geb. RM. 1.80

III. Band. Vierte, verbesserte Auflage. 148 Seiten. 1929 (Sammlung Göschen Bd. 430.) . . . . Geb. RM. 1.80

Diese Auflage wird jedem, der sich auf gemeinverständliche Weise über unser geltendes Zivilgerichtswesen unterrichten will, gute Dienste leisten, und kann namentlich den Studierenden des Rechts als Einführung bestens empfohlen werden.

Sydow, R., Busch, L., und Krantz, W., Zivilprozeßordnung und Gerichtsverfassungsgesetz nebst Anhang, enthaltend Entlastungsgesetze und die Notverordnung vom 1. Dezember 1930. Handkommentar unter besonderer Berücksichtigung der Entscheidungen oberster Gerichte. Neubearbeitete, zwanzigste Auflage. Zwei Bände. Groß-Oktav. VIII, VIII und 1540 Seiten. 1930 . . . . . . Geb. RM. 33.—
(de Gruytersche Sammlung Deutscher Gesetze, Handkommentare.)
Nachtrag, enthaltend die durch den VI. Abschnitt der Dritten Verordnung des Reichspräsidenten vom 6. Oktober 1931 eingetretenen Änderungen und die Fortsetzung der Erläuterungen der ZPO. und des GVG. Groß-Oktav. 94 Seiten. 1932 . . . . RM. 2.50

„Auch innerlich ist der ausgezeichnete Handkommentar von Sydow-Busch-Krantz verändert. Es sind viele veraltete Entscheidungen ausgemerzt und dafür die Erläuterungen durch eingehendere Darlegungen zweckmäßig erweitert worden. An der Grundanlage des Buches wurde nichts geändert, die Druckanordnung ist noch übersichtlicher als bisher. So wird das Buch seine alten Freunde behalten und ohne Zweifel viele neue hinzuerwerben."
Leipziger Zeitschrift für deutsches Recht.

Rosenberg, L., Zivilprozeßgesetzgebung. Taschenformat. 580 Seiten. 1930. Geb. RM. 8.—
(Lehrausgaben Deutscher Gesetze, Bd. II.)

„Die Besonderheiten dieser handlichen und erschöpfenden Ausgabe der Zivilprozeßgesetzgebung bestehen in der sachlichen Ordnung des umfassenden Stoffes, in der Hervorhebung von besonders Wesentlichem durch Sperrdruck, und vor allem aber darin, daß den einzelnen Paragraphen in systematischer Weise Überschriften vorausgeschickt sind, die die hier besonders wichtige Aufgabe erfüllen, den Aufbau des Gesetzes und den Zusammenhang der einzelnen Vorschriften klar erkennen zu lassen." Juristische Wochenschrift.

Zivilprozeßordnung mit Gerichtsverfassungsgesetz und Einführungsgesetzen in der Fassung der Bekanntmachung vom 13. Mai 1924 mit den bis 1. April 1929 ergangenen Abänderungen. Textausgabe mit Sachregister. Taschenformat. 440 Seiten. 1929. (Guttentagsche Sammlung von Textausgaben ohne Anmerkungen.) . . . Geb. RM. 3.50

Die handliche Ausgabe enthält den genannten Gesetzestext mit einem das Zurechtfinden sehr erleichternden Sachregister.

Der neue Entwurf einer Zivilprozeßordnung. Veröffentlicht durch das Reichsjustizministerium. Lexikon-Oktav. 561 Seiten mit 2 Paragraphen-Verzeichnissen. 1931 . . . . . . RM. 10.—, geb. RM. 12.—

Sydow, R., Busch, L., und Krantz, W., Gerichtsverfassungsgesetz mit Einführungsgesetz. Unter besonderer Berücksichtigung der Entscheidungen des Reichsgerichts. Zehnte Auflage. Taschenformat. 347 Seiten. 1925. (Guttentagsche Sammlung Deutscher Reichsgesetze Bd. 14.) Geb. RM. 6.—

„Das Buch bedarf keiner Empfehlung, es empfiehlt sich selbst durch die Fülle dessen, was es bietet. Gesetzgebung und Rechtsprechung sind bis in die neueste Zeit berücksichtigt." Leipziger Zeitschrift für Deutsches Recht.

Rausnitz, Julius, Gebührenordnung für Notare vom 28. Oktober 1922 (GS. 404) nebst den einschlägigen Vorschriften des Preußischen Gerichtskostengesetzes vom 28. Oktober 1922 (GS. 363), beide in der Fassung der Gesetze vom 12. April 1923 (GS. 107), 18. Dezember 1923 (GS. 556) und der Verordnung vom 28. Juni 1924 (GS. 573). Sechste, umgearbeitete Auflage. Oktav. 158 Seiten. 1925. (Guttentagsche Sammlung Preußischer Gesetze Bd. 4.) . . . Geb. RM. 7.—

„Der in seiner äußeren Form sehr handlich und gut ausgestaltete Kommentar kann nur auf das wärmste empfohlen werden. Er wird sehr bald ein unentbehrlicher, weil nie versagender Ratgeber werden, der die Berufsarbeit sehr erleichtern wird." Juristische Wochenschrift.

Sydow, R., Busch, L., und Krieg, O., Die Deutsche Gebührenordnung für Rechtsanwälte, das Gesetz, betreffend die Erstattung von Rechtsanwaltsgebühren in Armensachen, und die Preußische Landesgebührenordnung mit Erläuterungen. Auf der Grundlage der Sydow-Busch'schen Textausgabe mit Anmerkungen in dreizehnter Auflage unter Mitaufnahme des Gesetzes über die Erstattung in Armensachen neubearbeitet. Taschenformat 496 Seiten. 1929. (Guttentagsche Sammlung Deutscher Reichsgesetze Bd. 17.) . . . . Geb. RM. 9.—

„Die Erläuterung der Gebührenordnung bietet besonders Wertvolles. Sie steht schon lange unter den Anmerkungsausgaben mit an erster Stelle. Und das mit Recht." Zeitschrift des Bundes Deutscher Justizamtmänner.

Isaac, Martin, Leitfaden für Handelsrichter. Oktav. 132 Seiten. 1932. RM. 4.—

Der Handelsrichter hat Rechte und Pflichten eines gelehrten Richters, ohne, wie es das Gesetz vorschreibt, geringste juristische Ausbildung. Die sich bei der Tätigkeit ergebenden Schwierigkeiten soll dieses Bändchen klären. Alles, was aus dem Prozeßrecht, vornehmlich aber der Prozeßtechnik von Interesse ist, wird in klarer Briefform dargestellt.

Sydow, R., **Busch**, L., und **Krieg**, O., **Deutsches Gerichtskostengesetz nebst Gebührenordnung** für Gerichtsvollzieher und für Zeugen und Sachverständige in den neuesten Fassungen. Auf der Grundlage der Sydow-Busch'schen Textausgabe mit Anmerkungen neubearbeitet in elfter Auflage. Taschenformat. XI, 433 Seiten. 1928. (Guttentagsche Sammlung Deutscher Reichsgesetze Bd. 15.) . . . . Geb. RM. 7.50

„Die neue Auflage bietet unter gründlicher Berücksichtigung der gesamten einschlägigen Rechtsprechung eine zeitgemäße, übersichtliche und erschöpfende Erläuterung des Gesetzes. Für den täglichen Gebrauch in der Praxis erscheint diese Textausgabe mit Anmerkungen als unentbehrlich."

Dr. Natter in der „Württembergischen Zeitschrift für Rechtspflege".

Lindemann, Otto, **Preußisches Gerichtskostengesetz** (neueste Fassung). Nach dem Tode des früheren Herausgebers P. Siméon erläutert. Achte, völlig umgearbeitete Auflage. Taschenformat. 439 Seiten. 1928. (Guttentagsche Sammlung Preußischer Gesetze Bd. 17.)

Geb. RM. 8.—

„Die achte Auflage dieser bekannten Ausgabe des Preußischen Gerichtskostengesetzes ist entsprechend den bedeutsamen Änderungen der letzten Jahre völlig umgearbeitet. Die gesamte Rechtsprechung wurde eingehend berücksichtigt, so daß hier eine Erläuterung vorliegt, die Zuverlässigkeit und Vollständigkeit in sich verbindet."

Mitteilungen des Preußischen Richtervereins.

Freiwillige Gerichtsbarkeit

Jastrow, Hermann, und **Günther**, Hermann, **Die Gesetze des Reiches und Preußens über die freiwillige Gerichtsbarkeit.** Textausgabe mit Einleitung, Anmerkungen und Sachregister. Siebente, vermehrte Auflage. Taschenformat. 548 Seiten. 1928. (Guttentagsche Sammlung Deutscher Reichsgesetze Bd. 46.) . . . . Geb. RM. 9.—

„Die Anmerkungen unterrichten in zuverlässiger Weise über die wichtigste Rechtsprechung des Reichsgerichts und der deutschen Oberlandesgerichte auf dem Gebiete der freiwilligen Gerichtsbarkeit. Ein ausführliches Sachregister erhöht die Brauchbarkeit des bewährten Buches, das auch in der neuen Auflage seinen Zweck auf das beste erfüllen wird." Juristische Wochenschrift.

Die Gesetze des Reiches und Preußens über die freiwillige Gerichtsbarkeit. Textausgabe mit Sachregister. Taschenformat. 168 Seiten. 1930. (Guttentagsche Sammlung von Textausgaben ohne Anmerkungen mit Sachregister.) . . . . RM. 3.—

Das Buch enthält in der bekannten Art der Guttentagschen Gesetzesausgaben außer dem „Gesetz über die Angelegenheiten der freiwilligen Gerichtsbarkeit" alle in dieses Gebiet fallenden sonstigen Gesetze, Ausführungsbestimmungen, Abkommen, Verordnungen usw. in absolut zuverlässigem Abdruck und ein das Zurechtfinden sehr erleichterndes Sachregister.

Szkolny, Felix, und **Kober**, Leopold, **Das Notariatrecht**, unter besonderer Berücksichtigung des materiellen Rechts und des Steuer- und Stempelrechts erläutert. Oktav. 236 Seiten. 1926. (Guttentagsche Sammlung Deutscher Reichsgesetze Bd. 163.) . . . . Geb. RM. 8.50

„Die Darlegung des materiellen Rechts, soweit es in der täglichen Anwendung den Notar hauptsächlich beschäftigt. Es wird die Beurkundung einzelner Rechtsgeschäfte und anderer Rechtsvorgänge behandelt. Die Ausführungen verwerten die neueste Lehre und Recht-

sprechung eingehend, die Darstellung ist leicht faßlich und klar, einzelne Muster vervollkommnen das anschauliche Bild."

Zeitschrift des Deutschen Notarvereins.

Szkolny, Felix, **Die Belehrungspflicht des Notars.** Oktav. 52 Seiten. 1927. RM. 2.—

„Ein trotz seines geringen Umfanges sehr nützliches Buch, für das wir dem Verfasser Dank wissen müssen."

Zeitschrift des Deutschen Notarvereins.

Konkursordnung und Zwangsvollstreckung

Jaeger, Ernst, **Kommentar zur Konkursordnung** und den Einführungsgesetzen. Mit einem Anhang, enthaltend das Anfechtungsgesetz, die Vergleichsordnung, Auszüge aus den Kostengesetzen, Ausführungsgesetze und Geschäftsordnungen. Sechste und siebente, neubearbeitete Auflage. Lexikon-Oktav. Der Umfang des Gesamtwerkes umfaßt etwa 100 Bogen. Die Ausgabe erfolgt in Lieferungen.

Erster Band: §§ 1—46. XXVIII, 828 Seiten. 1928—1931. RM. 45.—, geb. RM. 54.—

(Der Kauf des ersten Bandes verpflichtet zum Bezug des ganzen Werkes, das Erscheinen von Band 2 (Schlußband) ist 1932 zu erwarten.)

„. . . Kurz gesagt: das Buch ist das unübertreffliche Standardwerk, der Kommentar zur Konkursordnung." Deutsche Richterzeitung.

Jaeger, Ernst, **Lehrbuch des Konkursrechts.** Achte, erweiterte Auflage des Grundrisses zur Vorlesung über Konkursrecht. Groß-Oktav. 253 Seiten. 1932 . . . . Geb. RM. 15.—

Eine den heutigen Bedürfnissen entsprechende systematische Darstellung des Konkursrechts.

Sydow, R., **Busch,** L., und **Krieg,** O., **Konkursordnung,** Vergleichsordnung und Anfechtungsgesetz mit Erläuterungen. Auf der Grundlage der Sydow-Buschschen Textausgabe mit Anmerkungen in sechzehnter Auflage. V, 877 Seiten. 1932. (Guttentagsche Sammlung Deutscher Reichsgesetze Bd. 13.) . . . . Geb. RM. 12—

„Die Erläuterungsbücher von Sydow-Busch sind als Kommentare mittleren Umfanges seit vielen Jahren in der Juristenwelt rühmlichst bekannt." Juristische Rundschau.

Fischer, K., und **Schäfer,** L., **Die Gesetzgebung, betr. die Zwangsvollstreckung in das unbewegliche Vermögen** im Reiche und in Preußen. Bearbeitet von J. Krech und O. Fischer. Zweite Auflage. Lexikon-Oktav. XVI, 728 Seiten. 1910 . . . RM. 15.—, geb. RM. 18.—

Krech, J., und **Fischer,** O., **Die Gesetzgebung, betr. die Zwangsvollstreckung in das unbewegliche Vermögen** im Reiche und in Preußen. Textausgabe mit Einleitung, Anmerkungen und Sachregister. Zehnte Auflage, bearbeitet von O. Fischer. Taschenformat. 266 Seiten. 1929. (Guttentagsche Sammlung Deutscher Reichsgesetze Bd. 43.) Geb. RM. 5.—

„Einer besonderen Empfehlung dieser handlichen Ausgabe, deren Hauptteil das Gesetz über die Zwangsversteigerung und Zwangsverwaltung bildet, bedarf es nicht, Gesetzgebung, Rechtsprechung und Rechtslehre sind bis zur Gegenwart berücksichtigt."

Sächsisches Archiv für Rechtspflege.

Kretzschmar, F., **Die Zwangsversteigerung und die Zwangsverwaltung.** 110 Seiten. 1911. (Sammlung Göschen Bd. 523.) . . Geb. RM. 1.80

Crisolli, Karl-August, **Maßnahmen auf dem Gebiete der Zwangsvollstreckung.** (Siehe „Die Vierte Notverordnung" Seite 12.)

Huyke, W., **Offenbarungseid und Haft im Zivilprozeß.** Taschenformat. 173 Seiten. 1930. (Guttentagsche Sammlung Deutscher Reichsgesetze, Bd. 177.) . . . . Geb. RM. 4.—

Dieser Band bietet eine ganz auf die Praxis zugeschnittene Erläuterung der das Offenbarungseidsverfahren betreffenden Paragraphen der ZPO. und gibt in einem allgemeinen Teil zuverlässig Auskunft über die sich auf diesem Gebiete ergebenden Streit- und Zweifelsfragen. Die Rechtsprechung der höheren Gerichte und die Literatur ist berücksichtigt worden.

V. Strafrecht und Strafprozeß

Strafgesetzbuch

Ebermayer, Ludwig, **Lobe**, Adolf und **Rosenberg**, Werner, **Das Reichsstrafgesetzbuch**, Leipziger Kommentar mit besonderer Berücksichtigung der Rechtsprechung des Reichsgerichts. Vierte, vermehrte und verbesserte Auflage. Lexikon-Oktav. X, 1282 Seiten. 1929. RM. 56.—, in Halbleder geb. RM. 63.—

„Zusammenfassend wird man sagen müssen, daß der Kommentar nun wohl endgültig an die Spitze der großen Kommentare zum StGB. getreten ist." *Zeitschrift für Rechtspflege in Bayern.*

Kohlrausch, Eduard, **Strafgesetzbuch für das Deutsche Reich mit Nebengesetzen**, Anmerkungen und Sachregister. Früher von Dr. Fr. v. Liszt † u. Dr. E. Delaquis. Dreißigste Auflage. Taschenformat. XII, 520, *48 Seiten. 1932. (Guttentagsche Sammlung Deutscher Reichsgesetze Bd. 2.) Geb. RM. 8.—

„Ein Buch, an Hand dessen eine schnelle und zuverlässige Orientierung über die wichtigsten Auslegungsfragen möglich ist. Es dient in gleicher Weise dem Studierenden zur Einführung in eine Lektüre des Gesetzes wie dem Praktiker zur schnellen Auffindung einer Entscheidung."
Rechtsanwalt Dr. Max Alsberg in der „Juristischen Wochenschrift".

v. Liszt, Fr., **Lehrbuch des deutschen Strafrechts.** Sechsundzwanzigste, vollkommen neubearbeitete Auflage (49.—51. Tausend), von Dr. E. Schmidt, Professor der Rechte in Hamburg.
I. Band: Einleitung und Allgemeiner Teil. Oktav. 496 Seiten. 1932. RM. 13, geb. RM. 15.—
II. Band: Erscheint im Sommer 1932.

Gerland, H. B., **Das deutsche Reichsstrafrecht.** Oktav. 600 Seiten. 1922. (Lehrbücher und Grundrisse der Rechtswissenschaft Bd. XVI.) RM. 10.—, geb. RM. 11.50

„Durch knappe, geradezu klassische Kürze zeigende Darstellung gelang es Gerland, auf engem Raume eine ungeheure Fülle des Stoffes zu bieten und auf jede Frage Antwort zu geben."
Juristische Wochenschrift.

Gerland, H., **Der Entwurf 1925.** Allgemeiner Teil. Kritische Bemerkungen. Oktav. 96 Seiten. 1925 . . . . RM. 5.—

„Eine außerordentlich interessante Abhandlung. Die Schrift stellt ein fast unentbehrliches Hilfsmittel für jeden dar, der sich mit den einschlägigen Fragen zu beschäftigen hat."
Mitteilungen des Preußischen Richtervereins.

Aschrott, P. F., u. **Kohlrausch**, Ed., **Reform des Strafrechts.** Kritische Besprechung des Amtlichen Entwurfs eines Allgemeinen Deutschen Strafgesetzbuchs. Auf Veranlassung der Deutschen Landesgruppe der Internationalen Kriminalistischen Vereinigung unter Mitwirkung erster Fachgenossen herausgegeben. Gr.-Oktav. V, 415 S. 1926. RM. 18.—

„Die gestellte Aufgabe ist glänzend gelöst. Kaum ein Punkt ist übersehen worden, der die Kritik herausfordert. — Niemand, der an der endgültigen Gestaltung unseres Strafrechts Anteil nimmt, darf an dieser Sammelkritik achtlos vorübergehen."
Geh. Hofrat Prof. Dr. v. Lilienthal in der „Deutschen Juristen-Zeitung".

Sammlung außerdeutscher Strafgesetzbücher in deutscher Übersetzung. Herausgegeben von den Schriftleitungen der Zeitschrift für die ges. Strafrechtswissenschaft u. d. Mitteilungen der Internationalen Kriminalistischen Vereinigung. Nr. 1—43. 1881—1914 . . Preise auf Anfrage.

Nr. 44:
Japanische Strafgesetze. I. Schwurgerichtsordnung vom 18. April 1923 und strafrechtliche Nebengesetze. Übersetzt von Hyoichiro Kusano, Reichsgerichtsrat in Tokio, Tadao Sugiura, Oberlandesgerichtsrat in Sapporo, und Dr. jur. Fritz Bartelt in Berlin. II. Strafvollzugsgesetz vom 28. März 1908 nebst Ausführungsverordnung vom 16. Juni 1908. Übersetzt von Dr. jur. Toshita Tokiwa, Gerichtsassessor in Tokio, und Dr. jur. Werner Gentz, Justizrat beim Strafvollzugsamt in Kiel. Groß-Oktav. 55 Seiten. 1927. RM. 3.—

Nr. 45:
Die Auslieferungsgesetze Norwegens, Schwedens und Finnlands. Mit einer systematischen Darstellung der Grundzüge des nordischen Auslieferungsrechts im Hinblick auf den Erlaß eines deutschen Auslieferungsgesetzes Von Dr. jur. Ernst Wolgast, Privatdozent in Königsberg i. Pr. Groß-Oktav. VIII, 487 Seiten. 1928. . . RM. 20.—

Nr. 46:
Das Türkische Strafgesetzbuch vom 1. März 1926. Gesetz Nr. 765. (Türkisches Gesetzblatt Nr. 320 vom 13. März 1926.) Das Ausführungsgesetz zum Türkischen Strafgesetzbuch vom 26. April 1926. Deutsche Übersetzung von Dr. K. Ziemke. Groß-Oktav. 138 Seiten. 1927 . . . . RM. 5.—

Nr. 47:
Entwurf eines griechischen Strafgesetzbuches. Übersetzt und eingeleitet von Demetrius G. Venturas, Rechtsanwalt in Korfu, Griechenland. Groß-Oktav. 123 Seiten. 1928 . . . . RM. 7.—

Nr. 48:
Italienischer Vorentwurf zu einem neuen Strafgesetzbuch. (Progetto di un nuovo codice penale.) In deutscher Übersetzung von Dr. K. Bunge, Landgerichtsrat in Berlin. Groß-Oktav. XXXII, 244 Seiten. 1928 . . . . RM. 10.—

Nr. 49:
Strafgesetzbuch (Ugolownyj Kodex) **der Russischen Sozialistischen Föderativen Sowjet-Republik** (R.S.F.S.R.) vom 22. November 1926, übersetzt von Dr. Wilhelm Gallas, Gerichtsassessor in Berlin. Groß-Oktav. 68 Seiten. 1930 . . . . RM. 4.—

Lindemann, Otto, **Sammlung der wichtigsten preußischen Strafgesetze.** Zweite Auflage. Taschenformat. 372 Seiten. 1912. (Guttentagsche Sammlung Preußischer Gesetze Bd. 34.) . . . . . Geb. RM. 3.50

Fraustädter, Werner, **Deutsches Auslieferungsgesetz** vom 23. Dezember 1929 und andere neuere Vorschriften der Rechtshilfe in Strafsachen, einschließlich der Auslieferung. Textausgabe mit Einleitung, Erläuterungen und Sachregister. Taschenformat. 143 Seiten. 1930. (Guttentagsche Sammlung Deutscher Reichsgesetze Bd. 86.) . Geb. RM. 4.—

Die neue Auflage enthält eine ausführliche Erläuterung der neuen Bestimmungen sowie einen Abdruck der wichtigsten Verträge und Vorschriften und ermöglicht einen vollständigen Überblick über den gegenwärtigen Stand des deutschen Auslieferungsrechtes.

Lindemann, Otto, **Polizeiverordnungen in Preußen.** Zweite Auflage. Taschenformat. 189 Seiten. 1912. (Guttentagsche Sammlung Preußischer Gesetze Bd. 36.) . . . . Geb. RM. 2.50

Abhandlungen des Kriminalistischen Instituts an der Universität Berlin. Herausgegeben von Dr. **Franz von Liszt,** o. Professor der Rechte. Sonderverzeichnis kostenlos. Vierte Folge. I. Band.

Heft 1:
Dannenberg, Herbert, **Liberalismus und Strafrecht im 19. Jahrhundert unter Zugrundelegung der Lehren Karl Georg von Waechters.** Oktav. IV, 66 Seiten. 1925 . . . . RM. 3.—

Heft 2:
Tarnowski, Hans, **Die systematische Bedeutung der adäquaten Kausalitätstheorie für den Aufbau des Verbrecherbegriffs.** Oktav. X, 340 Seiten. 1927 . . . . RM. 18.—

Heft 3:
Ehrlich, Lore, **Der Verrat von Betriebsgeheimnissen nach englischem und nordamerikanischem Recht.** Oktav. VIII, 75 Seiten. 1930. RM. 4.—

Heft 4:
Kuttner, Stephan, **Die juristische Natur der falschen Beweisaussage.** Ein Beitrag zur Geschichte und Systematik der Eidesdelikte, zugleich zur Frage einer Beschränkung der Strafbarkeit auf erhebliche falsche Aussagen. Oktav. VI, 76 Seiten. 1931 . RM. 6.—

Vierte Folge II. Band.

Heft 1:
Gallas, Wilhelm, **Kriminalpolitik und Strafrechtssystematik** unter besonderer Berücksichtigung des sowjetrussischen Rechts. Oktav. VIII, 88 Seiten. 1931 . . . . RM. 5.—

Heft 2:
Goldschmidt, Werner, **Das Bewußtsein der Rechtswidrigkeit** entwickelt an der Lehre vom Hausfriedensbruch. Oktav XI, 51 Seiten. 1931. RM. 4.—

Heft 3:
Hoefer, Friedrich, **Bewährungsfrist vor dem Urteil.** Oktav. 90 Seiten. 1931 . . . . RM. 4.—

Heindl, Robert, **System und Praxis der Daktyloskopie** und der sonstigen technischen Methoden der Kriminalpolizei. Dritte, neubearbeitete und vermehrte Auflage. 900 Abbildungen im Text und 21 Bildertafeln. 780 Seiten. Groß-Oktav. 1927 . . . . RM. 36.—, geb. RM. 40.—

„Ein Werk, mit dem wohl für geraume Zeit die Literatur dieses Gebiets ihren krönenden Abschluß gefunden haben dürfte. — Es darf erwartet werden, daß jeder Richter, Rechtsanwalt und Verteidiger sich dieses vorzüglichen Werkes bedient.“ Deutsche Juristenzeitung.

Kleine kriminalistische Bücherei.

Band 1:
Schneickert, Hans, Die strafrechtlichen Aufgaben der Polizei. Für den Polizeiunterricht und die Polizeipraxis. Taschenformat. 182 Seiten. 1921. RM. 2.—

Band 2:
Philipp, Lothar, **Beobachtungs- und Ermittlungspraxis im Polizei- und Detektivdienst.** Taschenformat. 180 Seiten. 1923 . . . RM. 2.—

Band 3:
Manteuffel, H. v., **Falschspieler.** Formen und Technik des Spielbetruges, nebst einem Anhange: Der Spielprofessor und sein angeblich sicheres System beim Spiele gegen eine öffentliche Roulettebank. Taschenformat 90 Seiten. 1923 . . . . RM. 2.—

Band 4:
Schneickert, Hans, **Kriminalistische Spurensicherung.** Sammlung dienstlicher Anweisungen und sachverständiger Ratschläge für den Dienstgebrauch und für Polizeischulen. Zweite, vermehrte und verbesserte Auflage. Taschenformat. 96 Seiten. Mit 2 Abbildungen. 1925. Geb. RM. 3.—

Band 5:
Rehfeld, P., **Gerichtsärztliche Tatbestandsfeststellungen** im Dienste der Polizei. Ein Leitfaden für Polizei- und Kriminalbeamte. Taschenformat. 133 Seiten. 1927 . . . . Geb. RM. 3.50

Gallas, Wilhelm, **Schutz des inneren Friedens**. (Siehe „Die Vierte Notverordnung" Seite 12.)

Strafprozeßordnung

Kohlrausch, Eduard, **Strafprozeßordnung** und Gerichtsverfassungsgesetz. Textausgabe mit Einleitung, Anmerkungen und Nebengesetzen. In Verbindung mit Dr. Hermann Mannheim, Landgerichtsrat und Professor in Berlin, bearbeitet von Dr. Eduard Kohlrausch, Professor der Rechte in Berlin. Zweiundzwanzigste Auflage (101. bis 104. Tausend). Taschenformat. XI, 510 Seiten. 1930. (Guttentagsche Sammlung Deutscher Reichsgesetze Bd. 12.) RM. 7.50

„Das Buch ist nicht nur für den Praktiker, der sich rasch unterrichten will, sondern auch für den Studierenden, zumal wenn ihm die wirtschaftlichen Verhältnisse die Anschaffung umfangreicher Kommentare nicht ermöglichen, von größtem Wert."
Oberreichsanwalt Dr. Ebermayer in der „Juristischen Wochenschrift".

Feisenberger, Albert, **Strafprozeßordnung und Gerichtsverfassungsgesetz**. Handkommentar. Groß-Oktav. IX, 517 Seiten. 1926. Mit Nachtrag. 1927. (de Gruytersche Sammlung Deutscher Gesetze. Handkommentare.) . . . . Geb. RM. 17.—

Beling, E., **Deutsches Reichsstrafprozeßrecht** mit Einschluß des Strafgerichtsverfassungsrechts. Oktav. XIV, 568 Seiten. 1928. (Lehrbücher und Grundrisse der Rechtswissenschaft Bd. XVII.)
RM. 15, geb. RM. 16.50

Die Eigenart des vorliegenden Lehrbuches des Reichsstrafprozeßrechts ist, daß es dem Verständnis der Gesetzestexte vorarbeiten und zu ihnen hinführen will. Gerade das, was nicht im Gesetz steht, ist die Hauptsache; die Gesetzesparagraphen sind Ziel, nicht Ausgangspunkt. Insbesondere aber stellt der Verfasser die Regelungsinhalte des geltenden Rechts in die heutige rechtspolitische Gedankenwelt hinein und gibt ein auch äußerlich scharf hervortretendes System, das den Lernenden befähigt, die Fülle der Einzelheiten unter allgemeinen Ordnungsgesichtspunkten zusammenzusetzen.

Rosenfeld, E. H., **Deutsches Strafprozeßrecht**. 2 Bände. 128 und 148 Seiten. 1926. (Sammlung Göschen Bd. 938/939.) Geb. je RM. 1.80

„Eine wissenschaftlich hochstehende, auf einem knappen Raum zusammengedrängte, klar und originell geschriebene Einführung in den deutschen Strafprozeß." *Schweizer. Zeitschrift für Strafrecht.*

Löwe, F., und **Rosenberg**, Werner, **Die Strafprozeßordnung für das Deutsche Reich** vom 22. März 1924 nebst dem Gerichtsverfassungsgesetz. Kommentar. Neunzehnte, neubearbeitete Auflage. Im Druck.

„Der Kommentar steht nach wie vor an erster Stelle und ist ein Meisterwerk in der Kunst einer klaren, übersichtlichen und erschöpfenden Darstellung dieses außerordentlich spröden Stoffes."
Zeitschrift des deutschen Notarvereins.

Feisenberger, Albert, **Strafprozeßordnung und Gerichtsverfassungsgesetz**, in alter und neuer Fassung synoptisch gegenübergestellt. Mit ausführlichem Sachregister. Taschenformat. 265 Seiten. 1924. Mit Nachtrag. 1927. (Guttentagsche Sammlung Deutscher Reichsgesetze Bd. 158.) . . . . Geb. RM. 4.50

Aschrott, P. F., **Die Reform des Strafprozesses**. Kritische Besprechungen der von der Kommission für die Reform des Strafprozesses gemachten

Vorschläge. Auf Veranlassung der Internationalen Kriminalistischen Vereinigung, Gruppe Deutsches Reich. Groß-Oktav. XII, 120 und 784 Seiten. 1906 . . . . RM. 12.—

Beiträge zur Reform des Strafprozesses. Herausgegeben von Dr. Franz **Adickes**, Dr. P. F. **Aschrott**, Dr. K. **von Lilienthal**, Dr. Fr. **von Liszt**. 2 Bände. Groß-Oktav. I. Bd. Heft 1—6. 1908. RM. 9.70. — II. Bd. Heft 1—5. 1909. RM. 15.10.

Boehringer, Margrit, **Die Eidesreform im Strafprozeß und Strafrecht.** Oktav. 203 Seiten. 1931 . . . . RM. 10.—

In der vorliegenden Arbeit wird versucht, einen möglichst vollständigen Überblick über die Grundfragen und die komplizierten Einzelfragen der Reform des Strafprozesses im Beeidigungsverfahren und dem damit unmittelbar zusammenhängenden Teil der Eidesreform im Strafrecht zu geben.

Frede, L., u. **Grünhut**, M., **Reform des Strafvollzugs.** Kritische Beiträge zu dem Amtlichen Entwurf eines Strafvollzugsgesetzes. Oktav. VII, 264 Seiten. 1927 . . . . RM. 10.—

Die in dem vorliegenden Buch zusammengefaßten Beiträge üben nicht nur eine Einzelkritik an den Bestimmungen des Entwurfs, sondern dienen zugleich unter dem Gesichtspunkt der gegenwärtigen gesetzgeberischen Aufgabe der wissenschaftlichen Grundlegung des ganzen Strafvollzugsproblems.

VI. Öffentliches Recht.

1. Staats- und Völkerrecht.

Fischbach, O. G., **Allgemeine Staatslehre.** Zweite Auflage. 136 Seiten. 1928. (Sammlung Göschen Bd. 358.) . . . . . Geb. RM. 1.80

„Das Buch darf einer breiten Öffentlichkeit als ausgezeichnete Einführung, den Fachgenossen aber, jung und alt, als Musterbeispiel wissenschaftlichen Bemühens um die denkbar beste Leistung anempfohlen werden, wie man ihm heute nicht allzu häufig mehr begegnet." Reichsverwaltungsblatt.

Fischbach, O. G., **Allgemeines Staatsrecht.**

I. Teil. 139 Seiten. 1923. (Sammlung Göschen, Bd. 415.) Geb. RM. 1.80

II. Teil. 151 Seiten. 1923. (Sammlung Göschen Bd. 416.) Geb. RM. 1.80

Diese Bearbeitung bringt nicht bloß einen leicht faßlichen gemeinverständlichen Überblick über alle Zweige des Staatsrechtes, sondern auch in den einzelnen Partien viele gründliche wissenschaftliche Erörterungen der einschlagenden Probleme und kritischen Beleuchtung der verschiedenen Rechtsansichten.

Bühler, O., **Staatsrecht des Reichs und Preußens.** Taschenformat. 608 Seiten. 1931. (Lehrausgaben Deutscher Gesetze Bd. IIIa.) Geb. RM. 9.—

Stier-Somlo, Fritz, **Deutsches Reichs- und Landesstaatsrecht I.** Oktav. XVI, 726 Seiten. 1924. (Lehrbücher und Grundrisse der Rechtswissenschaft Bd. XVIII.) . . . . RM. 16.50, geb. RM. 18.—

„. . . Von den zurzeit vorhandenen größeren Lehrbüchern des Reichsstaatsrechts das geeignetste." Juristische Wochenschrift.

Stier-Somlo, Fritz, **Reichsstaatsrecht.** I. Grundbegriffe des Staatsrechts. Verfassungsgeschichte vom Ende des 18. Jahrhunderts bis zur Reichsverfassung vom 11. August 1919. 108 Seiten. 1927. (Sammlung Göschen Bd. 967.) . . . . Geb. RM. 1.80
II. Das geltende Reichsstaatsrecht. 114 Seiten. 1927. (Sammlung Göschen Bd. 968.) . . . . Geb. RM. 1.80

Stier-Somlo, Fritz, **Preußisches Staatsrecht.** Zweite Auflage. 136 Seiten. 1927. (Sammlung Göschen Bd. 298.) . . . . Geb. RM. 1.80

Die Verfassung des Deutschen Reichs vom 11. August 1919 **mit den wichtigsten Nebengesetzen.** Textausgabe mit Einleitung und Sachregister. Dritte Auflage. Taschenformat. 104 Seiten. 1931. (Guttentagsche Sammlung von Textausgaben ohne Anmerkungen mit Sachregister.) . . . . RM. 1.—

Die handliche Ausgabe enthält den genauen Gesetzestext mit einem das Zurechtfinden sehr erleichternden Sachregister. Sie entspricht dem letzten Stand.

Bühler, Ottmar, **Staatsrechtliche Gesetze** des Reiches und Preußens nebst **Gewerbeordnung und Gaststättengesetz.** Textausgabe mit einführenden Bemerkungen, Paragraphenüberschriften und Sachregister. Taschenformat. XI, 748 Seiten. 1931. (Lehrausgaben Deutscher Gesetze, Bd. 3a.) . . . . Geb. RM. 9.—

„. . . Den anderen gleichartigen Sammelbänden ist er überlegen. Er wird den verdienten Beifall finden und sich in Kürze größter Beliebtheit erfreuen.“ *Der Referendar.*

Arndt, Adolf, **Die Verfassung des Deutschen Reiches.** Dritte Auflage. Taschenformat. 1927. (Guttentagsche Sammlung Deutscher Reichsgesetze Bd. 137.) . . . . RM. 8.—

„Für alle, die sich auf dem schwierigen Gebiet der Reichverfassung orientieren wollen, liegt hier ein vorzügliches Nachschlagewerk von gediegener Wissenschaftlichkeit vor.“

Staats- und Selbstverwaltung.

Stier-Somlo, Fritz, **Kommentar zur Verfassung des Freistaates Preußen.** Groß-Oktav 319 Seiten. 1921 . . . . Geb. RM. 3.—

„Die Darstellung ist flüssig und knapp und ist als treffliche Orientierung über das neue Verfassungswerk, eine Orientierung, die ihre notwendige Ergänzung in dem vorzüglichen Kommentar Stier-Somlos findet, sehr zu empfehlen.“ *Zeitschrift für öffentliches Recht.*

Arndt, Adolf, Die Verfassung des Freistaats Preußen vom 30. November **1920.** Mit Einleitung, vollständigem Kommentar, Landeswahlgesetz und Sachregister. Taschenformat. 158 Seiten. 1921. (Guttentagsche Sammlung Preußischer Gesetze Bd. 1.)

Geb. RM. 2.—

„. . . Der Kommentar wird denjenigen, die sich mit den einzelnen Bestimmungen der Verfassung vertraut machen wollen, ein willkommener Ratgeber sein.“

Zeitschrift für Polizei- und Verwaltungsbeamte.

Veröffentlichungen der Vereinigung deutscher Staatsrechtslehrer.

Heft 1: Der deutsche Föderalismus. Oktav. 1924 . . . RM. 5.—
Heft 2: Der Schutz des öffentlichen Rechts. Oktav. 1925. RM. 12.—
Heft 3: Die Gleichheit vor dem Gesetz. Der Einfluß des Steuerrechts auf die Begriffsbildung des öffentlichen Rechts. Oktav. 1927. RM. 7.—
Heft 4: Das Recht der freien Meinungsäußerung. — Der Begriff des Gesetzes in der Reichsverfassung. Oktav. 1928 . . . . . RM. 10.—
Heft 5. Wesen und Entwicklung der Staatsgerichtsbarkeit. — Überprüfung von Verwaltungsakten durch die ordentlichen Gerichte. Oktav. 1929 . . . . RM. 12.—
Heft 6: Bundesstaatliche und gliedstaatliche Rechtsordnung. Verwaltungsrecht der öffentlichen Anstalt. Berichte von Fritz Fleiner, Josef Lukas, Lutz Richter und Arnold Köttgen. Verhandlungen der Tagung der deutschen Staatsrechtslehrer zu Frankfurt a. M. am 25. und 26. April 1929. Mit einem Auszug aus der Aussprache. Oktav. IV, 166 Seiten. 1929 . . . . RM. 9.—

Heft 7: Entwicklung und Reform des Beamtenrechts. — Die Reform des Wahlrechts. Berichte von Hans Gerber, Adolf Merkl, Heinrich Pohl und Gerhard Leibholz. Verhandlungen der Tagung der Deutschen Staatsrechtslehrer zu Halle am 28. und 29. Oktober 1931. Mit einem Auszug aus der Aussprache. Oktav IV, 212 Seiten. 1932. RM. 12.—

Sehling, Emil, Kirchenrecht. Zweite Auflage.
I. Teil. Einleitung. Quellen, Verfassung und Verwaltung der katholischen Kirche. Anhang: Die griechisch-orthodoxe Kirche. 119 Seiten. 1922. (Sammlung Göschen Bd. 377.) . . . . Geb. RM. 1.80
II. Teil: Das evangelische Kirchenrecht. Die Stellung des Staates zur Kirche und das Verhältnis der Religionsgesellschaften zueinander. 87 Seiten. 1927. (Sammlung Göschen Bd. 954.) . . . Geb. RM. 1.80

Edler v. Hoffmann, H., Deutsches Kolonialrecht. 150 Seiten. 1907. (Sammlung Göschen Bd. 318.) . . . . Geb. RM. 1.80

Delius, H., Die Beamtenhaftpflichtgesetze des Reiches und der Länder. Vierte, vermehrte und vollkommen neubearbeitete Auflage. Taschenformat. 384 Seiten. 1929. (Guttentagsche Sammlung Deutscher Reichsgesetze Bd. 94.) . . . . Geb. RM. 10.—

Wörterbuch des Völkerrechts und der Diplomatie. Begonnen von Professor Dr. Julius **Hatschek** †. Fortgesetzt und herausgegeben von Dr. Karl **Strupp**, Professor an der Universität Frankfurt a. M., Associé de l'institut de droit international, membre de l'Academie Diplomatique Internationale. Lexikon-Oktav.
Band I: Aachen—Lynchfall. VI, 860 Seiten. 1924.
RM. 35.—, in Halbleder geb. RM. 40.—
Band II: Maas—Utschiali. 779 Seiten. 1925.
RM. 35.—, in Halbleder geb. RM. 40.—
Band III (Schluß): Vasallenstaaten—Zwangsverschickung. Ferner Anhang: Abessinien—Weltgerichtshof; Sachverzeichnis und Mitarbeiterregister. II, 1316 Seiten. 1929.
RM. 62.—, in Halbleder geb. RM. 67.—

„Der Vorsprung, den entsprechende Werke in französischem Sprachgewande bisher hatten, ist nunmehr in Deutschland eingeholt. Die Form der alphabetischen Zergliederung des Stoffes ermöglicht eine breitere Behandlung der Einzelfälle, die im internationalen Rechtsleben nicht selten von größerer Bedeutung als vorzeitig aufgestellte Abstraktionen sind." Zeitschrift für Völkerrecht.

Anzilotti, D., Lehrbuch des Völkerrechts. Übersetzt und herausgegeben vom Institut für ausländisches öffentliches Recht und Völkerrecht, Berlin. I. Band. Groß-Oktav. 444 Seiten. 1929. RM. 19.—, geb. RM. 20.—
Das Buch ist nicht schlechthin eine Übersetzung der italienischen Originalausgabe, sondern berücksichtigt auch die gesamte Rechtsprechung und Literatur der letzten Zeit und stellt somit das zurzeit modernste Lehrbuch des Völherrechts überhaupt dar.

Niemeyer, Theodor, Völkerrecht. 168 Seiten. 1925. (Sammlung Göschen Bd. 865.) . . . . Geb. RM. 1.80
Dieses Bändchen gibt in gedrängter Form eine vollständige Übersicht über das Völkerrecht.

Beiträge zum ausländischen öffentlichen Recht und Völkerrecht. Herausgegeben im Auftrage des Instituts für ausländisches öffentliches Recht und Völkerrecht in Berlin in Gemeinschaft mit Friedrich Glum, Ludwig **Kaas**, Rudolf Smend, Heinrich Triepel von Viktor **Bruns**. Groß-Oktav.
Eine Sammlung einschlägiger wissenschaftlicher Abhandlungen, Materialsammlungen, Übersetzungen besonders wertvoller ausländischer Werke u. a.

Heft 1:
Triepel, H., Staatsrecht und Politik. Rede beim Antritt des Rektorats der Friedrich-Wilhelms-Universität zu Berlin am 15. Oktober 1926. 40 Seiten. 1927 . . . . RM. 2.—
Heft 2:
Schmitt, Carl, Volksentscheid und Volksbegehren. Ein Beitrag zur Auslegung der Weimarer Verfassung und zur Lehre von der unmittelbaren Demokratie. 54 Seiten. 1927 . . . . . . RM. 2.60
Heft 3:
Heck, K., Der Aufbau des britischen Reiches. (Der Verhandlungsbericht der Reichskonferenz von 1926.) 152 Seiten. 1927. RM. 6.—
Heft 4:
Heller, H., Die Souveränität. Ein Beitrag zur Theorie des Staats- und Völkerrechts. 177 Seiten. 1927. . . . . RM. 8.50
Heft 5:
Grentrup, Theodor, Die Missionsfreiheit nach den Bestimmungen des geltenden Völkerrechts. 112 Seiten. 1928 . . . . . . RM. 5.50
Heft 6:
Robinson, Jakob, Das Minoritätenproblem und seine Literatur. Kritische Einführung in die Quellen und die Literatur der europäischen Nationalitätenfrage der Nachkriegszeit, unter besonderer Berücksichtigung des völkerrechtlichen Minderheitenschutzes.
Allgemeiner Teil. 265 Seiten. 1928 . . . . RM. 9.—
Heft 7:
Bilfinger, Karl, Der Reichssparkommissar. 68 Seiten. 1928. RM. 3.60
Heft 8:
Bumiller, J. M., Die völkerrechtliche Stellung der fremden Truppen im Saargebiet. 156 Seiten. 1928 . . . . RM. 9.—
Heft 9:
Das Recht des Ausnahmezustands im Auslande (Frankreich, Belgien, Niederlande, Italien, England, Irland). 296 Seiten. 1928. RM. 14.—
Heft 10:
Gerland, B., Die Beziehungen zwischen dem Parlament und den Gerichten in England. Eine rechtsvergleichende Studie. 137 Seiten. 1928. RM. 8.—
Heft 11:
Leibholz, Gerhard, Zu den Problemen des fascistischen Verfassungsrechts. Akademische Antrittsvorlesung. 112 Seiten. 1928. RM. 5.—
Heft 12:
Glum, Friedrich, Der deutsche und der französische Reichswirtschaftsrat. Ein Beitrag zu dem Problem der Repräsentation der Wirtschaft im Staat. 188 Seiten. 1929 . . . . RM. 9.—
Heft 13:
Leibholz, Gerhard, Das Wesen der Repräsentation unter besonderer Berücksichtigung des Repräsentativsystems. Ein Beitrag zur allgemeinen Staats- und Verfassungslehre. Groß-Oktav. 214 Seiten. 1929. RM. 14.—
Heft 14:
Schenk, v. Stauffenberg, G., Das Recht der russischen Handelsvertretungen. Oktav. 95 Seiten. 1930 . . . . RM. 6.—
Heft 15:
Hsü Dau-Lin, Die Verfassungswandlung. Oktav. 182 Seiten. 1932. RM. 6.—
Heft 16:
Menzel, Kurt, Das deutsche Vorkriegs-Vermögen in Rußland und der deutsche Entschädigungsvorbehalt. Eine Übersicht, zugleich über die Entschädigungsbemühungen der anderen Staaten. Oktav. IV, 236 Seiten. 1931 . . . . RM. 9.—

Heft 17:
Kaufmann, Erich, **Zur Problematik des Volkswillens.** Oktav. 19 Seiten. 1931 . . . . RM. 1.50
Heft 18:
Braunias, Karl, **Das parlamentarische Wahlrecht.** Ein Handbuch über die Bildung der gesetzgebenden Körperschaften in Europa. I. Band: Das Wahlrecht in den einzelnen Staaten. XVIII, 640 Seiten. 1932. RM. 25.—

Kraus, H., **Internationale Schiedssprechung.** Eine Sammlung der für das Deutsche Reich verbindlichen Verträge und Vertragsbestimmungen, die sich auf internationale Gerichtsbarkeit, Schiedsgerichtsbarkeit, sowie Vergleichsverfahren beziehen, nebst den dazugehörigen deutschen Regierungsdenkschriften. Taschenformat. XXXVI, 348 Seiten. 1929. (Guttentagsche Sammlung Deutscher Reichsgesetze Bd. 174.) . . . . Geb. RM. 10.—

„Die vorliegende Dokumentensammlung füllt eine Lücke aus, da es bisher schwer war, alle schiedsrichterlichen Verpflichtungen des Deutschen Reiches auf einmal einzusehen.“ Friedenswarte.

Strupp, Karl, **Das Werk von Locarno.** Eine völkerrechtlich-politische Studie. Oktav. 180 Seiten. 1926 . . . . RM. 10.—

„Die lückenlose Mitteilung aller für das Verständnis und die Auslegung wichtiger Urkunden macht das aktuelle Buch zu einem außerordentlich wertvollen Mittel der Erkenntnis des Inhalts und der Tragweite dieser grundlegenden Staatsverträge.“ D. A. Z.

Sering, Max, **Deutschland unter dem Dawes-Plan.** Entstehung, Rechtsgrundlagen, wirtschaftliche Wirkungen der Reparationslasten. Oktav. VIII, 237 Seiten. 1928 . . . . RM. 10.—

„Nicht nur dem Juristen und Volkswirtschaftler, sondern auch dem Laien verständlich, gibt das Werk einem jeden wertvollen Einblick in Deutschlands wirtschaftspolitische Abhängigkeit, die sich bis in die kleinsten Betriebe hineinzieht, die jedes einzelne Glied des deutschen Volkes betrifft.“ Prakt. Rundschau.

2. Verwaltungsrecht.

a) Reichsrecht

Bühler, O., **Verwaltungsgesetze des Reiches und Preußens.** Taschenformat. XI, 682 Seiten. 1930. Mit Nachtrag 1931. Geb. RM. 11.—
(Lehrausgaben Deutscher Gesetze, Bd. III.)

Außer den preußischen Verwaltungsgesetzen bringt der vorliegende Band als erster auch die immer wichtiger werdenden Verwaltungsgesetze des Reichs. Durch Weglassung aller für den Unterricht überflüssigen Gesetze, Weglassung auch unwichtiger Bestimmungen in den oft sehr weitschweifigen Verwaltungsgesetzen (wobei aber der Inhalt weggelassener Bestimmungen jeweils kurz angedeutet ist) ist es ermöglicht worden, auch hier einen Band erstehen zu lassen, der nicht schon durch seinen Umfang abschreckt.

Blume, E., und **Weirauch,** W., **Die Eisenbahn-Verkehrsordnung** vom 16. Mai 1928 mit Allgemeinen Ausführungsbestimmungen sowie dem Internationalen Übereinkommen über den Eisenbahnfrachtverkehr vom 30. Mai 1925 und dem Internationalen Übereinkommen über den Eisenbahn-Personen- und Gepäckverkehr vom 12. Juni 1925. Textausgabe mit Anmerkungen. Vierte Auflage. Taschenformat. X, 482 Seiten. 1928. (Guttentagsche Sammlung Deutscher Reichsgesetze Bd. 91.) Geb. RM. 9.—

„Ein treffliches Hilfsbuch für alle, die sich mit dem Eisenbahnverkehrsrecht theoretisch und praktisch zu beschäftigen haben. Der Kommentar wird besonders auch den Gerichten und den Anwälten

gute Dienste leisten, da die Ausführungsbestimmungen zur Eisenbahnverkehrsordnung, die vollständig abgedruckt werden, sonst nur in den Tarifen veröffentlicht werden, die in den Kreisen der Juristen weniger bekannt sind. Allen, die es angeht, kann daher die Anschaffung der neuen Auflage dringend empfohlen werden."

Juristische Wochenschrift.

Fischbach, O. G., **Das Reichsbeamtengesetz vom 31. März 1873 in der Fassung der Bekanntmachung vom 18. Mai 1907 mit allen Abänderungen und Ergänzungen.** Taschenformat. 311 Seiten. 1930. (Guttentagsche Sammlung Deutscher Reichsgesetze, Bd. 82.) Geb. RM. 6.—

Die vorliegende Erläuterung des Beamtengesetzes entspricht den neuesten Fortschritten der Wissenschaft und Rechtsprechung. Bemerkenswert ist, daß auch verwandte Gesetze und Verordnungen der einheitlichen Erläuterung unterzogen wurden, so daß dieses Buch für die Praxis ein der Sache wie der Erläuterungsart wichtiges Hilfsmittel darstellt.

Fischer, D., und **Staedler,** E., **Die deutsche Post- und Telegraphengesetzgebung.** Teil I: Postrecht (mit Ausschluß des internationalen Rechts). Siebente Auflage. 47*, 586 Seiten. 1929. Mit Nachtrag 1932. (Guttentagsche Sammlung Deutscher Reichsgesetze Bd. 7.) Geb. RM. 15.—

„Die Texte sind mit großer Sorgfalt und mit dem Streben nach einschlägiger Vollständigkeit zusammengestellt. Eine Verbesserung gegenüber den früheren Auflagen bedeutet der der Sammlung neu vorangestellte systematische Abriß des geltenden Postrechts."

Württembergische Industrie.

Teil II: **Telegraphen- und Fernsprechrecht** (mit Ausschluß des internationalen Rechts). Taschenformat. 495 Seiten. 1930. (Guttentagsche Sammlung Deutscher Reichsgesetze Band 7a.) . . RM. 13.—

Wie im ersten Teil, so werden auch hier die Erläuterungen unter die folgenden Gesichtspunkte gestellt: 1. die wechselseitige juristische und tatsächliche Berührung zwischen den sehr zersplitterten Rechtsquellen. 2. die rechtsgeschichtlichen Zusammenhänge, die zur kritischen Beurteilung des Gegenstandes unerläßlich sind. 3. die öffentlich-rechtliche Eigenschaft des gesamten Rechtsstoffes. Rechtsprechung und Literatur sind bis in die letzte Zeit berücksichtigt.

Sebba, Julius, **Seewasserstraßenordnung.** (Polizeiverordnung zur Regelung des Verkehrs auf den deutschen Seewasserstraßen vom 31. März 1927.) Taschenformat. 493 Seiten. 1928. (Guttentagsche Sammlung Deutscher Reichsgesetze Bd. 171.) . . . . Geb. RM. 8.50

„Es bedarf hierbei wohl nicht der besonderen Hervorhebung, daß die Kommentierungsmethode des rühmlichst bekannten Neu-Herausgebers von Schaps-Seerecht auch in dem vorliegenden Werke eine knappe und doch gründliche geworden ist."

Verkehrsrechtliche Praxis.

Busse, Rudolf, **Luftrecht einschließlich Luftverkehrsgesetz und Pariser Luftverkehrsabkommen.** Taschenformat. XVIII, 448 Seiten. 1928. (Guttentagsche Sammlung Deutscher Reichsgesetze Bd. 170.) Geb. RM. 10.—

Das vorliegende Buch sucht in einem nationalen und internationalen Teil einen klaren Überblick über das gesamte Luftrecht zu geben; der neueste Stand der Rechtsprechung ist hierbei berücksichtigt. Den erläuterten Gesetzesabkommenstexten ist eine systematische Einführung in das gesamte Luftrecht mit seinen vielseitigen Rechtsdisziplinen vorausgeschickt.

Volkmann, Kurt, **Die Straßenverkehrsordnungen** nebst den einschlägigen Nebenbestimmungen. Taschenformat. 312 Seiten. 1929. (Guttentagsche Sammlung Deutscher Reichsgesetze Bd. 175.) . . . Geb. RM. 7.—

„Das übersichtliche Werkchen, das uns eine schnelle Information über auftauchende Rechtsfragen auf diesem besonderen Verkehrgebiete verschafft, kann Polizeibeamten, Gerichten, Anwälten, Fuhrwerksbesitzern, Kraftfahrern und Radfahrern zur Anschaffung empfohlen werden."
Verkehrsrechtl. Rundschau.

Holzapfel, W., **Die Siedlungsgesetzgebung** im Reich und in Preußen. 347 Seiten. 1920. (Guttentagsche Sammlung Deutscher Reichsgesetze Bd. 140.) . . . . Geb. RM. 3.—
„Die zur Ausführung jener Gesetze bestimmten Behörden und auch die literarische Forschung wird dem Verfasser für seine mühevolle Arbeit Anerkennung zollen." Archiv für öffentliches Recht.

Behrend, Ernst, und **Stranz-Hurwitz**, Helene, **Sammlung von Wohlfahrtsgesetzen** des Deutschen Reichs und Preußens nebst den allgemeinen Wohlfahrtsgesetzen von Sachsen, Thüringen, Hamburg, Mecklenburg-Schwerin und -Strelitz, Oldenburg, Lippe und Lübeck.
Teil I: Taschenformat. 560 Seiten. 1923 . . . . . Geb. RM. 5.—
Teil II: Nebst Ausführungsgesetzen sämtlicher Länder zum Reichsjugendwohlfahrtsgesetz. Taschenformat. XVI, 551 Seiten. 1925. (Guttentagsche Sammlung Deutscher Reichsgesetze Bd. 152 und 152a.)
Geb. RM. 9.—
Teil I und II zus. RM. 12.—
„Das Werk ist für alle in der Wohlfahrtspflege Arbeitenden unentbehrlich und sehr praktisch."
Nachrichtendienst des Deutschen Vereins für öffentliche Fürsorge.

Wegner, Arthur, **Jugendrecht**. Ein Lehrbuch zur Einführung. Oktav. IX, 219 Seiten. 1929 . . . . RM. 6.—, geb. RM. 7.50
„. . . Dieses Lehrbuch bringt alle das Kind und den jugendlichen Menschen betreffenden Rechtskomplexe, die an zahlreichen Stellen kodifiziert sind, zu einem Ganzen vereint. Alle, die in Recht, Jugendrecht, Jugendpflege und Erziehung wirken, müssen es lesen."
Kommunale Nachrichten.

Drewes, Paul, und **Sandré**, Emil, **Das Reichsgesetz für Jugendwohlfahrt** vom 9. Juli 1922 und **Jugendgerichtsgesetz** vom 16. Februar 1923 nebst Nebengesetzen. Zweite Auflage. Taschenformat. XVI, 496 Seiten. 1928. (Guttentagsche Sammlung Deutscher Reichsgesetze Bd. 154.)
Geb. RM. 11.—
„Eine sehr handliche Gesetzesausgabe. Sie bietet in ausführlichen geschichtlichen und rechtlichen Vorbemerkungen und Einleitungen wertvolles Material zur Einführung in den Willen und Geist beider Gesetze und gibt in knappen, aber ausreichenden Erläuterungsbemerkungen zu den einzelnen Bestimmungen dem Praktiker die erforderlichen Unterlagen zur richtigen Anwendung. Das Werk dürfte sich in der Praxis beliebt machen." Blätter für öffentliche Fürsorge

Sandré, Emil **Verordnung über die Fürsorgepflicht**. Vom 14. Februar 1924. Mit Einschluß der für die Durchführung dieser Verordnung in Frage kommenden reichs- und landesgesetzlichen Bestimmungen. Taschenformat. 342 Seiten. 1925. (Guttentagsche Sammlung Deutscher Reichsgesetze Bd. 160.) . . . . Geb. RM. 6.—
„Die Zusammenstellung der bis in die jüngste Zeit ergangenen gesetzlichen Bestimmungen, die in Beziehung zur Fürsorgepflichtverordnung stehen, gibt der Sandréschen Arbeit ihre besondere Bedeutung. Die Anmerkungen sind zahlreich und zeichnen sich durch einen feinen, klaren Stil aus. Das Buch ist übersichlich geordnet und leicht zu handhaben." Schleswig-Holsteinsche Wohlfahrtsblätter.

Szczesny, Viktor, **Das Lichtspielgesetz** vom 12. Mai 1920 mit der Ausführungsverordnung Einleitung, Gebührenordnung und Sachregister. Taschenformat. 106 Seiten. 1920. (Guttentagsche Sammlung Deutscher Reichsgesetze Bd. 147.) . . . . Geb. RM. 1.50

„Das neue Lichtspielgesetz hat hier eine ausführliche Kommentierung gefunden. Das Buch kann bei der gründlichen Behandlung des Stoffes als ein geeignetes Hilfsmittel für die Praxis bezeichnet werden.“ *Preußische Gemeinde-Zeitung.*

Wündisch, Ernst, **Das Gesetz über Schußwaffen und Munition** vom 12. April 1928 (RGBl. I S. 143) nebst der Ausführungsverordnung der Reichsregierung vom 13. Juli 1928 (RGBl. I S. 198) und dem Preußischen Erlaß zur Durchführung des Gesetzes vom 7. September 1928 (MBliV. S. 925). Taschenformat. 139 Seiten. 1928. (Guttentagsche Sammlung Deutscher Reichsgesetze Bd. 173.) . . . . Geb. RM. 5.—

Ein klares zuverlässiges Erläuterungsbuch für den praktischen Gebrauch.

Fraustädter, W., und **Kreutzberger,** M., **Das deutsche Ausländerrecht.** Die Bestimmungen des Reichsrechts und preußischen Landesrechts. Textausgabe mit Erläuterungen und Sachregister. Taschenformat. 396 Seiten. 1927. (Guttentagsche Sammlung Deutscher Reichsgesetze Bd. 166.) Geb. RM. 9.—

„Eine höchst begrüßenswerte Veranstaltung, aus dem Bedürfnis der Praxis hervorgegangen und mit vollendetem Sachverständnis unternommen. Sowohl die Vollständigkeit der mannigfach verstreuten gesetzlichen Bestimmungen als deren Anordnung, Registrierung und Erläuterung durch Ausführungsbestimmungen, Gerichtsentscheidungen, Verwaltungspraxis ist vortrefflich.“
Niemeyers Zeitschrift für internationales Recht.

Voß, Werner, **Die reichs- und landesrechtlichen Bestimmungen auf dem Gebiete des Gesundheitswesens.** Zusammengestellt und mit Anmerkungen versehen. Taschenformat. 608 Seiten. 1929. (Guttentagsche Sammlung Deutscher Reichsgesetze Bd. 172.) . . . . . . Geb. RM. 11.—

„Der Band enthält eine Sammlung der Gesetze, Verordnungen und Bestimmungen auf dem Gebiete des Gesundheitswesens, wie sie in dieser Vollständigkeit sonst nicht besteht. Dadurch erst ist ein zuverlässiger und rascher Überblick über die einschlägigen weit verstreuten Bestimmungen gewährleistet.“
Württ. Zeitschr. f. Rechtspflege.

Hippel, W. von, **Reichsviehseuchengesetz** vom 26. Juni 1909 nebst Ausführungsvorschriften und dem preußischen Ausführungsgesetz. Zweite Auflage. Taschenformat. 486 Seiten. 1913. (Guttentagsche Sammlung Deutscher Reichsgesetze Bd. 103.) . . . . Geb. RM. 4.—

Boxberger, L. von, **Vogelschutzgesetz** vom 30. Mai 1908 nebst den das Flugwild betreffenden Bestimmungen der Preußischen Jagdordnung. Taschenformat. 57 Seiten. 1909. (Guttentagsche Sammlung Deutscher Reichsgesetze Bd. 89.) . . . . Geb. RM. 1.—

b) Landesrecht

Bitter, von, **Handwörterbuch der Preußischen Verwaltung.** Dritte, vollständig umgearbeitete Auflage. Unter Mitwirkung zahlreicher hoher Reichs- und preußischer Staatsbeamten herausgegeben von Dr. Bill Drews, Staatsminister a. D., Präsident des Pr. Oberverwaltungsgerichts, und Dr. Franz Hoffmann, Wirklicher Geheimer Oberregierungsrat, Berlin. Lexikon-Oktav. 1928.
RM. 120.—, in Halbleder geb. RM. 132.—

Erster Band, 1. Halbband: Abbaugerechtigkeiten—Fleisch- und Viehagenten. 552 Seiten.

2. Halbband: Fleischvergiftung—Kyffhäuserbund. Seite 553 bis 1134 und IX Seiten.

Zweiter Band: Lackfabriken—Zwischenkredit. VII, 1220 Seiten.

(Im Verlage der Firmen: Walter de Gruyter & Co., Berlin; Carl Heymanns Verlag, Berlin; Roßberg'sche Verlagsbuchhandlung, Leipzig.)
Das zentrale Werk der Praxis des Verwaltungsrechts.

Reichelt, H., **Verwaltungsgesetzbuch für Preußen.** Systematische Zusammenstellung der wichtigsten Verwaltungsgesetze und Verordnungen für Praxis und Unterrichtszwecke. Lexikon-Oktav. VII, 1302 Seiten. 1914 . . . . Geb. RM. 7.60

„Das Buch ist sehr wertvoll, dem Praktiker unentbehrlich und leistet demjenigen, der sich auf eine Prüfung vorbereitet, vorzügliche Dienste. Allen Verwaltungsbehörden wird das Buch warm empfohlen."
Preußische Verwaltungs- und Finanz-Zeitung.

Friedrichs, K., **Die Gesetzgebung über die allgemeine Landesverwaltung** und Zuständigkeit der Verwaltungs- und Verwaltungsgerichtsbehörden. Dritte, durchgesehene Auflage. Taschenformat. XXIII, 295 Seiten. 1927. (Guttentagsche Sammlung Preußischer Gesetze Bd. 42.) Geb. RM. 5.—

„Der Wert dieser Arbeit liegt darin, daß er eine erschöpfende und klare Übersicht über das tatsächlich geltende Verwaltungsrecht bringt. Das Werk ist ein vorzügliches und nie versagendes Hilfsmittel."
Gesetz und Recht.

Pfafferoth, Carl, **Preußische Beamtengesetzgebung.** Fünfte Auflage. XIV, 280 Seiten. 1916. (Guttentagsche Sammlung Preußischer Gesetze Bd. 2.) . . . . Geb. RM. 2.40

Hagemann, Rudolf, **Hinterlegungsordnung** vom 21. April 1913. Taschenformat. 175 Seiten. 1914. (Guttentagsche Sammlung Preußischer Gesetze Bd. 53.) . . . . Geb. RM. 2.20

Aschrott, P. F., **Gesetz über die Fürsorgeerziehung Minderjähriger.** Vom 2. Juli 1900. Nebst Ausführungsanweisungen. Dritte Auflage. Taschenformat. 374 Seiten. 1917. (Guttentagsche Sammlung Preußischer Gesetze Bd. 28.) . . . . Geb. RM. 2.80

Marcks, A., **Gesetz, betr. die Unterhaltung der öffentlichen Volksschulen.** Taschenformat. 194 Seiten. 1906. (Guttentagsche Sammlung Preußischer Gesetze Bd. 39.) . . . . Geb. RM. 1.80

Ledermann, W., und **Brühl**, L., **Die Städteordnung für die sechs östlichen Provinzen Preußens.** Zweite Auflage. Taschenformat. 593 Seiten. 1913. (Guttentagsche Sammlung Preußischer Gesetze Bd. 32.) Geb. RM. 6.—

„Der Kommentar, eine hervorragende Arbeit, ist von der Kritik und der Praxis so einmütig günstig aufgenommen worden, daß er auch in seiner zweiten durch Gesetzgebung, Literatur und Rechtsprechung der letzten zehn Jahre bereicherten Ausgabe keiner weiteren Empfehlung bedarf." *Kommunale Praxis.*

Wölbling, P., **Bildung der neuen Stadtgemeinde Berlin.** Zweite Auflage Taschenformat. 114 Seiten. 1920. (Guttentagsche Sammlung Preußischer Gesetze Bd. 59.) . . . . Geb. RM. 1.40

„Die Ebenmäßigkeit mit den Kommentaren anderer Gesetze der Guttentagschen Sammlung erringt der Verfasser durch seine strenge Sachlichkeit. Damit muß seinem Werk die Beachtung bei der Durchführung des Gesetzes und bleibender Wert gesichert erscheinen."
Soziale Praxis.

Caro, H., **Gesetz, betr. Austritt aus der Landeskirche,** vom 14. Mai 1873. Taschenformat. 190 Seiten. 1911. (Guttentagsche Sammlung Preußischer Gesetze Bd. 46.) . . . . Geb. RM. 2.40

„Ein sehr praktisches Buch, das in den Anmerkungen zum Wortlaut des Gesetzes eine reiche Fülle von Material bietet für alle möglichen Fragen, die mit Aus- und Übertritt zusammenhängen. Das genau ge-

arbeitete Inhaltsverzeichnis ermöglicht bei gelegentlicher Benutzung ein leichtes Auffinden des Nötigen."
Deutsch-Protestantische Bücherschau.

Meyer, O., Gesetz, betr. die Anlegung und Veränderung von Straßen und Plätzen in Städten und ländlichen Ortschaften. Taschenformat. 211 Seiten. 1913. (Guttentagsche Sammlung Preußischer Gesetze Bd. 50.) RM. 3.—

Strauß-Torney, Hugo von und **Saß,** Carl, früher **Friedrichs,** R., **Gesetz, betr. Anlegung und Veränderung von Straßen und Plätzen** in Städten und ländlichen Ortschaften. (Straßen- und Baufluchtengesetz.) Kommentar. Sechste Auflage. Groß-Oktav. 211 Seiten. 1920. Mit Nachtrag 1932 . . . . RM. 9.—, geb. RM. 10.50
„Das Werk zeigt eine Reichhaltigkeit und Vollständigkeit, die sonst wenigen Kommentaren eigen ist, und übertrifft hierin noch weit die früheren Auflagen. Besonders erwähnenswert ist die geschickte Anordnung der Erläuterungen und das praktische Inhaltsverzeichnis."
Wochenschrift des Architektenvereins zu Berlin.

Saß, Enteignung auf dem Gebiete des Städtebaues nach der dritten Notverordnung Kapitel III (zweite Verordnung des Reichspräsidenten zur Sicherung von Wirtschaft und Finanzen) vom 5. Juni 1931. Nachtrag zum Straßen- und Baufluchtengesetz von v. Strauß und Torney und Saß. 6. Aufl. . . . . RM. 1.—

Meyer, O., **Gesetz, betr. Enteignung von Grundeigentum.** Dritte Auflage. Taschenformat. 249 Seiten. 1927 . . . . . . Geb. RM. 5.50

Heine, H., **Die preußischen Baupolizeigesetze** nebst den sonstigen einschlägigen Reichs- und Landesgesetzen. Taschenformat. 404 Seiten. 1928. (Guttentagsche Sammlung Preußischer Gesetze Bd. 64.) Geb. RM. 8.—
Diesem Band ist die Aufgabe gestellt, die in erster Linie in Betracht kommenden Gesetze und sonstigen Vorschriften und die im Zusammenhang hiermit entstehenden Rechtsfragen in übersichtlicher Weise zusammenzufassen und zu erörtern. Die Rechtsprechung des Oberverwaltungsgerichts und anderer Gerichte ist hierbei berücksichtigt worden.

Goldschmidt, O., Gesetze gegen die Verunstaltung landschaftlich hervorragender Gegenden mit Ausführungsanweisungen. Taschenformat. 152 Seiten. 1912. (Guttentagsche Sammlung Preußischer Gesetze Bd. 49.) Geb. RM. 2.40
„Der Kommentar bietet eine sachgemäße, sorgfältige und erschöpfende Erläuterung der einzelnen gesetzlichen Bestimmungen. Er wird als ein durch Vollständigkeit und Zuverlässigkeit ausgezeichnetes Hilfsmittel jedem Freunde des Heimatschutzes ein willkommener Ratgeber sein." Jahrbuch des Verwaltungsrechts.

Stier-Somlo, Fritz, **Polizeiverwaltungsgesetz** vom 1. Juni 1931 und **Gesetz zur Aufhebung veralteter Polizei- und Strafgesetze** vom 23. Mai 1931. Mit den **Ausführungsbestimmungen** vom 1. Oktober 1931 und einschlägigen Gesetzen. Taschenformat. 447 Seiten. 1932. (Guttentagsche Sammlung Preußischer Gesetze, Nr. 65.) . . . Geb. RM. 8.50
Ein Kommentar, der eine sachkundige und zuverlässige Erläuterung des neuen Rechts bietet.

Wulff, O., und **Herold,** F., **Wassergesetz** vom 7. April 1913. Mit Einleitung, Erläuterungen und Sachregister. Zweite, umgearbeite Auflage von O. Wulff. Taschenformat. XVI, 665 Seiten. 1928. (Guttentagsche Sammlung Preußischer Gesetze Bd. 52.) . . Geb. RM. 12.—
„Gründlichkeit und trefflichere Kürze bilden einen besonderen Vorzug des Werkes." Ministerialblatt f. d. preuß. innere Verwaltung.

Holtgreven, A., und Wolff, Th., Das Wildschadengesetz vom 11. Juli 1891. Kommentar. Vierte, vermehrte und verbesserte Auflage. Oktav. VIII, 216 Seiten. 1902 . . . . RM. 4.—

Born, A., Das preußische Fischereigesetz vom 11. Mai 1916 in der geltenden Fassung. Taschenformat. 428 Seiten. 1928. (Guttentagsche Sammlung Preußischer Gesetze Nr. 62.) . . . . Geb. RM. 7.50

Die Ausgabe bietet eine übersichtliche, zusammenfassende Darstellung des Fischereigesetzes, in der die Rechtsprechung eingehend verwertet ist. Außer dem Fischereigesetz, das eine ausführliche Erläuterung gefunden hat, sind die wichtigen Ausführungsverordnungen und im Anhang die einschlägigen Bestimmungen anderer für die Anwendung des Fischereigesetzes in Frage kommenden Gesetze berücksichtigt.

Born, A., Die preußischen Jagdgesetze in ihrer geltenden Fassung. Mit Erläuterungen versehen. Taschenformat. 433 Seiten. 1928. (Guttentagsche Sammlung Preußischer Gesetze Nr. 63.) . . . Geb. RM. 8.—

„Das Buch kann zur Belehrung und Handgebrauch den Gerichten, Landratsämtern, Gemeinden und Forstbehörden sowie allen jagdlich interessierten Personen warm empfohlen werden."

Leipziger Ztsch. f. dtsch. Recht.

Holzapfel, W., Umlegungsordnung. Taschenformat. 144 Seiten. 1921. (Guttentagsche Sammlung Preußischer Gesetze Bd. 60.) . . RM. 1.80

„Holzapfel, der hervorragende Kenner der Auseinandersetzungsgesetze, erläutert die Vorschriften der Umlegungsordnung in seiner scharfsinnigen Art in durchaus erschöpfender Weise und gibt in diesen Erläuterungen ein außerordentlich anschauliches Bild von der Umlegung der Grundstücke. Das Buch ist auch für Laien leicht und gut verständlich und kann jedem, der für die Umlegung Interesse hat, zur Benutzung angelegentlich empfohlen werden."

Preußisches Verwaltungsblatt.

Holzapfel W., Gesetz über Landeskulturbehörden. Taschenformat. 176 Seiten. 1919. (Guttentagsche Sammlung Preußischer Gesetze Bd. 57.) Geb. RM. 2.—

„Der Titel gibt den Inhalt des Werkchens vollständig an, hinzuzufügen ist aber, daß die Erläuterung, die umfangreich und eingehend ist und der praktischen Handhabung des Gesetzes Schritt für Schritt folgt, aus der Feder eines Mannes herrührt, der durch seine sachliche Qualifikation als gründlicher Kenner der Materie für eine zuverlässige Führung die größte Gewähr bietet. Dankenswert ist die Gründlichkeit der im bescheidenen Rahmen geleisteten Arbeit."

Verwaltungs-Archiv.

Kollenscher, M., Rechtsverhältnisse der Juden in Preußen. Taschenformat. VIII, 199 Seiten. 1910. (Guttentagsche Sammlung Preußischer Gesetze Bd. 45.) . . . . RM. 2,40

„Eine zusammenfassende, erschöpfende Darstellung der in den verschiedensten Quellen zerstreuten zahlreichen Judengesetze und Verordnungen. Jede Synagogengemeinde und jeder, der sich mit jüdischen Angelegenheiten beschäftigt, müßte dieses Buch besitzen."

Jüdische Rundschau.

3. Steuerrecht

Nieberl, A., Reichsabgabenordnung vom 13. Dezember 1919 nebst Einführungsverordnung vom 18. Dezember 1919 und Übergangsverordnung vom 11. Oktober 1921. Textausgabe mit Anmerkungen und ausführlichem Sachregister. Zweite, neubearbeitete Auflage. Taschenformat. 1927. (Guttentagsche Sammlung Deutscher Reichsgesetze Bd. 143.) . . . . Mit folgendem Nachtrag geb. RM. 12.—

„Die Darstellung ist leicht verständlich und klar. Das Sachregister ist gründlich bearbeitet. Jedenfalls wird das Buch, das einen mit der praktischen Handhabung der RAbgO. vertrauten Verfasser erkennen läßt, nicht nur den Steuerbeamten, sondern auch dem rechtsuchenden Publikum und seinen Beratern ein willkommener guter Führer auf diesem Gebiet sein." Juristische Wochenschrift.

Nieberl, A., **Die Änderungen der Reichsabgabenordnung** durch die Verordnung vom 1. Dezember 1930. Taschenformat. 127 Seiten. 1931. RM. 2.—

Heilborn, Theodor, **Sicherung der Haushalte.** (Siehe „Die Vierte Notverordnung" Seite 12.)

Michaelis, Richard, **Die Dritte Steuernotverordnung** vom 14. Februar 1924. Mit besonders ausführlicher Berücksichtigung der Vorschriften über die Aufwertung und die öffentlichen Anleihen. Taschenformat. VIII, 388 Seiten. 1924. (Guttentagsche Sammlung Deutscher Reichsgesetze Bd. 157.) . . . . Geb. RM. 7.—

„Ganz besonders zu rühmen ist der Kommentar von Michaelis, der dank seiner eingehenden und gründlichen Bearbeitungsweise erheblichen Einfluß auf die Praxis gewonnen hat." Juristische Wochenschrift.

Hollaender, Adolf, **Einkommensteuergesetz und Körperschaftsteuergesetz** nebst den zugehörigen Aus- und Durchführungsbestimmungen, Verordnungen und Erlassen. Taschenformat. XXXIX, 697 Seiten. 1926. Mit Nachtrag. 1928. (Guttentagsche Sammlung Deutscher Reichsgesetze Bd. 151.) . . . . Geb. RM. 24.—

„Das auf die Bedürfnisse der Praxis abgestellte und ihnen gerecht werdende Buch wird jedem gute Dienste leisten, der sich handelnd oder leitend auf dem äußerst unsicheren, ohne Hilfsmittel überhaupt nicht begehbaren Boden der heutigen Einkommensteuer zurechtfinden muß." Juristische Rundschau.

Pick, Reichsbewertungsgesetz. Textausgabe mit Anmerkungen. In Bearbeitung.

Schachian, Herbert, **Erbschaftsteuergesetz,** Fassung vom 5. Juni 1931, mit Anmerkungen. Fünfte Auflage. Taschenformat. 77 Seiten. 1931 . . . . RM. 2.50

„Eine vollständige Darstellung des Erbschaftssteuerrechts und der zugrunde liegenden bürgerlich-rechtlichen Vorschriften des Erbrechts. Als wissenschaftliche und praktische Leistung steht der klar und scharf geschriebene Kommentar in vorderster Reihe unter seinen Rivalen; er ist als Wegweiser besonders zu empfehlen." Juristische Wochenschrift.

Lindemann, Otto, **Umsatzsteuergesetz** (neueste Fassung) mit Ausführungsbestimmungen. Vierte, vermehrte und verbesserte Auflage. Taschenformat. 518 Seiten. 1926. (Guttentagsche Sammlung Deutscher Reichsgesetze Bd. 132.) . . . . Geb. RM. 10.—

„Es handelt sich um einen ausführlichen, gediegenen und klar abgefaßten Kommentar, der den weiteren Vorzug besitzt, auf dem laufenden zu sein. Das Werk kann allen Interessenten nur warm empfohlen werden." Industrie- und Handelszeitung.

Lindemann, Otto, **Grunderwerbsteuergesetz** (neueste Fassung) mit den Ausführungsbestimmungen. Zweite, völlig umgearbeitete Auflage. Taschenformat. 186 Seiten. 1926. Mit Nachtrag 1927. (Guttentagsche Sammlung Deutscher Reichsgesetze Bd. 139.) . . . . Geb. RM. 4.—

„Das Buch wird manchem in den mannigfachen Streitfragen des in der Praxis sehr einschneidenden Gesetzes ein willkommener Ratgeber sein. Die Erläuterungen zeichnen sich durch Klarheit und Gemeinverständlichkeit im besten Sinne aus." Württembergische Industrie.

Hagelberg, E., und **Krämer,** L., **Grunderwerbsteuergesetz** vom 12. September 1919 (RGBl. S. 1617) in der Fassung des Gesetzes vom 11. März 1927 (RGBl. I S. 72) nebst Einleitung, Sachregister und Ausführungsbestimmungen und der einschlägigen Vorschriften des Finanzausgleichs-Steuermilderungsgesetzes und Steuerstrafrechts. Für die Praxis erläutert. Zweite, völlig umgearbeitete und erweiterte Auflage. Groß-Oktav. 355 Seiten. 1928 . . . . Geb. RM. 15.—

„Die verhältnismäßige Kürze ihrer Erläuterungen bei großer Vollständigkeit ist zu rühmen. Das Buch ist nicht nur für den Juristen, sondern auch für den gebildeten Laien, namentlich Grundstücksmakler und Hausbesitzer, von großem, praktischem Wert." *Zeitschrift d. Deutsch. Notarvereins.*

Hagelberg, E., und **Krämer,** L., **Wertzuwachssteuerrecht.** Kommentar. Groß-Oktav. 256 Seiten. 1929 . . . . . RM. 12.—, geb. RM. 13.50

„. . . Ein guter Leitfaden für Steuerpflichtige und Behörden. Die Anmerkungen sind auch hier eingehend und anschaulich. . ." *Juristische Rundschau.*

Hoepker, Heinrich, **Die Industriebelastungsgesetze** vom 30. August 1924 nebst den Durchführungsbestimmungen zum Gesetz über die Industriebelastung. Taschenformat. XV, 200 Seiten. 1925. Mit Nachträgen. (Guttentagsche Sammlung Deutscher Reichsgesetze Bd. 159.) Geb. RM. 4.—

„Die Anmerkungen sind erschöpfend und führen den Leser mit Geschick in die schwierige Materie ein." *Industrie- und Handels-Zeitung.*

von Lympius, W., **von Elbe,** K., **Das Kommunalabgabengesetz und das Kreis- und Provinzialabgabengesetz.** Dargestellt in der Rechtsprechung des Oberverwaltungsgerichts. Groß-Oktav. X, 440 Seiten. 1930. RM. 22.50, geb. 24.—

„. . . Das vorliegende Buch ist unzweifelhaft im Augenblick der beste und zuverlässigste Ratgeber in den einschlägigen Fragen." *Finanz-Archiv.*

Eiffler, Kurt, **Staatliche Verwaltungsgebühren.** Gesetz über staatliche Verwaltungsgebühren vom 29. September 1923 nebst Gebührenordnungen und Ausführungsbestimmungen. Taschenformat. 192 Seiten. Mit Nachtrag. 1925. (Guttentagsche Sammlung Preußischer Gesetze Bd. 61.) Geb. RM. 6.—

„Das Buch ist für alle preußischen, staatlichen und kommunalen Behörden unentbehrlich." *Deutsches Beamtenarchiv.*

Loeck, P., und **Eiffler,** K., **Preußisches Stempelsteuergesetz** mit den gesamten Ausführungsbestimmungen. Unter besonderer Berücksichtigung der Entscheidungen der Verwaltungsbehörden und der Gerichte herausgegeben. Elfte Auflage. Taschenformat. 1931. (Guttentagsche Sammlung Preußischer Gesetze Bd. 18.) In Bearbeitung.

Lebbin, Georg, **Nahrungsmittelgesetze** mit Erläuterungen. Zweite, stark vermehrte Auflage in zwei Bänden.
Zweiter Band: **Getränkegesetze und Getränkesteuergesetze** (Wein, Bier, Branntwein, Mineralwasser). Unter Mitarbeit von Rechtsanwalt Dr. Kniebe. Taschenformat. XII, 400 Seiten. 1926. (Guttentagsche Sammlung Deutscher Reichsgesetze Bd. 54b.) . . . . . . Geb. RM. 10.—

„Die wichtigsten Gesetze sind eingehend kommentiert und so vollständig ergänzt, daß die Sammlung als unentbehrliches Hilfsmittel, wie es in dieser Art bislang noch fehlte, zu begrüßen ist." *Württembergische Wirtschafts-Zeitschrift.*

Wündisch, Friedrich, **Das Tabaksteuergesetz** vom 12. September 1919 nebst den Ausführungsbestimmungen vom 26. Februar 1920. Taschenformat. 286 Seiten. 1920. Mit Nachtrag 1925. (Guttentagsche Sammlung Deutscher Reichsgesetze Bd. 146.) . . . . Geb. RM. 4.—

„Endlich ein Kommentar zum Tabaksteuergesetz! Die Ausgabe kommt den Wünschen der Praxis nach einer erschöpfenden Darstellung des neuen Gesetzes in umfassender Weise entgegen. Das Buch bildet eine ausgezeichnete Informationsquelle für alle Fragen, die in der Praxis vorkommen." Deutsche Tabak-Zeitung.

VII. Entscheidungs-Sammlungen und Zeitschriften.

Entscheidungen des Reichsarbeitsgerichts. Herausgegeben von den Mitgliedern des Reichsarbeitsgerichts. Oktav.
Band I. 1928. Band II. 1928/29. Band III. 1929. Band IV. 1929/30. Band V u. VI 1930, Band VII 1931, Band VIII 1931.
Je RM. 6.50, geb. RM. 8.—

Entscheidungen des Reichsgerichts. Herausgegeben von den Mitgliedern des Gerichtshofes u. d. Reichsanwaltschaft. Oktav. (2 Sammlungen.)
1. **Entscheidungen in Zivilsachen.** (Werden in Heften im Umfange von etwa 5 bis 6 Bogen sowie in vollständigen Bänden, geheftet und gebunden, ausgegeben. Jährlich 4 Bände.) 1.—134. Band.
Je RM. 6.50, geb. RM. 8.—
Generalregister zum 111.—120. Bande der von den Mitgliedern des Gerichtshofes und der Reichsanwaltschaft herausgegebenen **Entscheidungen des Reichsgerichts in Zivilsachen.** Bearbeitet von **Hans Triebel.** Oktav. XXIII, 509 Seiten. 1929. . RM. 15.—, in Halbleder RM. 18.—
— Zum 121.—130. Band. Oktav. XXIV, 755 Seiten. 1931.
Geb. RM. 22.—
2. **Entscheidungen in Strafsachen.** (Werden in Heften im Umfange von 5 bis 6 Bogen sowie in vollständigen Bänden, geheftet und gebunden, ausgegeben. Jährlich 1 Band.) 1.—65. Band. Je RM. 6.50, geb. RM. 8.—

Generalregister zum sechsundfünfzigsten bis fünfundsechzigsten Bande der von den Mitgliedern des Reichsgerichts und der Reichsanwaltschaft herausgegebenen **Entscheidungen des Reichsgerichts in Strafsachen.** Bearbeitet von Hans Gündel. Oktav. 458 Seiten. 1932.
In Halbleder geb. RM. 16.—

Schiedsgericht für Oberschlesien. Trybunal Rozjemczy dla Górnego Slaska. Amtliche Sammlung von Entscheidungen des Schiedsgerichts für Oberschlesien, veröffentlicht gemäß der Bestimmung des Art. 592 des Genfer Abkommens vom 15. Mai 1922. Zbiór urzedowy orzeczeń Trybunalu Rozjemczego dla Górnego Śląska ogloszony wedle postanowienia art. 592 Konwencji Genewskiej z dnia 15 maja 1922r. Oktav. Band I. Tom. I. Nr. 1/4. 129 Seiten. 1929.
Pro Band RM. 12.—

Zeitschrift für die gesamte Strafrechtswissenschaft. Gegründet von **Fr. von Liszt und A. Dochow.** Unter ständiger Mitarbeiterschaft hervorragender Fachmänner herausgegeben von Prof. Dr. **Ed. Kohlrausch,** Prof. Dr. **M. Grünhut** und Prof. Dr. **W. Gleispach.** Schriftleiter: Dr. **W. Gallas.** Der Jahrgang besteht aus 8—9 Heften. Quart.
Bd. 1—43. 1881—1922. Je RM. 15.—. Bd. 44. 1922. RM. 25.—. Bd. 45. 1924. RM. 21.—. Bd. 46—49. 1925—1929. Je RM. 30.—. Bd. 50. 1929/30. Bd. 51. 1931. Je RM. 36.—. Bd. 52. 1932. RM. 32.—.

Juristische Rundschau. Herausgegeben von Otto **Lindemann,** Ministerialdirektor, Geh. Oberjustizrat, Berlin, Dr. Friedrich **Flad,** Senatspräsident beim Reichsgericht, Leipzig, **Fritz Hartung,** Reichsgerichtsrat, Leipzig und
Höchstrichterliche Rechtsprechung. Herausgegeben von Eugen **Friedrichs,** Senatspräsident, Breslau, Dr. Albert **Feisenberger,** Reichsanwalt, Leipzig. — Erscheint am 1. und 15. jeden Monats.
Jahrgang 1932. Vierteljährlich RM. 7.50, Einzelheft RM. 1.50
Beilage „Höchstrichterliche Rechtsprechung" einzeln vierteljährlich 5.—